中国语言文学

一流学科建设文库

媒介与历史——文化传播学读书报告集

Media and History: Reports on Cultural Communication Vol.3

第三辑

主编/李　炜　副主编/彭　颖

華中師範大學出版社

图书在版编目(CIP)数据

媒介与历史 ：文化传播学读书报告集. 第三辑 / 李炜主编 ；彭颖副主编. -- 武汉 ：华中师范大学出版社，2025. 8. -- ISBN 978-7-5769-1147-3

Ⅰ. G0-53

中国国家版本馆 CIP 数据核字第 2025SA6190 号

编 辑 室:学术出版分社
电　　话:027-67863280
责任编辑:王中宝
责任校对:骆　宏
封面设计:胡　灿
出版发行:华中师范大学出版社有限责任公司
社　　址:湖北省武汉市洪山区珞喻路 152 号
邮　　编:430079
网　　址:https://press.ccnu.edu.cn
印　　刷:武汉邮科印务有限公司
督　　印:刘　敏
开　　本:710mm×1000mm　1/16
印　　张:22.75
字　　数:326 千字
版　　次:2025 年 8 月第 1 版
印　　次:2025 年 8 月第 1 次印刷
定　　价:89.00 元

序

范　军

由李炜老师主编的《媒介与历史——文化传播学读书报告集》第三辑即将付梓。前两辑分别于2017年、2021年由世界图书公司广东有限责任公司和崇文书局出版。两辑都有我们文化传播学博士学位点的创业元老张三夕教授认认真真撰写的序言（第一辑还担任了主编一职）。作为华中师范大学文化传播学学科负责人，张老师在我们师生中有“长老”的雅称。他用自己的言行举止完美诠释了“学高为师，身正为范”八个字。尽管他已在2019年完全退休，但作为他的继任者，我一直锲而不舍硬拉着他在学生开题、毕业答辩、学术论坛乃至不定期的师生酒会上发光发热，献计献策，发挥着定海神针的作用。

时光似水，岁月如歌。文化传播学博士学位点从2012年获批，2013年招收首届博士生，转眼间就是12年了。春华秋实，硕果累累，且学科发展势头喜人。三夕老师倡导并主编读书报告集第一辑时，就是希望办成一个学术性集刊的，我们正在努力。用他的话来说，第一辑是“华中师范大学文化传播学学科‘老三届’（2013—2015级）博士生培养工作的一个结集”。这个集子分为“学科建构”“读书报告”“文献梳理”“成果简目”四个部分，反映了导师的培养理念以及博士生在读阶段的学习、研究阶段性成果，具有学科建设性和文献性。第二辑也大体沿袭上一辑的模式或栏目，只是随着博士生导师和学生人数的增加，研究领域的拓展，对主体部分的“读书报告”作了更加细致的划分，从“文化传播理论”“出版传播”“非物质文化遗产传播”“媒介形态”“影视文化”等五个方面呈现研究成果。最后的《华中师范大学文化传播学博士生在读期间学术成果简目

(2017—2020)》，较为完整地汇聚了博士生出版著作、发表论文以及承担或参与科研项目的情况。这个简目让我们从一个侧面看到人才培养的成效，令人欣喜，更充满期待。

现在呈现在我们面前的读书报告集第三辑，就编排体例来说与第二辑完全一致。隐含其中的变化是人，如学科建设栏目的几篇，主要出自新的博导曾巍、万忆、周莉几位老师之手，现在不仅博士生不断有新人涌现，导师队伍也正在完成新老交替。人事有代谢，往来成古今。文化传播学学科要建设，要长久发展，师资队伍的梯队形成十分重要。从50后的张三夕、周晓明、江作苏等老教授，到彭涛、喻发胜和我几个60后教师，再到现在有了70后，甚至80后的新生代博导，文化传播学薪火相传，后继有人。在读书报告栏目，除了在读博士生的文章，我们也适当吸纳了几篇本学科博士生导师合作的博士后的成果，以及传播学专业的硕士毕业生论文。学术成果简目则紧承上一辑，收集整理了博士生2021年至2024年的研究成果，前后相续，为学科存史，也为青年学子鼓劲。

走过12年发展历程的华中师范大学文化传播学学科，如何健康地、可持续地发展，现在仍然有许多问题值得探讨。最近，中共中央办公厅、国务院办公厅印发了《关于加快推动博士研究生教育高质量发展的意见》，其中“新兴学科”和“交叉学科”属于国家需要“加强”的对象。我们文化传播学是具有交叉性质的新兴学科，无疑面临新的发展机遇。当然，困难和挑战也在所难免。媒介融合的发展，新一代人工智能的跃进，数字人文的新生，都与文化传播学的理论研究、教育变革、人才培养息息相关。我们需要不断总结经验，积极探索，以开放的胸怀吸纳新思想、新知识、新方法，努力推进学科建设的高质量发展。

拉杂写下上面这些随感，完成李炜老师交代的写序任务。期待《媒介与历史》第四辑、第五辑以至第N辑的刊行。

2024年10月21日

目 录

学科建构

读书报告

新闻出版研究

文学传播研究

影视文化研究

成果简目

学科建构

XUEKE JIANGOU

新文科建设背景下文化传播学科发展刍议

万　忆　林吉安

文化传播学科的设立，源于人类社会发展对文化传播研究的学术需求。新时代中国特色社会主义文化事业与文化产业发展面临的主要问题之一是缺乏人才。概括地说，文化事业与产业的发展需要跨学科人才——既要讲政治，又要懂文化，还要懂创意与管理；既要有理论与话语的创新能力，也要有传播与经营的实践经验。我国文化传播人才总量不足，高端人才缺乏，与新时代中国特色社会主义文化发展目标和现实需求存在较大差距。如何在新文科建设背景下继续推进文化传播学科的发展，已成为一个亟待解决的教育问题。

一、文化传播学的发展历史及现状

文化与传播一体两面。“文化是传播的文化，传播是文化的传播。”[1]随着现代社会各国文化交流日益频繁，人们对文化传播给予了越来越多的关注，并由此催生了文化传播学这门新兴学科。

（一）文化传播学的起源与发展

文化传播学滥觞于19世纪末20世纪初，人类学、民族学等学科从传播的视角研究人类社会文化的发展问题。

早在1871年，享有“人类学之父”美誉的英国学者爱德华·泰勒（Edward Tylor）在《原始文化》一书中，就使用了“传播”（diffusion）一词来指称文化的迁徙和采借现象，并提出了“文化传播”（the diffusion of culture）的概念。他虽然主张文化进化论，但并不否认文化传播在人类文化发展和演化过程中的作用。正如他所说：“为了避免退化的有害影响，保存进化的成果，不应忘记文化传播本身所具有的那种有益的作用。”[2]

不过，对文化传播学产生直接影响的还是19世纪末20世纪初兴起的人类学传播学派。其先驱人物是德国的人类地理学家拉策尔（F. Ratzel），他提出了文化伴随民族迁徙而传播的观点，认为造成各民族文化差异的原因主要在于地理分布的不同。在此基础上，德国学者弗罗贝纽斯（L. Frobenius）、格雷布纳（R. F. Graebner），奥地利学者施密特（W. Schmidt）和英国学者史密斯（G. E. Smith）、佩里（W. J. Perry）等学者进一步发展了文化传播理论，并形成了传播学派。他们主张传播是文化发展的主要因素，认为各种不同的文化都是从相邻民族或相距很远的民族那里传播而来的，而人类文化发展史就是几种文化综合体在地球上传播的历史。这种传播学派又可分为两支，一支是德奥传播学派，另一支是英国传播学派。前者主张人类文化的起源是多元的，并以“文化圈”的概念来说明文化的传播；后者则主张人类文化的起源是单一的，提出了所谓的埃及中心说，认为世界各地的文明均起源于埃及，由埃及传播而来[3]。虽然两者的观点不同，但都十分强调文化传播在文化发展史上的重要作用。

相较于欧洲人类学的进化学派和传播学派在解释人类文化发展问题上针锋相对，美国人类学的历史学派则采取折中的态度，既反对地理决定论、种族决定论和单线进化论，也不满于简单的传播主义，主张对文化采取历史主义的研究方法。该派的代表人物包括被誉为美国“文化人类学之父”的弗朗茨·博厄斯（Franz Boas），以及他的学生威斯勒、克罗伯、哥登泽和罗维等人。他们认为文化现象极其复杂，每一种文化的形成都是生物的、地理的、历史的、经济的等各种因素共同作用的结果。他们提出了一些重要概念和文化传播理论，如“文化丛”“文化区域”“文化辐合”等[4]。其中，威斯勒提出了文化传播的两种主要形式：一种是自然传播，即在不知不觉中进行的传播；另一种是有意识、有计划的传播，即通过殖民、开发、战争、传教等活动进行的传播[5]。在前现代社会，前者在文化传播过程中发挥着主导作用；进入现代社会后，后者则发挥着越来越重要的作用。

无论是欧洲的传播学派，还是美国的历史学派，都为文化传播学研究奠定了重要的理论基础。后来，随着传播学、符号学、信息学等学科的发展，文化传播学在20世纪50年代前后逐步发展成形，成为一门新兴学科，日益受到人们的瞩目[6]。不过，它在我国的发展则要晚至20世纪八九十年代，尤其是新世纪以来才正式兴起。

（二）文化传播学的学科认知

尽管文化传播学已有半个多世纪的发展历史，在我国也已走过二三十年的历程，但它仍是一个不太成熟的学科。诚如学者张三夕所言，“文化传播学是一个在一定程度上处于‘未定’状态的新兴学科”[7]。这种“未定”状态鲜明体现在学者们就文化传播学科的一些基本问题仍未形成共识。

比如，对于何谓文化传播学，学界就有不同的看法。吴格言认为：“文化传播学是研究社会文化信息系统及其运行规律的科学。”[8]周晓明则认为文化传播学是“研究人类文化传播现象及其规律的科学”[9]。这两个定义虽言简意赅，但都略显笼统，不够具体。王光艳在此基础上进一步指出：“文化传播学是一门理论性的基础学科，同时也是具有实践性的应用学科”，它“既要研究各种文化现象产生、发展、传播甚至消亡的基本规律，为解决文化的交流与传播中的问题提供理论依据；同时，也要关注各种传播情境中的文化流转等具体问题，并为解决这些问题提供具体的原则、操作的模式、策略和方法”[10]。尽管学者们的界定不尽一致，但都认可文化传播学主要探讨的是有关文化的传播问题，这也是它区别于一般传播学的根本所在。

对于文化传播学的学科定位，学者们也意见不一。大多数学者都认可它是一个交叉学科。比如我国最早提倡文化传播学的居延安，就将其定位为一门“新的交叉边缘学科”[11]。戴元光和陈晓莹也认为文化传播学是文化学和传播学交叉的产物[12]。但也有部分学者认为文化传播学只是其他学科下属的一个分支学科。比如，李志雄认为文化传播学是“一个立足于传播学的分支学科”[13]。周鸿铎也将其视为应用传播学的一个子学科，与经济传播学、政治传播学、区域传播学并列[14]。贾文山、樊丽同样认为，“传统意义上的文化传播学，仅仅作为新闻传播学的一个分支而存在”[15]。这种分歧甚至还反映在官方发布的学科目录中。在2023年教育部公布的《学位授予单位（不含军队单位）自主设置二级学科和交叉学科名单》中，有的学校（如华中师范大学和安徽师范大学）将文化传播学列为交叉学科，而有的学校（如中南民族大学）将其列为二级学科，归属在一级学科“中国语言文学”下面[16]。这种学科归属的分歧甚至混乱，无疑会影响文化传播学科专业认同的建立。

此外，对于文化传播学作为一门学科的研究对象和研究问题，学者们同样众说纷纭。居延安认为文化传播学主要是“用传播学的视野、原理和方法来剖析文化的横向和纵向传播问题，来重新审视文化的本质和定义问题、文化载体问题、文化意义问题以及大众传播和大众文化问题等等”[17]。陈晓莹则认为它主要“致力于研究文化和传播的相互影响，关心社会成员如何分享并传播知识、态度、习惯、行为模式、价值观念等文化因素及其效果”[18]。也有学者提出了具体的研究范围，比如吴格言就提出文化传播学的研究范围主要包括五个方面：①文化传播学的定义；②文化传播的功能；③文化传播的系统过程（包括内容、主体、环境、受众）；④文化传播的媒介、模式、类型；⑤文化传播与文化管理[19]。王光艳则提出文化传播学研究的八个基本问题：①人类传播活动的历史与发展；②文化的产生与发展规律；③文化传播的各种模式；④文化传播与社会影响；⑤媒介手段与文化传播；⑥国际传播与全球传播；⑦传播学研究史和主要学派；⑧文化传播学的研究方法[20]。这几位学者均试图从建构学科体系的角度对文化传播学关注的主要问题进行初步界定。相较而言，李志雄从具体的研究内容和对象入手，认为“文化传播学主要研究的是人文知识、文学、艺术、新闻、娱乐等内容，重点关注新闻、出版、广播、电视、电影、演出、图书馆、博物馆、文物考古等领域的信息传播”[21]。袁文卓则根据研究对象，将文化传播学进一步细分为文学传播学、艺术传播学、教育传播学和科学传播学等不同的分支领域[22]。但由于“文化”的内涵太过复杂，其内容包罗万象，显然这种框定也难以令人信服。

上述种种，均显示研究者们对文化传播学这门学科的认识还存在众多分歧。这无疑会影响文化传播学科的发展，甚至动摇其赖以存在的合法性基础，因此亟须进一步深化研究，巩固学科基础。

（三）我国文化传播学科的发展现状

随着国家对文化传播的日益重视，我国学界对文化传播展开了广泛而深入的研究。迄今已出版了多本著作和教材，包括吴格言的《文化传播学》(中国物资出版社 2004 年)、周鸿铎主编的《文化传播学通论》(中国纺织出版社 2005 年)、陈晓莹编著的《文化传播学》（福建人民出版社 2017 年)、张朝霞/黄昭文编著的《文化传播学》（中国人民大学出版社 2019 年)、孙英春的《跨文化传播学》(北京大学出版社 2015 年）等。相关学术论文更是大量涌现。通过中国知网以“文化传播”为关键词进行检索可以发现，自 1983 年发表首篇文章至 2000 年的近二十年间，相关文章数量还很少，但进入新世纪以后，相关论文数量开始迅速增长，年均发文量从 2001 年的 52 篇逐年增长到 2021 年的 1342 篇，随后几年也均保持在年均 1200 篇以上。可见，学界对文化传播议题越来越重视。从学科分布来看，相关成果以新闻与传媒（占比 28.89％)、文化（占比 16.91％)、戏剧电影与电视艺术（7.92％）这三个学科为主，同时还涵盖了中国语言文学、外国语言文学、出版、体育、旅游、音乐、舞蹈等多个学科。可见，文化传播受到了不同学科的广泛关注。

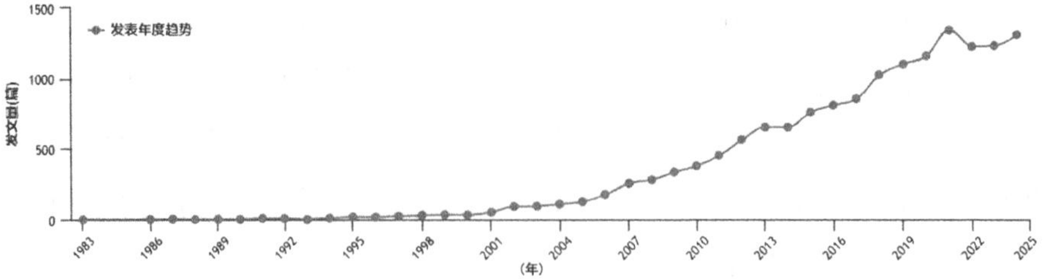

图 1　文化传播论文的数量统计情况（截至 2024 年 5 月 24 日）

新世纪（尤其是2010年）以来，各大高校还纷纷设立了文化传播研究机构。据不完全统计，全国相关的研究机构不下20所，如华中师范大学文化传播研究中心、四川大学文化传播研究中心、中央民族大学中华民族文化传播研究中心、中国人民大学文化创新与传播研究中心、武汉大学跨文化传播研究中心、云南大学跨文化传播研究中心等。与此同时，还创办了多个相关学术刊物，如《文化传播》《文化与传播》《跨文化传播研究》《中华文化海外传播研究》《中华文化与传播研究》《艺术传播研究》等。一些综合性刊物如《华中师范大学学报（人文社会科学版）》和《华中学术》也开设了"文化传播"研究专栏。相关学术会议更频频举办，比如华中师范大学文化传播研究中心自2017年以来已连续举办了七届华中学术传播论坛，围绕文化传播学学科建设、文学出版与影视传播、编辑出版学等主题展开深入研讨，在学界产生了广泛影响。

为进一步服务国家文化传播战略，培养文化传播人才，各大高校还陆续开设了文化传播学相关专业。不过，由于文化传播学的学科交叉性与研究复杂性，当前我国文化传播学科主要着眼于研究生（尤其是博士）层次的高端人才培养。据不完全统计，全国开设文化传播学相关专业的高校有20多所。比如，笔者所在的华中师范大学早在2012年就获批了文化传播学博士点，下设有文学传播、影视传播、出版传播和新闻传播4个研究方向。该博士点自2013年开始招生，迄今招收了50余名博士生，已毕业30余位，培养质量获得了学界同行的认可。另外，湖南大学、云南大学、中南大学、四川大学、山东大学、陕西师范大学、安徽师范大学等多所高校也设立了文化传播相关专业博士点。而由于文化传播学的学科属性，大多数高校均将其挂靠在中国语言文学一级学科下面，但也有部分高校将其挂靠在其他一级学科下，比如湖南大学在外国语言文学下设立文化传播专业；浙江工业大学在工商管理学下开设文化传播与媒介管理专业；青海民族大学则在民族学下设立民族文化传播专业。显然，这是各大高校根据自身特色和优势做出的自主选择。

表1 我国文化传播学相关专业博士/硕士学位点的设立情况

单位	专业名称	一级学科博士点	学位点
华中师范大学	文化传播学	中国语言文学	博士
安徽师范大学	文化传播学	中国语言文学	博士
中南民族大学	文化传播学	中国语言文学	博士
陕西师范大学	文艺与文化传播	中国语言文学	博士
湖南大学	文化传播	外国语言文学	博士
云南大学	文化传播	中国语言文学	博士
山东大学	语言与文化传播	中国语言文学	博士
安徽大学	媒介与文化传播	中国语言文学	博士
中南大学	文化传播与文化产业学	中国语言文学	博士
四川大学	文化与传媒、中华文化国际传播	中国语言文学	博士
暨南大学	中华文化传承传播	中国语言文学	博士
广东外语外贸大学	文化传播与媒介	中国语言文学	博士
西北大学	文艺与文化传播	中国语言文学	博士
西北师范大学	语言与跨文化传播	中国语言文学	博士
北京航空航天大学	文化传播与管理	公共管理学	博士
浙江工业大学	文化传播与媒介管理	工商管理学	博士
青海民族大学	民族文化传播	民族学	博士
中国传媒大学	艺术传播学	艺术学	博士
国际关系学院	公共外交与文化传播	政治学	硕士
北京信息科技大学	数字文化传播	计算机科学与技术	硕士
河北经贸大学	影视文化传播	新闻传播学	硕士
西藏民族大学	少数民族文化传播	中国语言文学	硕士

综上可见，新世纪以来，我国文化传播学科迎来了繁荣发展的良好局面。无论是在学术研究方面，还是在研究机构和专业设置方面，均取得了

长足的进步。同时，文化传播学也受到不同学科越来越多的关注和重视。相信未来文化传播学一定会迎来更广阔的发展前景。

二、新文科建设背景下文化传播学科存在的问题

2020 年 11 月，教育部发布了《新文科建设宣言》，提出了新文科建设的总体目标，要求“强化价值引领”“促进专业优化”“夯实课程体系”“推动模式创新”“打造质量文化”[23]。对于文化传播学这门新兴学科来说，新文科建设无疑是一个巨大的发展机遇，同时也对学科发展提出了更高的要求。

尽管我国文化传播学在新世纪以来取得了长足的发展，但无须讳言的是，当前仍存在很多问题。尤其是对标新文科建设要求还存在很多不足，亟待从学科建设层面加以解决。笔者通过查阅国内 20 余所高校的文化传播学及相关专业的人才培养方案，以及对相关专业教师和学生的接触与访谈，发现国内文化传播学科还存在以下几个方面的问题。

（一）人才培养的方向和能力问题

新文科建设强调理想信念、综合素质和创新能力，特别是对于德智体美劳全面发展的高素质创新型人才的培养。对标新文科建设要求可以发现，我国当前文化传播人才培养还存在两大亟待解决的根本性问题。

一是全面理解掌握习近平文化思想与马克思主义新闻（传播）观的传播人才缺乏。当前，国内学界的文化传播研究范式和理论大多来源于西方。无论是早期西方人类学、民族学对社会文化传播历史的初探，还是当代美国大众传播学和欧洲批判传播学对现代文化工业的深入研究，其唯心主义和西方马克思主义的学术思想，都与我国当下以马克思列宁主义和中国特色社会主义为基础的主流文化价值观存在根本性的对立和抵触。在这种学术背景下培养的文化传播研究与实践人才，能否担当起为中华民族伟大复兴而从事文化传播工作的历史使命，是值得深思的。

二是具备传统文化传承创新和全球文化交流互鉴能力的高素质传播人才不足。首先是文化传承人才不足。中国的文化资源极为丰富，如果缺少

能够传承各类文化资源的研究与实践人才，丰富的文化资源就不可能转化为推动文化事业与产业发展的永续动能。其次是文化创意人才不足。没有文创人才，就不可能实现文化资源与成果的创造性转化和创新性发展。当前，动漫游戏、文旅会展、艺术创意与设计、网络文化创意与服务等领域的文创人才缺口较大。最后是跨文化交流人才不足。无论是讲好中国故事，还是传播中国形象，都需要具有国际视野的文化交流人才。而当前我国这方面的人才严重不足，极大制约了我国文化的对外传播和文化软实力的提升。

（二）科学研究的范式和体系问题

新文科建设鼓励学科交叉融合。这对于作为交叉学科的文化传播学来说，无疑是一个重大利好。但对标新文科建设要求可以发现，当前我国文化传播学的研究还存在范式和体系两个问题。

第一是研究范式不明确，研究者缺乏学科认同。正如前文所述，文化传播学在各大高校往往挂靠在不同的一级学科下面，导致其学科归属不明确，专业定位模糊甚至混乱。相关专业教师也往往是由原先从事文学、传播学、艺术学等不同学科研究的学者拼凑在一起，使得研究者难以建立专业认同。同时，在研究内容方面，研究者大多根据自身的研究专长，深耕某个特定领域的文化传播现象，而缺乏对文化传播学进行整体的学术观照。在研究思路与方法上，学者们也基本上是沿用文学、新闻传播学、艺术学、历史学等传统的学科范式，而文化传播学自身的研究范式迟迟未能建立。另外，在基于类型技术构建学科分类的逻辑下，当前文化传播学科既缺乏相对成熟的理论体系，也缺乏相对独立的研究范畴。而一旦进入应用操作层面，它就与新闻传播、编辑出版、影视编导、动漫制作、创意设计等专业出现重叠。这一切都使得文化传播学科在理论与实践上均缺乏有力的支撑。

第二是缺少学术主阵地，研究成果庞杂而零散。尽管文化传播学由于学科的交叉特性，其研究具有很大的“弹性”，“能够像海绵一样”，“可以广泛吸纳各个学科的营养”[24]，但这也造成其研究泛化的问题，最终变成一个什么都可以往里装的“筐”。与此同时，文化传播学研究的对象与问题也大都被其他相关学科（如文学、新闻传播学、艺术学，甚至民族学、政治学、管理学等）涉猎，进而导致本领域的研究范式和学术体系愈发难以形成。一个无法回避的现实情况是，尽管当前文化传播研究十分盛行，但相关研究成果太过分散，其学术“主阵地”和“主攻方向”至今仍未形成。不同学者往往因其不同的学术背景，在理论视角、分析框架和研究问题的选择上，呈现出不同的文化偏好、传播偏好或艺术偏好，进而导致文化传播学科无法建立起统一的学术体系。

（三）社会服务的需求问题

新文科建设旨在提升学科对国家和社会发展的贡献，聚焦应用型文科人才培养。对标这一要求可以发现，当前我国文化传播学科在社会服务方面还存在“供需不对路”的问题。

当前，“数字技术以一种前所未有的便捷方式，携带文化内容融入人们日常生活，极大扩展了文化对社会的渗透度和影响力”[25]。在这种新技术环境下，文化传播实践日渐形成了一个主要由新技术驱动的生态系统。尤其是随着人工智能技术的加速应用，包括新闻传播、编辑出版、影视创作等在内的文化传播实践正发生巨大的变革。而随着技术环境的急剧变化，传统的人文和社会科学研究框架越来越难以解释文化传播的新问题与新现象，也越来越难以指导当下及今后的传播实践。这也进一步倒逼文化传播学科必须主动调整发展方向，积极回应社会现实。

由于当前我国文化传播学科主要着眼于高层次的研究生培养，而研究生（尤其是博士）教育主要突出学术性，而相对忽视应用性。这就使得我们培养的文化传播人才在毕业后大多从事的是学术研究工作，而较少从事具体的文化传播实践。以笔者所在的华中师范大学为例，我们培养的文化传播学博士，毕业的主要去向就是高校和科研院所。其他高校的情况也大体相似。可见，当前文化传播学科仍主要聚焦学术型人才的培养，而应用性不强，无法有效满足业界的人才需求。

（四）学科建设的体制和机制问题

新文科建设还涉及体制和机制的创新。对标新文科建设要求可以发现，我国当前文化传播学科体制和人才培养机制均存在问题。

首先，现有学科建制无法获得教学和科研人员的认同。正如前文所述，作为交叉学科的文化传播学，可以归属在文学、新闻传播学、艺术学等多个不同学科范畴内。而在文学、新闻传播学、艺术学等一级学科下，又包含几十种相关专业或研究方向。这些相关专业呈现出交织互渗的状态，加之文化传播学自身缺乏区分于其他相关专业的典型特征，导致其专业边界模糊，缺乏专业标识度。而当前高校的科研管理和教育模式是以传统学科门类为基础的，因此，文化传播学在没有明确学科建制的情况下，想跨学科调动资源开展科研工作，乃至建立统一的学术话语体系是非常困难的。在学科泛化的背景下，教材体系和课程体系建设等需要学界共同努力完成的基础工程，自然也无法得到有效推进。总之，文化传播学教师的科研道路和职业发展在传统学科建制下面临巨大的限制。

其次，学科建设缺乏规范性。当前，我国文化传播学科虽然发展迅速，但学科建设比较混乱，缺乏规范性，各大高校往往只是根据自身的特色和优势，自行设定研究方向并开展人才培养。对此，华中师范大学文化传播学学科带头人范军教授曾发出警示："从学科建设的规范性来说，我们不可随意自定专业方向，自行其是。但现在无论是导师，还是学生，似乎都有随意乱设专业方向的苗头。这种情况是违背学科建设规范和要求的，不可任其存在甚至泛滥。……文化传播学要行稳致远，就得坚持既定方针和培养目标，要方向明，路子正，讲规则。"[26]这一观点可谓切中肯綮，值得学界重视。

最后，现有培养机制无法培养具有文化创新性的传播人才。新技术环境下的文化传播实践需要的不是标准化的流水线人才，而是具有个性和创新激情的创意人才。因此，新时代的文化传播人才不仅需要具有较高的文化素养和综合素质，还必须具有想象力和创造力，乐于接受新事物和新挑战，敢于创新、善于创新，具有强烈的创新激情。但当前我国文化传播学专业在培养创新人才方面还比较薄弱，而且存在技术专精和文化通识以及专业素养之间的教学矛盾……由此可见，现有的文化传播学科人才培养机制，已难以适应新质文化生产力的发展要求，制约了新时代文化传播创新人才的培养。

（五）课程体系的创新问题

新文科建设要求夯实课程体系，持续推动教育教学内容更新。对标新文科建设要求可以发现，当前我国文化传播学科的课程体系存在不适应新形势发展的问题。

当前科学技术的迅猛发展使得社会各行各业发生巨大的变革，文化传播领域也不断融入新的科技元素。虽然科技的发展使得技术门槛不断降低，但业界对创意的要求却不断提高。这就要求我们培养的文化传播人才既要懂技术，更要有创意。但创意的生成并不容易，它不仅要求人们具有综合全面的文化素养，而且要求其具备创意的专业思维。因此，从回应社会需求的视角来看，文化传播学的专业课程设置，绝不应是简单地通过"文化（文学艺术）＋传播（传媒）"的课程组合，就能培养出符合新时代需要的文化传播创意人才。

然而，目前国内许多高校的文化传播学专业，开设的课程依然是传统的文学、新闻传播学和艺术学等专业课程。以笔者所在华中师范大学为例，由于文化传播学博士点挂靠在中国语言文学下面，其设置的课程大多还是传统的文学类课程，如文学研究方法论、比较文学前沿问题研究、外国文学前沿问题研究、马克思经典文本与当代文学批评、20 世纪中国新文学思潮研究等，仅有少量的专业必修课如文化传播学专题研究、出版文化与产业研究、经典电影理论著作阅读与研讨和文化传播学关系较为密切。而与文化创意直接相关的网络文学、文化遗产、文物修复与鉴定、艺术品交易、动漫及游戏设计、平面及三维设计等创意课程则完全缺失，致使行业需求难以在课程设置上得到有效回应。

总而言之，当前我国文化传播学专业在人才培养、科学研究、社会服务、学科建设和课程体系等方面还存在诸多不足，与国家的新文科建设要求也有较大差距，亟须加大改革力度，以适应社会变革，满足国家的人才需求。

三、新文科建设背景下文化传播学科的改革路径

“新文科建设既要固本正源，又要精于求变，要立足两个大局，不断从中华优秀传统文化中汲取力量，主动适应并借力现代信息技术手段，实现文科教育高质量高水平发展。”[27]基于上文对当前我国文化传播学科存在问题的剖析，我们认为应该从人才培养、科学研究和体制机制等方面入手，深化教育改革，推动学科的建设与发展。

（一）人才培养的改革路径

1. 价值引领：以习近平文化思想和马克思主义新闻（传播）观为指导

文化传播事业是关乎旗帜道路、国家发展、凝聚共识的重要事业。文化传播要体现价值性，不能让习近平文化思想和马克思主义新闻（传播）观游离在学科之外，而要真正融入文化传播的学科体系和话语体系建构。文化传播学中的价值体系建构要聚焦以下内容：第一，确立文化传播教育研究的价值立场、价值关怀、价值塑造，培养有健全价值体系支撑的文化人；第二，探索习近平文化思想和马克思主义新闻（传播）观的实践路径，让学生在鲜活历史场景和理论交锋中感受习近平文化思想和马克思主义新闻（传播）观。

2. 专业优化：实现文化知识、传播技能、数字技术与传播实践的融合

专业培养要处理好文化和传播的关系，重点在于面向国内外受众讲好中华文化故事。培养学生讲好中华文化故事的能力，首先，必须培养学生传承和创新中华传统文化、中国革命文化、建设文化和发展文化的能力；其次，要培养学生自觉运用传播理论指导传播实践，以具体实践验证理论假设的专业传播技能；再次，应培养学生熟练掌握和运用数字技术创新文化传播的内容与形式；最后，应在上述三点培养内容的支撑下，推动教学模式改革，促进科研与教学的深度融合，以此为路径培养堪当中华民族伟大复兴大任的文化传播人才。

（二）科学研究的改革路径

1. 推动文理交叉融通

在当前媒体深度融合的大背景下，文化传播学科的守正创新既要严守传统的马克思主义新闻观、文艺观，深耕文化传播理论的学术基础，也要与其他相关领域进行跨学科发展。中国特色文化传播学研究，既要加强跨学科融合，深化跨界赋能，注重思维与理念的融通，专业知识与人文精神的融通；又要推动文理交叉融通，使用新技术推进人文社会科学发展；还要坚持融合性、前沿性和前瞻性，寻求对外合作与拓展的可能性。新时代文化传播研究需要把文化传播理论创新纳入习近平新时代中国特色社会主义思想的整体视野，厘清文化传播理论与技术革命的复杂关联，从当代中国实践出发活化传统理念、融化外来理念。

2. 积极服务国家战略

首先，要面向国家战略改革科研人才的培养体系，使真正有水平、有创见、有潜质的中青年科研工作者，围绕国家急需解决的跨文化传播、网络文化传播等领域的现实问题，开展有组织的科研攻关。其次，要围绕国家重大战略需求及学科自身特色，与文化事业和产业发展深度对接，将基础研究与应用研究有机结合，及时用学科发展中提出的新理论指导实践，使学科理论更具实践性。最后，要构建大文科事业，共建教书育人和科学研究大平台，理论的诞生与发展不能单单停留于纸面，要做到理论与实践相结合，教学与科研相结合，这样不仅有利于未来学科的发展与革新，也有利于学生的全面发展，使其成为研究与实践能力兼备的全能型人才。

（三）体制机制的改革路径

1. 知识体系的创新

加强新文科背景下文化传播学自主知识体系建设，要重点克服“缺乏统一哲学基础”“理论溯源八面来风”“过度依赖数字技术和新行为体”等不利因素，聚焦现实问题，取道多学科融合方向建构自主知识体系，体现中国特色、中国风格和中国气派，为构建中国特色社会主义的哲学社会科学自主知识体系做出本学科应有的学术贡献。

2. 课程体系的创新

课程体系方面，要突破学科之间的界限，从最基本的课程着手，将本学科的内容精华与其他领域深度融合，以此来拓展学科边界，打破学科限制。在技术发展全球化以及学科交叉融合的大背景下，要通过“借助外者为我所用”和“重在养课”的方式，融合学界、业界、政府、媒体力量，构建课程团队，将实践经验引入课堂，推动教学内容持续更新。

3. 教学体系的创新

教学体系方面，重点是加强实践体系建设，打造综合性实践教学模式。文化传播教育的实践体系包括专业实践、社会实践和思政实践，要打造“政、教、媒”融合实践平台，在政府的文化管理实践和媒介机构的文化传播实践中提升学生的思维能力、组织能力和实操能力。还要注重社交融合实践平台的建设，在社区和社会组织的文化实践中提升学生的社会观察力和文化服务力，提升学生的文化创新和创业能力。

结语

文化传播是我国提升文化软实力的重要途径。新世纪以来，随着中国国际地位的不断提升，党和政府高度重视弘扬中华优秀传统文化，积极推动对外文化传播。习近平总书记指出：“要更好推动中华文化走出去，以文载道、以文传声、以文化人，向世界阐释推介更多具有中国特色、体现中国精神、蕴藏中国智慧的优秀文化。”[28]这对我国文化传播学科建设提出了新的时代要求，也为学科发展提供了现实动力。

当前我国文化传播学科取得了长足的发展，但也存在很多问题，尤其是在人才培养、科学研究、社会服务、学科体制和课程体系等方面，与新文科建设要求还有较大差距，亟待解决。对此，我们认为文化传播学科应加快教育改革：在人才培养方面，应坚持以习近平文化思想和马克思主义新闻（传播）观为指导，实现文化知识、传播技能、数字技术与传播实践的融合；在科学研究方面，应推动文理交叉融通，积极服务国家文化战略；在体制机制方面，应着力推动知识体系、课程体系和教学体系的创新。总之，今后文化传播学应当立足文化本位，积极服务国家文化战略，为传播中华优秀传统文化、提升国家文化软实力做好理论研究与人才培养工作。

注释：

[1] 庄晓东：《文化传播论》，《云南艺术学院学报》2002年第4期，第88～93页。

[2] [英] 爱德华·泰勒：《原始文化：神话、哲学、宗教、语言、艺术和习俗发展之研究》（重译本），连树声译，桂林：广西师范大学出版社，2005年，第27页。该句中的“文化传播”一词在英文原文中对应的是“the diffusion of culture”。参见 E. Burnett Tylor，*Primitive Culture*（Volume 1），Mineola，New York：Dover Publications，2016，p. 28.

[3] 何星亮：《西方文化人类学基本理论简析》，《世界社会科学》2023年第1期，第76～96、244页。

[4] 吴泽霖、张雪慧：《简论博厄斯与美国历史学派》，《民族学研究》1981年第1期，第319～337页。

[5] 刘建明等：《宣传舆论学大辞典》，北京：经济日报出版社，1993年，第3页。

[6] 戴元光：《关于文化传播学的理论问题》，《兰州大学学报》1995年第4期，第80～86页。

[7] 张三夕：《华中师范大学文化传播学博士点建设的回顾与展望》，见张三夕主编：《媒介与历史——文化传播学读书报告集》，广州：世界图书出版广东有限公司，2017年，第2页。

[8] 吴格言：《文化传播学》，北京：中国物资出版社，2004年，第18页。

[9] 周晓明：《关于文化传播学学科定义的一点思考》，见张三夕主编：《媒介与历史——文化传播学读书报告集》，广州：世界图书出版广东有限公司，2017年，第6页。

[10] 王光艳：《刍议文化传播学》，见张三夕主编：《媒介与历史——文化传播学读书报告集》，广州：世界图书出版广东有限公司，2017 年，第 39 页。

[11] 居延安：《关于文化传播学的几个问题》，《复旦学报（社会科学版）》1986 年第 3 期，第 49～55 页。

[12] 参见戴元光：《关于文化传播学的理论问题》，《兰州大学学报》1995 年第 4 期，第 80～86 页；陈晓莹编著：《文化传播学》，福州：福建人民出版社，2017 年，第 25 页。

[13] 李志雄：《文化大发展背景下文化传播学研究对象的思考》，《河池学院学报》2012 年第 3 期，第 105～108 页。

[14] 周鸿铎主编：《文化传播学通论》，北京：中国纺织出版社，2005 年，前言第 3 页。

[15] 贾文山、樊丽：《论新时代文化传播学：新闻传播学转型的内生逻辑、现实条件与实践路径》，《西安交通大学学报（社会科学版）》2024 年第 1 期，第 159～170 页。

[16] 参见《学位授予单位（不含军队单位）自主设置二级学科和交叉学科名单》，中华人民共和国教育部政府门户网站，[2023 年 12 月 1 日] http://www.moe.gov.cn/jyb_xxgk/s5743/s5744/A22/202310/t20231009_1084652.html.

[17] 居延安：《关于文化传播学的几个问题》，《复旦学报（社会科学版）》1986 年第 3 期，第 49～55 页。

[18] 陈晓莹编著：《文化传播学》，福州：福建人民出版社，2017 年，第 25～26 页。

[19] 吴格言：《文化传播学》，北京：中国物资出版社，2004 年，第 18 页。

[20] 王光艳：《刍议文化传播学》，见张三夕主编：《媒介与历史——文化传播学读书报告集》，广州：世界图书出版广东有限公司，2017 年，第 41 页。

［21］李志雄：《文化大发展背景下文化传播学研究对象的思考》，《河池学院学报》2012 年第 3 期，第 105～108 页。

［22］袁文卓：《文化传播学研究的学术理路》，《南方论刊》2015 年第 7 期，第 58～60 页。

［23］参见《〈新文科建设宣言〉正式发布》，中国教育网，［2020 年 11 月 3 日］https://www.eol.cn/news/yaowen/202011/t20201103_2029763.shtml.

［24］王光艳：《刍议文化传播学》，见张三夕主编：《媒介与历史——文化传播学读书报告集》，广州：世界图书出版广东有限公司，2017 年，第 45 页。

［25］江小涓：《数字时代的技术与文化》，《中国社会科学》2021 年第 8 期，第 3～34、204 页。

［26］范军：《关于文化传播学学科建设的几个问题》，见李炜主编：《媒介与历史——文化传播学读书报告集》（第二辑），武汉：崇文书局，2021 年，第 3～4 页。

［27］参见《〈新文科建设宣言〉正式发布》，中国教育网，［2020 年 11 月 3 日］https://www.eol.cn/news/yaowen/202011/t20201103_2029763.shtml.

［28］《习近平在中共中央政治局第三十次集体学习时强调加强和改进国际传播工作 展示真实立体全面的中国》，人民网，［2021 年 6 月 2 日］http://jhsjk.people.cn/article/32120102.

（万忆，华中师范大学新闻传播学院教授；林吉安，华中师范大学新闻传播学院副教授）

从交叉嫁接到本固枝荣：文化传播学学科的十年建树

孟　君

华中师范大学文学院文化传播学学科于2012年获得博士学位授予权，2013年招收第一批博士生，至今已经十年整，培养了数十位博士研究生。文化传播学读书报告集的出版，从第一辑到第三辑，如同强劲有力的鼓点，呼应着学科前进的步伐。作为曾经的一员，我参与和见证了文化传播学学科在三夕老师、范老师的带领下，从拼凑嫁接的一棵小树苗到今天茁壮成长、绿树成荫的繁茂景象的发展历程。就此，我谈一点学科建设的特色和个人的感受。

一、发扬多学科交叉嫁接的优势

文化传播学是依托于文学院一级学科下自设的二级学科，根据一级学科和师资特点，学科最初设置了四个研究方向。一是新闻传播方向，包括新闻理论、新闻业务、新闻史等新闻学领域；二是文学传播方向，在传播符号学和文化学领域展开文学和传播学的交叉与融合研究；三是出版文化方向，培养编辑出版、现代数字出版产业以及编辑数字信息技术应用方面的人才；四是影视文化方向，包括影视叙事学、影视本体论、影视批评等分支领域。这四个方向是根据文学院各学科的学术特色和师资特色而设，由多学科嫁接而成，对现在提倡的交叉学科来说，无疑是领先于潮流的学科谋划。

学科交叉的要义在于汇聚各学科之长，融合各领域之精华，遂成独家特色。文化传播学经过十年的发展，以文化传播为核心，在上述四个方向砥砺耕耘，产生了较高的学术影响力。学科团队教师在各自研究领域产出了大量高水平研究成果，数十篇博士学位论文分属不同领域又凝聚在文化传播的整体框架之下，连续举办文化传播学学科会议，使得学科越来越成熟，认可度越来越高。

二、恪守桂子山精勤严谨的学术风气

桂子山有悠久厚重的学术根脉，在文学、历史等人文学科深厚学术传统的滋养下，文化传播学的师生在教学科研中恪守着良好的学术风气。三夕老师的读书会声名远扬，他几十年如一日，以极为仪式化的方式举办门下全体研究生参加的读书会。范老师的读书会则不定期邀请学界专家主讲，学生领读的书目皆是经典。彭涛和我也深受前辈的影响，长期举办读书会。对我来说，教学科研工作繁重，读书会多年坚持下来并不容易，尤其是兼任行政工作以后，举办读书会需要耗费更多时间与精力。但是我深刻领悟到，读书会不仅起到了带领、敦促同学们读书的作用，还是进行学术训练、全面培养学生、保持师生情感沟通的方式，师生都颇为受益，很多同学的资格论文和学位论文选题就直接来自读书会上的碰撞和交流。

学科的开题和答辩历来十分严谨，甚至达到冗长的地步。全体导师和王瀚东、吴永贵等校外专家都非常慎重和认真对待开题、预答辩和答辩等环节，认真阅读论文，提出大量修改意见，尤其是三夕老师提倡并身体力行在答辩会上进行师生实时论辩，常常火花四溅，气氛激烈，大家都认识到这是非常宝贵的学术正气，对保障论文质量有益，因此都很自觉。

三、形成友爱尊重同侪进步的师生关系

文化传播学有一支团结敬业的师资队伍，各位老师都非常爱护学生，因此老师和同学们彼此亲密友爱，已经毕业的学生一直保持着密切的联系，师生关系非常融洽。尽管学术上极为较真，但是老师们在提出批评的同时，总是给出解决问题的多种方法，供学生思考、选择，这让同学们的压力大大得到减轻。

三夕老师、范老师、周晓明等老一辈导师不但重视学生的学习，还关

心学生的就业和生活，毕业后也一直予以“跟踪式关心”，同学们都是发自心底地尊重两位“长老”。年轻一辈的几位老师和同学们相处也非常和谐，以同辈的方式共同学习和交往，结下深厚的师生情谊。

文化传播学在一代代老师们的引领传承下，今天已然是本固枝荣的挺拔大树。多年来，三夕老师、范老师和各位同仁对我提携爱护有加，我深受熏陶，始终不敢偏离清正的学术风气，亦学习老师们尽心竭力培养学生。回顾过去，学科在人才培养、教学科研方面都有可观建树，打下了良好基础，未来必然会为更多年轻教师和学子们提供更大的成长空间。

（孟君，武汉大学艺术学院教授）

从数字人文实践到人文信息学探索

曾　巍

近几年来，人工智能技术的迅猛发展催生出ChatGPT、Sora、Gemeni等以语言模型和世界模型为算法架构的技术应用，在全球刮起自动数字内容生成的龙卷风。这股热潮让许多人兴奋，也令不少人恐慌，由此也引发知识界的热议，许多学术刊物争相刊载讨论不休。事实上，这一潮流的源头应该追溯到信息革命，在更长的时段里能够更清楚地看出其实质和趋势。总体而论，信息技术的迅猛发展一方面为学术研究的发展提供了有力支撑，以数字出版、可视化、远程信息共享、大数据、云计算等为代表的信息技术大大提升了学术研究的效率，也使得各学科之间的学术交流变得更为便捷；另一方面，信息革命在拓展人类自身认知的同时，改变着大众对社会归属、政治机构、知识生产、隐私与自治等问题的理解，数字文化现象既为人文学术研究提供了研究的土壤，也对传统人文学科的研究范式带来了挑战。

在信息技术与人文学科逐步融合的过程中，诞生了数字人文这一新的研究领域。其发展大致经历了以下几个阶段。第一个阶段为初始时期（20世纪50—70年代早期）。在这一时期，布萨（Roberto Busa）和他所领导的团队与IBM合作，为阿奎那的拉丁文作品进行了编制索引。该项目的文本与计算相结合，推动了计算机在语言学领域中的运用，此后，这类研究开始逐步扩展到文学、历史学等领域。第二个阶段为巩固时期（70年代到80年代中期）。计算机逐渐在西方世界普及，人文学者与计算学者逐渐开展联合，重点在语言学语料库建设上，在对文本的创建、保存与维护等方面进行了有效开发和推广。第三个阶段为新发展时期（80年代中期到90

年代中期)。个人计算机开始出现，众多的西方学者由人文邮件群进入人文信息的研究领域，逐步建立了相关学术共同体。第四个阶段为互联网时代（90 年代早期到 2003 年)。互联网逐步广泛使用并渐渐走向成熟，由于图形界面计算机与超文本可以为所有人使用，从而在网络空间中出现了大量档案类的学术课题与研究成果。第五个阶段为成熟时期（2003 年至今)。这一阶段，数字人文思想被广泛接受并成为热点话题，学术界与科技界、商业界、文化界在数字文化项目上的合作更加紧密而深入。国际性的和东西方各国的全国性的数字人文组织相继诞生，学术会议不断，议题日新月异。欧美等西方高校相继出现了数字人文的本科专业、硕士研究生专业乃至博士研究生专业。2011 年后，武汉大学、清华大学、北京大学、中国人民大学、南京大学等也纷纷成立了相关的数字人文研究机构。清华大学数字人文研究中心还于 2019 年创办了中国大陆第一本数字人文学刊《数字人文》，并创办了中国数字人文（www. dhcn. cn）门户网站，发布最新研究成果，整合各类数据库资源和技术工具供研究者使用。

数字技术与人文研究的弥合、交融已经形成了较为清晰的发展脉络和路径。数字工具、方法与认知方式就在不断地改变着人文研究的走向，在传统人文研究内部和外部都开拓出了新的路径：无论基于模型建构的人文计算（Humanities Computing)，还是远读（Distant Reading）模式、文化测量（Culturomics）模式、文化分析学（Cultural Analytics）等，都以一种新的计算方式挑战及改变以往对于人文领域的认知。无疑，以信息技术作为方法和手段，有助于提高学术研究的效率，有助于从海量数据中发现一般规律，有助于拓展人文学科的边界、增强科学性，但从实际应用来看，它更多的是为人文学科研究提供了一种新的快捷工具，并未动摇人文学科的根基。有时候，它甚至遭到了一些非议，认为其根髓中的量化思维和实证经验会削弱对价值和意义的追索，对自由、开放精神的坚持，以及对人的主体性的尊重。

那么，信息科学除了提供方法之外，其研究的范畴、范式等是否对人文学科也有新的启发呢？显然，人文学科的成果，人类历史上汗牛充栋的人文经典，都是由信息组成的，媒介的演进也在不断重新组织信息，生产和再生产信息。人文科学有必要研究这些信息以及它们的生产、组织方式。这或许是人文信息学开始的地方，是信息科学和人文科学实现跨学科研究的共同着力点。传统意义上的人文信息学（Humanities Informatics），建立在信息科学的基础上，力图通过数据的存储、分析和挖掘发现人文领域的新知识并总结规律。它在一定程度上能够拓展人文学科中基于印刷媒介的个案研究，架构全景式的宏观研究视野，但其对算法的崇尚和绝对量化的倾向同样遭到诟病。因而，新起点上的人文信息学应构建一个更加符合人文学科需要的人文信息理念：突破数字信息的藩篱，将人类精神文明中纷繁多样的信息媒介形式都纳入理论视野；突破由数字信息重构人文知识的单向研究路径，开创以人文精神反思数字文化现象的新思路，从而实现数字与人文的双向促进乃至深度融合。如此展开的研究实践有助于用全新的眼光来审视学科分界和学科特性，有助于建立人文学科的新的研究范式，形成跨专业、跨领域的新的学术共同体。此外，相关研究实践也有助于增强人文研究领域的系统性和明晰性，同时又使数字信息技术手段不至于磨灭研究主体的个性，使其具有人文关怀的温度。

探讨人文信息学的基本原理，既是出于回应现实问题的必要性，又是学术研究范式转换的内在要求。人文信息学一方面把信息科学的技术和方法运用到人文研究里，强调协作、跨学科、计算化的切入，但又有意识地跳出“技术物化人文”的定势；另一方面把人文学科的问题意识、思辨精神、人文关怀、价值体系等引入信息资源选择、知识单元标引、模型构建和结果阐释，跳出“从数据到数据”的华丽热闹，形成“人文中和物化”的平衡。人文信息学致力于打通人文科学、社会科学、信息科学三大领域的学科壁垒，集中整合文学、历史学、哲学、社会学、教育学、心理学、信息技术学等不同学科的思想资源，发挥各自的学术优长，对具体文化现象进行综合性的解释和分析。相较于数字人文研究，人文信息学在借力数字技术开展研究的同时，更强调以信息为中心切入对时代问题的思考，把握媒介变迁脉络中的文化发展规律，并在道德、审美、伦理等人文视角下反观既有和未来的文化现象，批判技术变革中的工具理性所引发的负面效应，在对作为主体的人和信息的互动机制的探讨中厚植人文学科的人文关怀。在数字技术、人工智能技术方兴未艾之时，人文信息学更要关注新现象，以知识积累、知识创新服务社会，并在理论与实践探索中不断完善知识体系。

（曾巍，华中师范大学文学院教授，华中师范大学学报主编）

新文科背景下文化传播学博士培养的跨学科探索

周　莉

2023 年 10 月 8 日，习近平总书记对宣传思想文化工作作出重要指示强调，坚定文化自信，秉持开放包容，坚持守正创新，为全面建设社会主义现代化国家、全面推进中华民族伟大复兴提供坚强思想保证、强大精神力量、有利文化条件。这对文化领域的高层次人才培养提出了更高要求。

一、文化传播学专业领域的内涵

文化传播学是一门涵盖了政治、经济、科技、文化等多个领域的综合性学科。随着科技的飞速发展和社会的不断进步，许多新技术和新现象难以用单一的学科来解释和解读，而文化传播学则提供了独特的视角和方法来理解和分析这些复杂现象。它不仅揭示了这些现象背后的文化逻辑和传播机制，还为我们提供了应对和解决现实问题的新思路和新途径。

文化传播学充分融合了中西视野和历史思维，致力于培养具有全球视野和深厚文化底蕴的优秀人才。这与新文科建设宣言中提出的“提升综合国力需要新文科”“坚定文化自信需要新文科”“培养时代新人需要新文科”“建设高等教育强国需要新文科”以及“文科教育融合发展需要新文科”的要求高度契合。以跨学科为鲜明特色的文化传播学是“思想引领、现实关怀、文化掘发，融合发展”[1]的学科。众多高校如浙江大学、南京大学、华东师范大学、中南大学、重庆大学、湖南大学、西北大学、陕西师范大学、辽宁大学、河北大学、广东外语外贸大学、湖北大学、中南民族大学等都在积极探索文化传播学科建设路径，旨在培养具备全面素养和创新能力的高级专门人才。

二、华中师范大学文化传播学博士培养的特色

华中师范大学文化传播学自创立以来，始终走在学科发展的前沿，在文化传播、出版传播、影视传播等领域深耕细作，取得了显著的成果和突破。本学科不仅注重基础理论的研究，还紧密结合实际，关注行业发展的前沿动态，以培养具有坚实学科基础和系统专业知识、视野开阔、学有专长、具有较强从事中国语言文学学术研究能力的高级专门人才为出发点，设文学与新闻传播学交叉二级学科博士点。文化传播学下设文学传播、出版文化、影视文化以及媒介伦理与传播实务等学科方向，充分体现了文化传播学的跨学科特色。

在师资队伍建设方面，华中师范大学文化传播学学科已经建立起一支以范军教授为学科带头人的优秀教学科研团队。这个团队汇聚了诸如彭涛教授、万忆教授、曾巍教授、周莉教授、李炜副教授等学术骨干，共同致力于文化传播学的研究与教学。范军教授作为国家新闻出版总署首批“全国新闻出版行业领军人才”，其研究成果在学术界具有广泛影响力，入选了《复印报刊资料重要转载来源作者（2022 年版）》新闻传播学学科作者名单。万忆教授是国家“万人计划”哲学社会科学领军人才，其舆情专报得到了国家最高领导人的批示。团队承担国家及省部级项目二十余项，发表重点核心期刊论文超过百篇。

在教学培养方面，文化传播学博士研究生课程设置体现了鲜明的跨学科特色。一级学科必修课程包括文学研究方法论和语言研究方法论，旨在为学生打下坚实的学科基础。二级学科必修课程则包括文化传播学专题研究、出版文化与产业研究、经典电影理论著作阅读与研讨，这些课程不仅涵盖了文化传播学的核心领域，还注重理论与实践的结合。此外，还开设了文化传播学前沿研究和跨文化传播学专题研究两门选修课程，以拓宽学生的学术视野。这些课程的设置充分体现了对高水平文化传播学学科研究人才培养目标的追求，充分体现了学科的综合性、前沿性、实践性与国际化特色。

在教学成果上，近5年本学科方向招收和培养了博士研究生21名，就业率达到了100%，就业单位主要为各类高校和科研院所，用人单位反馈良好，毕业生发展后劲足，充分反映了文化传播学学科的吸引力和就业前景。

三、华中师范大学文化传播学的未来发展

在学科平台构建方面，华中师范大学文化传播研究中心主办的“华中学术传播论坛”已经成为一个重要的学术交流平台。自2017年起至2023年年底，该论坛已连续举办7届，吸引了众多专家学者共同探讨文化传播领域的学术问题。每一届论坛都围绕一个主题展开深入讨论，为文化传播学的研究和人才培养提供了有益的参考。在这个平台上，专家学者碰撞思想，产生了极具创新价值的成果。这些成果已编为三本论文集公开出版，部分论文刊登于权威期刊，进一步扩大了文化传播学学科的影响力。

在2023年11月召开的华中学术传播论坛上，范军教授提出了数字人文作为未来重要研究方向的观点。他认为，在未来数字人文将持久地对人文研究、出版活动等产生重要的影响。在此背景下，关于人文学术与数字科技的结合、数字人文数据库的建设、数字人文工具的开放、数字人文研究方法和范式的创新等问题值得深入探讨。数字人文研究也将作为本学科点未来的重要研究方向，这一趋势也预示着文化传播学博士培养将更加关注数字人文领域，以适应新时代背景下文化传播学学科的发展需求。

注释：

[1] 郭增强：《文化传播：对话、路径与新文科建设——以〈文化与传播十五讲〉为考察中心》，《华夏传播研究》2023年第1期，第258～268页。

（周莉，华中师范大学新闻传播学院教授）

读书报告

DUSHU BAOGAO

2020—2023年出版文化史研究论著目录

范 军 刘 健

辑录说明：主要辑录2020年至2023年中国内地（也收有少数港台地区）出版的有关出版文化史方面的论著、译著、资料集，少量条目为旧籍重刊，也一并辑录，共计503种，按照出版的时间先后进行编排。

2020年

柳和城：《橄榄集——商务印书馆研究及其他》，北京：商务印书馆，2020年。

（清）周锡瓒：《琴清阁书目：清乾隆周氏香岩书屋稿本》，北京：国家图书馆出版社，2020年。

上海图书公司：《秘册集萃：上海图书公司曾藏善本目录》，上海：上海书店出版社，2020年。

何光伦：《李一氓捐赠四川省图书馆藏书书目》，成都：巴蜀书社，2020年。

侯印国：《清代稀见私家藏书目录研究》，南京：南京大学出版社，2020年。

宿白：《唐宋时期的雕版印刷》，北京：生活·读书·新知三联书店，2020年。

查良镛、萧乾等：《胡政之：一笔一天下，一报一世界》，北京：中国文史出版社，2020年。

尹敏志：《东京蠹余录》，桂林：广西师范大学出版社，2020 年。

曾彦修、李晋西：《曾彦修访谈录》，北京：人民文学出版社，2020 年。

汪耀华：《上海出版简史：1978—2018》，上海：上海书店出版社，2020 年。

徐乃昌：《积学斋藏书记》，上海：上海古籍出版社，2020 年。

王申红：《新中国成立初期的大众阅读研究（1949—1956）》，合肥：黄山书社，2020 年。

咸立强：《中国出版家·赵南公》，北京：人民出版社，2020 年。

汪耀华：《中国出版家·黄洛峰》，北京：人民出版社，2020 年。

汪耀华：《商务印书馆简史（1897—2017）》，上海：上海书店出版社，2020 年。

俞晓群：《两半斋随笔》，杭州：浙江大学出版社，2020 年。

朱晓剑：《我在书店等你》，北京：金城出版社，2020 年。

高杨文：《北京红色出版》，北京：北京出版社，2020 年。

［英］莫弗特、陈正宏：《英国剑桥李约瑟研究所东亚科学史图书馆藏汉籍善本图目》，上海：中西书局，2020 年。

杨克敏：《话语转型与民国时期的外国文学研究：以若干重要文学期刊为中心》，北京：中国社会科学出版社，2020 年。

赵建国：《报刊史的底色：近代中国新闻界与社会》，广州：暨南大学出版社，2020 年。

谢其章：《书肆巡阅使》，北京：中华书局，2020 年。

［美］马克斯·豪尔：《哈佛出版史》，李广良、张琛译，杭州：浙江大学出版社，2020 年。

［日］大木康：《明末江南的出版文化》，周保雄译，上海：上海古籍出版社，2020 年。

吉林省地方志编纂委员会：《吉林省志·出版志（1986—2000）》，长春：吉林人民出版社，2020 年。

范军：《中国近现代出版企业制度研究》，北京：中国传媒大学出版社，2020 年。

方彦寿：《增订建阳刻书史》，福州：福建人民出版社，2020 年。

张宝三：《美国芝加哥大学图书馆藏中文古籍善本书志·经部》，北京：国家图书馆出版社，2020 年。

崔颖：《中国古代蒙学识字教材研究》，太原：山西人民出版社，2020 年。

凌冬梅：《嘉兴近代进步报刊史（1897—1949）》，合肥：黄山书社，2020 年。

魏舒歌：《战场之外：租界英文报刊与中国的国际宣传（1928—1941）》，魏舒歌、李松蕾、龙伟译，北京：社会科学文献出版社，2020 年。

方彦寿：《福建历代刻书家考略》，北京：中华书局，2020 年。

李耕：《鲁迅编辑实践研究》，北京：学苑出版社，2020 年。

赵素文：《我心难忘——福州晚报世纪之交的故事》，福州：海峡文艺出版社，2020 年。

李频：《期刊：连续出版的逻辑》，北京：中国传媒大学出版社，2020 年。

汪耀华：《书业叙事——“作业本”上的戒尺》，上海：上海人民出版社，2020 年。

刘海：《中国近代出版转型研究》，北京：中国商务出版社，2020 年。

邵汉明：《吉林省社会科学院图书馆藏古籍善本图录》，长春：长春出版社，2020 年。

［日］内藤湖南等：《中国访书记》，钱婉约译，北京：九州出版社，2020 年。

杜波：《五四时期期刊研究》，北京：人民出版社，2020 年。

蔡斐、刘大明：《城市、报刊与现代性——以晚清重庆报业（1897—1911）为中心的观察》，重庆：重庆大学出版社，2020 年。

凌孟华：《旧刊有声：中国现代文学佚文辑校与版本考释》，北京：中国社会科学出版社，2020 年。

［日］岛田翰：《皕宋楼藏书源流考》，北京：九州出版社，2020 年。

孙宝林、尚莹莹：《传统的未来：印刷文化十二讲》，太原：山西经济出版社，2020 年。

牛麦青云、嘎玛降村：《藏文雕版印刷传承和保护》，成都：四川民族出版社，2020 年。

张人凤：《我的祖父张元济》，天津：南开大学出版社，2020 年。

马培洁：《鲍廷博及其〈知不足斋丛书〉研究》，北京：中国社会科学出版社，2020 年。

袁秀华、郑勇：《图海乡愁：记南宋藏书大家、目录学家陈振孙》，北京：中国文史出版社，2020 年。

王伯祥：《王伯祥日记》，北京：中华书局，2020 年。

韦力：《书院寻踪》，上海：上海人民出版社，2020 年。

范用：《书香处处》，北京：生活·读书·新知三联书店，2020 年。

张元济：《宝礼堂宋本书录》，上海：上海古籍出版社，2020 年。

张远航：《经典追溯——卡·马克思和弗·恩格斯著作在中国的传播（1899—1949）》，北京：中央编译出版社，2020 年。

成连虎：《时空演进与观念建构：我国近代报刊业发展研究（1815—1911）》，北京：九州出版社，2020 年。

方汉奇：《报刊史话》，北京：人民出版社，2020 年。

逯铭昕：《宋金元伤寒著述版本研究》，北京：中华书局，2020 年。

上海图书馆：《上海图书馆藏〈西厢记〉善本丛刊》，北京：国家图书馆出版社，2020 年。

项旋：《皇权与教化：清代武英殿修书处研究》，北京：中国社会科学出版社，2020 年。

《读书》杂志：《我与〈读书〉（1979—2019）》，北京：生活·读书·新知三联书店，2020 年。

杨虎:《行走书香间:阅读与出版研究》,北京:华文出版社,2020年。

孙英芳:《石间流唱:清末民初上海石印鼓词小说的出版与传播》,上海:上海人民出版社,2020年。

吴永贵、张学科:《民国年度出版时评史料辑编》(第六卷、第七卷),武汉:华中师范大学出版社,2020年。

毛静:《官书局版刻图录》,南昌:江西高校出版社,2020年。

杨健:《革命的凝视——政治·宣传·摄影维度下的〈晋察冀画报〉研究》,上海:同济大学出版社,2020年。

沈珉:《中国近代书刊形态变迁研究》,北京:国家图书馆出版社,2020年。

毛旭、凌冬梅:《中国藏书的历史与传统》,北京:朝华出版社,2020年。

韬奋基金会秘书处:《新中国出版人:奋进新时代(第八届韬奋出版人才高端论坛文选)》,成都:四川人民出版社,2020年。

胡继东:《东北书店(1945—1949)》,沈阳:辽宁人民出版社,2020年。

张珑:《水流云在——张元济孙女的自述》(增订本),北京:商务印书馆,2020年。

谢其章:《书窗风景》,杭州:浙江大学出版社,2020年。

金理:《海派文化与民间岗位:以施蛰存、戴望舒、杜衡与刘呐鸥为核心的社团研究》,武汉:武汉出版社,2020年。

陈离:《凝望与置生:语丝社与〈语丝〉周刊》,武汉:武汉出版社,2020年。

栾梅健:《在乍暖还寒的历史关头:南社研究》,武汉:武汉出版社,2020年。

石曙萍:《知识分子的岗位与追求:文学研究会研究》,武汉:武汉出版社,2020年。

咸立强：《艺术之宫与十字街头：创造社研究》，武汉：武汉出版社，2020年。

庄森：《飞扬跋扈为谁雄：作为文学社团的〈新青年〉研究》，武汉：武汉出版社，2020年。

许俊雅：《历史与文化的观照：栎社及其文学活动轨迹》，武汉：武汉出版社，2020年。

白杨：《纸上风云："创世纪"诗社研究》，武汉：武汉出版社，2020年。

汪晓勤等：《美英早期代数教科书研究》，上海：华东师范大学出版社，2020年。

［英］基思·休斯敦：《书的大历史：六千年的演化与变迁》，伊玉岩、邵慧敏译，北京：生活·读书·新知三联书店，2020年。

陕西省地方志编纂委员会：《陕西省志·出版志（1994—2013）》，西安：陕西人民出版社，2020年。

孔正毅：《中国古近代新闻出版史论》，北京：中国传媒大学出版社，2020年。

夏帆：《民国地图编绘与出版研究》，武汉：武汉大学出版社，2020年。

陈旭东：《日本翻刻建本汉籍图释》，福州：福建人民出版社，2020年。

王建开：《中国当代文学作品英译的出版与传播》，上海：复旦大学出版社，2020年。

舒芜、巴金等：《范用存牍》，北京：生活·读书·新知三联书店，2020年。

江澄波：《江苏活字印书》，北京：北京联合出版公司，2020年。

薛冰：《书事：近现代版本杂谈》，天津：天津人民出版社，2020年。

戴文葆：《历代编辑列传》，北京：北京联合出版公司，2020年。

路漫：《高氏三杰：高凤岐、高而谦、高梦旦传》，福州：海峡文艺出版社，2020年。

周百义：《我的出版实践与观察》，武汉：华中师范大学出版社，2020年。

［美］罗伯特·戈特利布：《我信仰阅读：传奇出版人罗伯特·戈特利布回忆录》，彭伦译，北京：中信出版社，2020年。

陈香：《黄金十年：中国少儿书业风云录》，合肥：安徽少年儿童出版社，2020年。

党跃武：《四川大学珍贵古籍名录》，成都：四川大学出版社，2020年。

安徽师范大学图书馆古籍部：《安徽师范大学图书馆藏古籍善本目录》，北京：国家图书馆出版社，2020年。

上海韬奋纪念馆：《生活书店会议记录：1939—1940》，北京：中华书局，2020年。

人民教育出版社图书馆：《人民教育出版社书目（1950—2020）：教材卷》，北京：人民教育出版社，2020年。

人民教育出版社图书馆：《人民教育出版社书目（1950—2020）：图书卷》，北京：人民教育出版社，2020年。

上海书画出版社：《上海书画出版社六十年出版总目：1960—2020》，上海：上海书画出版社，2020年。

上海图书馆：《文明互鉴：上海图书馆徐家汇藏书楼馆藏珍稀文献图录》，上海：上海人民出版社，2020年。

中国新闻出版研究院：《煌煌辞典著春秋：〈汉语大词典〉出版背后的故事》，北京：中国书籍出版社，2020年。

陈志鹏：《中国中小学英语教材史：晚清—民国》，桂林：广西师范大学出版社，2020年。

章建跃：《中国百年教科书史　中学数学卷》，北京：人民教育出版社，2020年。

谭永平：《中国百年教科书史　生物学卷》，北京：人民教育出版社，

2020 年。

安徽省地方志编纂委员会：《安徽省志·报刊志（1986—2005）》，合肥：黄山书社，2020 年。

吴达等：《封面子恺》，合肥：黄山书社，2020 年。

丁言昭：《丁景唐传：播种者的足迹》，上海：上海文艺出版社，2020 年。

资阳文化广电新闻出版局：《资阳文化广电新闻出版志（1998—2015）》，成都：巴蜀书社，2020 年。

贵州省地方志编纂委员会：《贵州省志（1978—2010）·新闻出版》，贵阳：贵州人民出版社，2020 年。

国家图书馆：《民国时期图书总目·农业科学》，北京：国家图书馆出版社，2020 年。

国家图书馆：《民国时期图书总目·自然科学（基础科学）》，北京：国家图书馆出版社，2020 年。

蔡斐、任竞：《重庆近代报纸提要》，重庆：重庆大学出版社，2020 年。

唐燕明：《中国百年中小学教科书综录：1897—2010》，北京：人民教育出版社，2020 年。

浙江通志编纂委员会：《浙江通志·报业志》，杭州：浙江人民出版社，2020 年。

高峰：《活字印刷术》，长沙：湖南科学技术出版社，2020 年。

秦嘉杭：《新中国雕版印书研究》，北京：北京大学出版社，2020 年。

陈霆：《中国早期石版印刷艺术研究》，上海：上海交通大学出版社，2020 年。

马楠：《唐宋官私目录研究》，北京：中西书局，2020 年。

丁言模：《丁景唐纪念文集》，上海：上海文艺出版社，2020 年。

丁言模：《书香传情：丁景唐藏书考辨》，上海：上海文艺出版社，2020 年。

陈发奎、柳伦：《柳溥庆传奇人生》，上海：复旦大学出版社，2020年。

黄国荣：《患难之生：邹韬奋在抗战中》，北京：生活·读书·新知三联书店，2020年。

漓江出版社：《漓江的品格：漓江出版社成立四十周年纪念文集》，桂林：漓江出版社，2020年。

于友先：《于友先出版工作选集》，北京：人民出版社，2020年。

郝振省：《中国近代编辑出版史》，杭州：浙江教育出版社，2020年。

江西省地方志编纂委员会：《江西省志·出版志：1991—2010》，南昌：江西人民出版社，2020年。

江苏省地方志编纂委员会：《江苏省志（1978～2008）·出版报业志》，南京：凤凰出版社，2020年。

漆良蕃：《江西宋元明刻书》，南昌：江西人民出版社，2020年。

李庆勇：《20世纪90年代以来文学类畅销书生产研究》，长春：长春出版社，2020年。

上海图书馆：《民国时期漫画杂志汇编》，北京：国家图书馆出版社，2020年。

（清）莫友芝：《影山草堂书目　金石影目录　江南收书记》，北京：中华书局，2020年。

廖可斌、王惠明、高虹飞、林旭文：《英国国家图书馆藏中文古籍目录》，北京：国家图书馆出版社，2020年。

中国海关博物馆、宫献国：《中国近代海关出版物综览（1859—1949）》，北京：中国海关出版社有限公司，2020年。

吴松弟：《浙江省档案馆藏未刊中国旧海关内部出版物》（影印本），桂林：广西师范大学出版社，2020年。

天津图书馆：《天津图书馆购藏影印本古籍书目》，天津：天津社会科学院出版社，2020年。

云南师范大学图书馆：《云南师范大学图书馆藏古籍善本图录》，北京：国家图书馆出版社，2020年。

耿培新：《中国百年教科书史　体育卷》，北京：人民教育出版社，2020年。

王晶：《中国百年教科书史　化学卷》，北京：人民教育出版社，2020年。

陈心蓉、丁辉：《江南进士藏书史》，合肥：黄山书社，2020年。

赵晓、何官峰：《藏书与读书》，西宁：青海民族出版社，2020年。

韬奋纪念馆：《邹韬奋研究》（第八辑），上海：上海三联书店，2020年。

2021年

吴世灯：《清代四堡书坊刻书》，福州：福建人民出版社，2021年。

张稳科：《吕梁书目提要：一九四九年十月—二〇二〇年十二月》，太原：三晋出版社，2021年。

彭前程、张颖：《中国百年教科书史　物理卷》，北京：人民教育出版社，2021年。

黄旦、周奇：《媒介史的研究与书写》，北京：中国传媒大学出版社，2021年。

黄旦、周奇：《报刊与近现代中国城市》，北京：中国传媒大学出版社，2021年。

南京图书馆：《家国书运：八千卷楼藏书特展图录》，北京：国家图书馆出版社，2021年。

陈峰：《厦门藏书史略》，厦门：厦门大学出版社，2021年。

［日］冨谷至：《木简竹简述说的古代中国——书写材料的文化史》（增补新版），刘恒武译，上海：中西书局，2021年。

曾雄佩：《市场、资本与技术变迁：基于中国印刷史的研究（1600 1937）》，北京：经济管理出版社，2021年。

李福岩：《〈恩格斯论《资本论》〉何锡麟译本考》，沈阳：辽宁人民出版社，2021 年。

樊希安：《理想与情怀：三联书店出版工作行思录》，天津：天津人民出版社，2021 年。

周百义：《出版的艺术》，北京：中国言实出版社，2021 年。

［美］罗伯特·达恩顿：《法国大革命前夕的图书世界》，高毅译，上海：上海人民出版社，2021 年。

云南省地方志编纂委员会：《云南省志 1978～2005　卷四十二　出版志》，昆明：云南人民出版社，2021 年。

褚正东：《镇江市图书馆藏珍贵古籍图录》，扬州：广陵书社，2021 年。

程仁桃：《北京师范大学图书馆藏稀见书目书志丛刊》，北京：国家图书馆出版社，2021 年。

郑达威：《晚明印刷传播》，北京：社会科学文献出版社，2021 年。

刘畅：《童年的镜像：中国童书出版与阅读文化建构》，北京：中国社会科学出版社，2021 年。

国家图书馆：《民国时期图书总目·宗教》，北京：国家图书馆出版社，2021 年。

富竹泉：《绿棠吟馆书目》，北京：国家图书馆出版社，2021 年。

中山大学图书馆：《近代报刊索引史料汇编》，广州：广东人民出版社，2021 年。

人民文学出版社：《人民文学出版社七十年图书总目：1951—2021》，北京：人民文学出版社，2021 年。

徐莉莉：《〈澳门宪报〉中文公告与近代澳门社会：1850—1911》，北京：中国社会科学出版社，2021 年。

郑辉、肖书铭：《福建传统印刷图鉴·建本卷》，福州：福建美术出版社，2021 年。

《厦门大学出版社社史》编委会：《厦门大学出版社社史（1985—2020）》，厦门：厦门大学出版社，2021 年。

周百义：《岁月绵长》，郑州：河南人民出版社，2021年。

组论小组：《纸还有未来吗？　一部印刷文化史》，傅力译，北京：北京联合出版公司，2021年。

叶新、周伟俊：《晚清出版史料汇编》，北京：知识产权出版社，2021年。

叶新、周伟俊：《民国外国出版史料汇编》，北京：知识产权出版社，2021年。

胡晓明、韩进：《华东师范大学图书馆藏民国书刊选辑图录》，杭州：西泠印社出版社，2021年。

翟爱玲：《策府缥缃：〈四库全书〉设计系统之研究》，杭州：浙江大学出版社，2021年。

金晓刚：《编纂与刊刻》，杭州：浙江大学出版社，2021年。

赵红娟：《晚明望族编刊活动研究——以湖州闵、凌、茅、臧四大望族为中心》，北京：中国社会科学出版社，2021年。

肖志鹏：《晚清印刷出版商业化研究》，北京：知识产权出版社，2021年。

薛维华：《边缘风景：汉学期刊研究视域中的〈教务杂志〉》，北京：中国社会科学出版社，2021年。

丁一平：《日本农业出版与传播的社会学调查：1950—2003》，北京：中华书局，2021年。

何志勇：《出版沉思录：四川故事》，北京：商务印书馆，2021年。

商务印书馆编辑部：《汉译世界学术名著丛书书目提要（1—19辑）》，北京：商务印书馆，2021年。

杨岸琳：《美国爱荷华大学图书馆中文古籍目录》，北京：中华书局，2021年。

［新加坡］沈俊平、高斌：《新加坡国立大学图书馆中文古籍目录》，北京：中华书局，2021年。

付雷：《中国近代中学生物学教科书研究》，南宁：广西科学技术出版社，2021年。

吴夏平：《唐代书籍活动与文学秩序》，上海：上海古籍出版社，2021年。

吴蓉斌：《水浒传在日本》，杭州：浙江大学出版社，2021年。

赵晨：《马国翰研究》，北京：北京联合出版公司，2021年。

毛静：《籍著中华：明清时期金溪浒湾雕版印刷研究》，南昌：江西美术出版社，2021年。

吴道弘：《一位新中国出版家的自述：记忆中的出版往事》，北京：中国书籍出版社，2021年。

温哲仙：《企鹅兰登书屋出版大事记》，北京：知识产权出版社，2021年。

张炜：《社会变迁的催化剂：16世纪英格兰的印刷媒介》，北京：社会科学文献出版社，2021年。

张仲民：《出版与文化政治：晚清的"卫生"书籍研究》，上海：上海人民出版社，2021年。

章清：《清季民国时期的"思想界"》，北京：社会科学文献出版社，2021年。

谢君：《明清书坊业与通俗小说研究》，北京：中国社会科学出版社，2021年。

万安伦：《中外出版简史》，北京：北京师范大学出版社，2021年。

郑士德、郑北星：《中国书业史》，北京：人民出版社，2021年。

上海市地方志编纂委员会：《上海市志·新闻出版分志·出版卷(1978—2010)》，上海：上海古籍出版社，2021年。

辽宁省图书馆：《辽宁省图书馆藏民国线装书图录》，沈阳：沈阳出版社，2021年。

吴松弟、方书生：《中国旧海关内部出版物使用手册》，桂林：广西师范大学出版社，2021年。

魏维：《清末日语教科书研究》，杭州：浙江工商大学出版社，

2021 年。

马学良：《哈佛燕京学社汉学引得丛刊研究》，北京：北京联合出版公司，2021 年。

成都市档案馆：《寂夜强音：成都进步报刊档案研究》，成都：巴蜀书社，2021 年。

张国伟：《中国近现代出版产业化进程中的马克思主义著作传播：1899—1945》，郑州：河南大学出版社，2021 年。

李明刚：《其书其文：作家藏书与中国现代文学》，广州：暨南大学出版社，2021 年。

谢清风：《出版家鲁迅研究》，北京：人民出版社，2021 年。

文娟：《前“五四”时代的文化符号：商务印书馆与中国近代小说》，桂林：广西师范大学出版社，2021 年。

蒋维乔：《蒋维乔日记》，上海：上海人民出版社，2021 年。

孙犁：《书衣文录全编》，天津：百花文艺出版社，2021 年。

古远清：《台湾查禁文艺书刊史》，台北：万卷楼图书股份有限公司，2021 年。

廖华：《明清书坊与戏曲研究》，北京：中国社会科学出版社，2021 年。

马学良：《明代内府刻书考》，上海：上海古籍出版社，2021 年。

张静庐：《中国近现代出版史料》，上海：上海书店出版社，2021 年。

刘正伟：《中国近代中小学教科书汇编·清末卷·语文》，上海：上海辞书出版社，2021 年。

任竞：《重庆近代期刊提要》，重庆：重庆大学出版社，2021 年。

广东省社会科学院图书馆：《广东省社会科学院图书馆古籍普查登记目录》，北京：国家图书馆出版社，2021 年。

单永军：《民国戏曲期刊研究（1912—1949）》，上海：上海三联书店，2021 年。

王荣、翟二猛、王西强：《延安文艺报刊汇辑述略（1936—1949）》，西安：陕西师范大学出版，2021年。

刘龙新：《知识生产与传播：近代中国史学的转型》，北京：生活·读书·新知三联书店，2021年。

柳百琪：《柳溥庆画册》，上海：复旦大学出版社，2021年。

艾俊川：《且居且读》，桂林：广西师范大学出版社，2021年。

《浙江通志》编纂委员会：《浙江通志·出版志》，杭州：浙江人民出版社，2021年。

上海韬奋纪念馆：《生活书店会议记录：1940—1945》，北京：中华书局，2021年。

人民出版社：《人民出版社藏名家书信》，北京：人民出版社，2021年。

沈灵蓉：《中国近代小学语文教科书研究》，杭州：浙江大学出版社，2021年。

牛贯杰、秦天骄、王启睿：《红刊：穿透纸背的力量》，北京：中国工人出版社，2021年。

孙莺：《旧时书肆》，上海：上海科学技术文献出版社，2021年。

黄嗣：《中国出版家·夏瑞芳》，北京：人民出版社，2021年。

朱文斌：《中国出版家·胡愈之》，北京：人民出版社，2021年。

范军、曾建辉：《中国出版家·周振甫》，北京：人民出版社，2021年。

刘耀辉：《中国出版家·叶至善》，北京：人民出版社，2021年。

人民出版社：《我与人民出版社》，北京：人民出版社，2021年。

范军：《华中学术传播论坛（第三辑）——交流·融合·创新：文学出版与文学传播》，武汉：华中师范大学出版社，2021年。

马建农：《北京出版史》，北京：中国书店，2021年。

山东大学图书馆：《山东大学图书馆藏稀见书目书志丛刊》，北京：国家图书馆出版社，2021年。

（明）高儒、晁瑮：《百川书志　晁氏宝文堂书目》，上海：上海古籍出版社，2021年。

孟向荣：《〈我的前半生〉成书史论》，北京：群众出版社，2021年。

张小龙：《红色报告文学“范本”的选择及阅读史研究（1930—1978）》，长沙：湖南师范大学出版社，2021年。

刘运峰：《鲁迅书衣录》，北京：九州出版社，2021年。

张曼玲、金玲：《中正大雅　朴真至美——人民美术出版社70年（1951—2021）》，北京：人民美术出版社，2021年。

人民美术出版社：《2022美术日记——人民美术出版社70周年书刊封面集萃》，北京：人民美术出版社，2021年。

张秀平：《我的编辑生涯四十五年》，北京：开明出版社，2021年。

薛林荣：《鲁迅的封面》，桂林：广西师范大学出版社，2021年。

贾新田等：《山西出版70年大事记（1949—2019）》，太原：山西人民出版社、山西教育出版社，2021年。

伊沛扬、赵民：《济南市新闻出版大事记（1948—2020）》，济南：济南出版社，2021年。

王开学：《现存山西刻书总目》，太原：三晋出版社，2021年。

（清）徐树兰：《古越藏书楼书目》，扬州：广陵书社，2021年。

王志庚、朱自强：《民国时期儿童期刊汇编》，北京：国家图书馆出版社，2021年。

赵长江：《〈红楼梦〉英译史》，杭州：浙江大学出版社，2021年。

本书编委会：《光辉的印记——庆祝中国电力出版社成立70周年征文选编（1951—2021）》，北京：中国电力出版社，2021年。

陈思广：《中国现代长篇小说编年史（1922—1949）》，武汉：武汉出版社，2021年。

李明军：《从书坊到书斋：明清通俗小说的雅化研究》，上海：上海交通大学出版社，2021年。

[英] 马丁·莱瑟姆：《阶梯与狂热：一部书籍文化史》，王喆源译，北京：中国工人出版社，2021年。

中国近现代新闻出版博物馆：《原版初心——党的出版早期文献萃编》，上海：上海书店出版社，2021年。

龙向洋：《复旦大学出版社总书目（1980—2020）》，上海：复旦大学出版社，2021年。

程章灿、许勇：《中国古代文献文化史史料辑要》，南京：南京大学出版社，2021年。

聊城市海源阁图书馆：《海源书钞：海源阁图书馆藏古籍撷萃》，济南：济南出版社，2021年。

白小燕、徐田华：《陶瓷图书馆藏选目：1914—2020》，南昌：江西人民出版社，2021年。

安宝江、刘克丹：《中国近现代插图史》，重庆：重庆大学出版社，2021年。

安宝江、安剑秋：《新中国插图艺术史》，重庆：重庆大学出版社，2021年。

陈捷：《研究系与〈时事新报·学灯〉》，南京：南京大学出版社，2021年。

王勇：《隋唐中日书籍交流史》，杭州：浙江人民出版社，2021年。

沈慧瑛：《江南收藏世家过云楼》，苏州：古吴轩出版社，2021年。

石祥：《八千卷楼书事新考》，上海：中西书局，2021年。

王振良：《沽上琅嬛：天津藏书楼和藏书家》，济南：山东画报出版社，2021年。

贺圣遂、姜华：《出版的品质》（增订本），北京：商务印书馆，2021年。

薛玉琴、陈才：《夏丏尊年谱》，杭州：浙江大学出版社，2021年。

韬奋纪念馆：《邹韬奋研究》（第九辑），上海：上海三联书店，2021年。

［英］阿比盖尔·威廉姆斯：《以书会友：十八世纪的书籍社交》，何芊译，北京：北京大学出版社，2021年。

（清）路慎庄：《蒲编堂路氏藏书目》，济南：齐鲁书社，2021年。

江庆柏：《江苏地方文献志》，南京：凤凰出版社，2021 年。

巩本栋：《宋代文献编纂与文化变革》，南京：南京大学出版社，2021 年。

韦志榕、高俊昌：《中国百年教科书史　地理卷》，北京：人民教育出版社，2021 年。

蔡矛、黄海旺：《中国百年教科书史　小学科学卷》，北京：人民教育出版社，2021 年。

张新民：《中国现代文学期刊研究》，长春：吉林出版集团股份有限公司，2021 年。

顾钧、雷强：《近代北京英文学术期刊研究》，北京：学苑出版社，2021 年。

王荣鑫：《风起文澜》，杭州：杭州出版社，2021 年。

徐雁平：《清代的书籍流转与社会文化》，南京：南京大学出版社，2021 年。

李根亮：《〈红楼梦〉阅读史》，济南：齐鲁书社，2021 年。

林浩、李连秀：《福建传统印刷图鉴·闽西红色印刷文化卷》，福州：福建美术出版社，2021 年。

刘光裕、陈静：《蔡伦造纸与纸的早期应用》，济南：齐鲁书社，2021 年。

叶新、周伟俊：《高梦旦：著述与追忆》，北京：西苑出版社，2021 年。

编委会：《奋进的 70 年——内蒙古人民出版社发展概况（1951—2021）》，呼和浩特：内蒙古人民出版社，2021 年。

郭孟良：《书香茶韵》，郑州：郑州大学出版社，2021 年。

杨牧之：《一位编辑的自述：我的出版之路》，北京：中国书籍出版社，2021 年。

徐俊：《翠微却顾集：中华书局与现代学术文化》，北京：中华书局，2021 年。

谭旭东：《童书出版观察》，北京：海豚出版社，2021年。

褚金勇：《从书籍到报刊：晚清文人的书写转型研究》，北京：中国社会科学出版社，2021年。

[英] M. H. 布莱克：《剑桥出版史》，洪云、王丰婷译，南京：南京大学出版社，2021年。

2022年

王颖冲：《中国当代小说英译出版研究》，杭州：浙江大学出版社，2022年。

宁夏回族自治区图书馆：《民国时期创刊号图录》，北京：国家图书馆出版社，2022年。

于翠玲：《中国书籍文化史研究》，北京：中国传媒大学出版社，2022年。

樊国安：《暗夜灯火——打开历史尘封的红色记忆》，天津：天津人民出版社，2022年。

金雷磊：《宋代闽本图书传播研究》，厦门：厦门大学出版社，2022年。

王安功：《书归何处：近代以来藏书文化与社会》，北京：新华出版社，2022年。

倪德茂、曾琦、华礼娴：《清代藏书文化研究》，成都：西南交通大学出版社，2022年。

艾俊川：《中国印刷史新论》，北京：中华书局，2022年。

顾志兴：《天下印书杭为上》，杭州：杭州出版社，2022年。

黄寿成：《心太平盦古籍书影：黄永年先生收藏精粹》，上海：华东师范大学出版社，2022年。

兰秋阳：《金陵书局与晚清学术（1864—1911）》，北京：中国社会科学出版社，2022年。

[美] 戴思哲：《中华帝国方志的书写、出版与阅读：1100—1700年》，

向静译，上海：上海人民出版社，2022年。

［美］彼得·鲍德温：《版权战争——跨越大西洋三个世纪的斗争》，王志刚译，北京：中国传媒大学出版社，2022年。

［英］菲尔·巴恩斯《从设计看企鹅：企鹅七十年封面艺术史》，王建琪译，北京：中信出版社，2022年。

（清）周广业：《目治偶抄　四部寓眼录　四部寓眼录补遗　两浙地志录》，北京：中华书局，2022年。

程光安：《合作抗战视角下〈群众〉周刊研究》，北京：中共中央党校出版社、国家行政管理出版社，2022年。

潘吉星：《中国印刷技术史》，合肥：中国科学技术大学出版社，2022年。

沈泓：《中国雕版·源流》，贵阳：贵州教育出版社，2022年。

沈泓：《中国雕版·年画》，贵阳：贵州教育出版社，2022年。

［德］克里斯蒂安·亚当：《德国出版零时年——作家、读者、畅销书，巨变后的图书世界》，王琳琳、李晓艳、田汝丽译，西安：陕西人民出版社，2022年。

古远清：《台湾百年文学期刊史》，台北：万卷楼图书股份有限公司，2022年。

郑幸：《清代刻工与版刻字体》，北京：中华书局，2022年。

国家图书馆、国家古籍保护中心、国家典籍博物馆：《中华传统文化典籍保护传承大展图录》，北京：国家图书馆出版社，2022年。

刘理保：《建阳刻本书目辑要》，福州：海峡书局，2022年。

《清末民初报刊图画集成》编写组：《清末民初报刊图画集成》，桂林：广西师范大学出版社，2022年。

上海报业集团：《申报馆剪报资料·上海卷：新闻出版专辑》，上海：上海书店出版社，2022年。

樊长远：《美国芝加哥大学图书馆藏中文古籍善本书志·史部》，北京：国家图书馆出版社，2022年。

郑秀娟：《新中国科普期刊研究（1949—2019）》，北京：光明日报出版社，2022 年。

赵新华：《文章·文学·文化：近代中学国文教科书中的古代作品选文研究》，杭州：浙江大学出版社，2022 年。

李英：《影响世界的 100 个印刷故事》，郑州：大象出版社，2022 年。

田晓菲：《尘几录：陶渊明与手抄本文化研究》，北京：生活·读书·新知三联书店，2022 年。

金陵刻经处：《金陵刻经处大事记长编：1864—1952》，武汉：崇文书局，2022 年。

杜恩龙、邓元宏：《出版经纪人研究》，北京：科学出版社，2022 年。

［美］尼古拉斯·A. 巴斯贝恩：《文字的世界：耶鲁出版史》，王立平译，南京：南京大学出版社，2022 年。

［美］理查德·B. 谢尔：《启蒙与书籍：苏格兰启蒙运动中的出版业》，启蒙编译所译，北京：商务印书馆，2022 年。

［英］斯徒热特·凯利：《失落的书》，卢葳、汪梅子译，北京：生活·读书·新知三联书店，2022 年。

［英］克莱尔·科克-斯塔基：《书虫杂记》，许梦鸽译，北京：商务印书馆，2022 年。

万安伦：《新中国出版研究》，北京：高等教育出版社，2022 年。

王娟：《吕梁红色出版史》，太原：山西人民出版社，2022 年。

叶新、刘才琴：《晚清版权文献汇编》，北京：中央编译出版社，2022 年。

袁仲翔：《黄河志编纂理论与实践》，郑州：河南人民出版社，2022 年。

马楠楠：《单位纸媒的变迁研究》，长春：吉林大学出版社，2022 年。

翁之憙：《常熟翁氏藏书志》，北京：中华书局，2022 年。

刘晓嘉：《中国出版家·杜亚泉》，北京：人民出版社，2022 年。

林英：《中国出版家·汪孟邹》，北京：人民出版社，2022 年。

张国功：《中国出版家·韦君宜》，北京：人民出版社，2022年。

邱雪松：《中国出版家·宋云彬》，北京：人民出版社，2022年。

孙晶、姚福申：《中国出版家·吴朗西》，北京：人民出版社，2022年。

陈义望、亦禾：《中国出版家·姜椿芳》，北京：人民出版社，2022年。

商务印书馆编辑部：《商务印书馆一百二十五年：1897—2022：我与商务印书馆》，北京：商务印书馆，2022年。

《商务印书馆125年大事记》编写组：《商务印书馆125年大事记（1897—2022）》，北京：商务印书馆，2022年。

欧阳敏：《中华书局的企业制度（1912—1949）》，北京：中华书局，2022年。

俞晓群：《书后的故事》，北京：华文出版社，2022年。

［美］张婷：《法律与书商：商业出版与清代法律知识的传播》，张田田译，北京：社会科学文献出版社，2022年。

［英］詹姆斯·雷文：《什么是书籍史》，孙微言译，北京：北京大学出版社，2022年。

古远清：《台湾百年文学出版史》，台北：万卷楼图书股份有限公司，2022年。

甘鹏云：《崇雅堂书录　崇雅堂碑录》，北京：中华书局，2022年。

饶国庆、屠建达、刘晓峰、乌莹君：《天一阁藏明人文集善本书录》，北京：国家图书馆出版社，2022年。

程章灿、史梅：《南京大学古籍善本图录》，南京：南京大学出版社，2022年。

程章灿、史梅：《南京大学民国文献珍本图录》，南京：南京大学出版社，2022年。

杜永寿：《中国百年教科书史　音乐卷》，北京：人民教育出版社，2022年。

王齐洲、王丽娟：《〈水浒传〉成书时间研究：以〈水浒传〉早期传播史料为中心》，武汉：湖北人民出版社，2022 年。

李翚：《中国近现代佛教报刊史》，北京：宗教文化出版社，2022 年。

马闻一：《福建传统印刷图鉴·四堡雕版卷》，福州：福建美术出版社，2022 年。

赵少峰：《媒介的力量：近代出版机构与西方史学传播》，北京：中国社会科学出版社，2022 年。

林岫、李念祖、刘艳：《旧广告新史料：民国报刊广告选编》，北京：学苑出版社，2022 年。

［德］安娜-卡特琳·齐萨克：《德古意特出版史：传统与创新（1749—1999)》，何明星、何抒扬译，杭州：浙江大学出版社，2022 年。

王飞仙：《版权谁有？翻印必究？　近代中国作者、书商与国家的版权角力战》，林纹沛译，台北：台湾商务印书馆，2022 年。

刘火雄：《西风吹不尽："诺奖作品"在华出版传播与阅读接受流变(1901—1949)》，南京：江苏人民出版社，2022 年。

郭金海：《中国近代中学数学教科书研究》，南宁：广西科学技术出版社，2022 年。

王广超：《中国近代中学物理学教科书研究》，南宁：广西科学技术出版社，2022 年。

孙琬淑：《宋刻本版面范式设计研究》，杭州：中国美术学院出版社，2022 年。

柳森：《清代西南官学藏书研究》，北京：光明日报出版社，2022 年。

叶建成：《凤凰衔书："过云楼藏书"回归江南记》，南京：江苏人民出版社，2022 年。

高正：《荀子版本源流考》（增订本)，北京：中国社会科学出版社，2022 年。

黄蓉：《丁玲文学编辑活动研究》，长沙：湖南大学出版社，2022 年。

文革红：《明清通俗小说书坊考辨与综录》，南京：凤凰出版社，

2022年。

陶亢德：《陶庵回想录》，北京：中华书局，2022年。

刘潇：《宋代官刻书籍研究》，保定：河北大学出版社，2022年。

上海图书馆：《上海图书馆藏宋本图录》（修订本），上海：上海古籍出版社，2022年。

王青云：《近代报纸图书副刊选编》，北京：国家图书馆出版社，2022年。

何砺砻：《内蒙古自治区图书馆满文古籍图书综录》，桂林：广西师范大学出版社，2022年。

刘忠：《中国现代文学中的"同人"期刊研究》，上海：上海光启书局有限公司，2022年。

张均：《中国当代文学报刊研究（1949—1976）》，北京：北京大学出版社，2022年。

林振岳：《内阁大库藏书研究》，北京：中国社会科学出版社，2022年。

张文杰、杨迎春、孙扬：《四大发明的古往今来·印刷术》，上海：上海交通大学出版社，2022年。

谢大光：《孙犁教我当编辑》，天津：天津人民出版社，2022年。

商务印书馆编辑部：《品牌之道（第二版）——商务印书馆125年》，北京：商务印书馆，2022年。

杨茜：《西南联大文艺社团出版物研究》，北京：民族出版社，2022年。

翁莹芳、白鸿叶：《中国国家图书馆藏黄河历史文献》，北京：学苑出版社，2022年。

朱至刚：《人际交往与社会交往：戊戌时期的士林与维新报刊》，北京：中国社会科学出版社，2022年。

周立华：《近代中国的"洋旗报"研究》，北京：中国社会科学出版社，2022年。

高俊聪：《鸦片战争后传教士中文报刊与中英关系的传媒镜像》，合肥：安徽大学出版社，2022年。

岳洪治：《阅读的风景：一个编辑的阅读史》，北京：人民出版社，2022年。

孙壮：《版籍丛录》，北京：西苑出版社，2022年。

王鹏飞：《中国出版家·沈知方》，北京：人民出版社，2022年。

王学斌：《中国出版家·夏丏尊》，北京：人民出版社，2022年。

汪家明：《中国出版家·范用》，北京：人民出版社，2022年。

郭晶：《宋应离》，郑州：河南大学出版社，2022年。

邱雪松：《启蒙·生意·政治：开明书店史论：1926—1953》，北京：中华书局，2022年。

叶新（整理）：《高凤池日记》，北京：中华书局，2022年。

谢其章：《有书来仪》，北京：华文出版社，2022年。

高虹飞：《明代洪、永年间出版与文学关系研究》，北京：中国社会科学出版社，2022年。

汪晓勤等：《美英早期几何教科书研究》，上海：华东师范大学出版社，2022年。

汪晓勤等：《美英早期三角学教科书研究》，上海：华东师范大学出版社，2022年。

［英］奥古斯丁·比勒尔：《以饱蠹楼之名》，张治译，北京：商务印书馆，2022年。

鲁路：《〈马克思恩格斯全集〉历史考证版编辑与马克思主义文献典藏研究》，上海：上海辞书出版社，2022年。

李新、杨杨：《教科书的力量：革命根据地中小学教科书的抗战社会动员研究》，合肥：安徽教育出版社，2022年。

复旦大学历史学系、复旦大学中外现代化进程研究中心：《近代中国的阅读史》，上海：上海古籍出版社，2022年。

何听雨：《报人外史》，上海：上海大学出版社，2022年。

樊东伟：《海上书局图文史话》，上海：上海大学出版社，2022年。

［美］安东尼·格拉夫敦：《染墨的指尖：近代早期欧洲的书籍制作》，陈阳译，北京：社会科学文献出版社，2022年。

［美］巴顿·伍德·柯里：《书林钓客》，虞顺祥译，北京：商务印书馆，2022年。

王育红：《中国古籍整理出版研究：1949—2011》，北京：中国社会科学出版社，2022年。

秦绍德：《日本情报中的近代中国报刊史料汇编》，上海：复旦大学出版社，2022年。

凌孟华：《烽火遗篇：抗战时期作家佚作与版本》，北京：中华书局，2022年。

上海市金山区图书馆：《守望书香：江南藏书文化研究论文集》，上海：上海书店出版社，2022年。

胡彩云：《清末福州东文学堂藏书研究》，扬州：广陵书社，2022年。

张舰戈：《隐于书后：17世纪江南汪氏书坊经营实录》，北京：文化艺术出版社，2022年。

江曾培：《鸿爪屐痕：我与出版》，上海：上海文化出版社，2022年。

复旦大学历史学系、中国近现代新闻出版博物馆：《近现代马列主义文献汉译出版》，北京：中华书局，2022年。

杭州市余杭区图书馆：《余杭历代刻书藏书》，杭州：浙江古籍出版社，2022年。

李明勇：《晚清贵州图书传播研究：1840—1911》，北京：光明日报出版社，2022年。

上海韬奋纪念馆：《生活书店会议记录：1933—1945》（排印本），北京：中华书局，2022年。

王晓、［英］臭弗特：《大器晚成：李约瑟与〈中国科学技术史〉的故事》，郑州：大象出版社，2022年。

李凤梅：《中国近代体育图书史》，北京：社会科学文献出版社，

2022年。

胡全章、孟庆澍、武新军：《报刊史料与20世纪中国文学史（近代、现代、当代卷）》，北京：人民文学出版社，2022年。

卢厚杰：《明清民国山西商人藏书研究》，武汉：武汉大学出版社，2022年。

韦力：《拥书万卷面百城》，成都：四川人民出版社，2022年。

钱存训：《书于竹帛：中国古代的文字记录（六十周年纪念版）》，上海：东方出版中心，2022年。

张国功：《中国出版家·冯雪峰》，北京：人民出版社，2022年。

王鹏飞、乔晓鹏：《中国出版家·张静庐》，北京：人民出版社，2022年。

姬建敏：《当代编辑学家学术思想研究》，北京：人民出版社，2022年。

薛林荣：《鲁迅的书店》，杭州：浙江古籍出版社，2022年。

方平、柯尊文：《春华秋实　弦歌不辍：湖北教育出版社成立四十周年纪念画册（1982—2022）》，武汉：湖北教育出版社，2022年。

方平、柯尊文：《芳华待灼：湖北教育出版社成立四十周年纪念文集（1982—2022）》，武汉：湖北教育出版社，2022年。

江澄波：《书船长载江南月：文学山房江澄波口述史》，苏州：古吴轩出版社，2022年。

［美］罗伯特·达恩顿、［法］丹尼尔·罗什：《印刷中的革命：1775—1800年的法国出版业》，汪珍珠译，上海：上海教育出版社，2022年。

谢寿光：《中国学术出版十年（2011—2020）》，北京：社会科学文献出版社，2022年。

黄润华、屈六生：《满文文献知见录》，沈阳：辽宁民族出版社，2022年。

卢培钊：《民国时期的美术期刊与美术发展》，北京：中华书局，2022年。

俞士玲：《明代书籍生产与文化生活》，南京：南京大学出版社，2022年。

张向东：《清末白话报刊与文学革命》，北京：中华书局，2022年。

周仁清：《民国琼崖报刊研究》，北京：文化艺术出版社，2022年。

王亮：《闽本考：福建传统印刷文化论丛》，福州：福建人民出版社，2022年。

韬奋纪念馆：《邹韬奋研究》（第十辑），上海：上海三联书店，2022年。

左延珠：《叶圣陶研究年刊（2022）》，北京：开明出版社，2022年。

周晶：《桑榆书谭》，济南：齐鲁书社，2022年。

陆费逵：《陆费逵自述》，济南：泰山出版社，2022年。

夏丏尊：《夏丏尊自述》，济南：泰山出版社，2022年。

邹韬奋：《邹韬奋自述》，济南：泰山出版社，2022年。

中共苍南县委宣传部：《苍南书话》，上海：文汇出版社，2022年。

孙赫男：《海伦话出版——一位女出版人二十年的中外出版视野》，上海：中央编译出版社，2022年。

姬建敏：《编辑学理与出版史论：教育部学报名栏编辑学研究卷1》，郑州：河南大学出版社，2022年。

雒和明、彭敏：《世界英语词典史》，上海：上海外语教育出版社，2022年。

李昕：《一生一事：做书的日子（一九八二至二〇二二）》，香港：三联书店（香港）有限公司，2022年。

上海市静安区图书馆：《静安区图书馆藏古籍善本书录》，上海：上海书店出版社，2022年。

人民交通出版社：《七秩如歌：人民交通出版社成立70周年纪念文集（1952—2022）》，北京：人民交通出版社，2022年。

2023年

罗鹭：《元代印刷文化与文学研究》，上海：上海古籍出版社，2023年。

叶新：《张元济和早期商务印书馆——近代出版史散论》，北京：中央编译出版社，2023年。

李景端：《翻译选择与翻译传播》，杭州：浙江大学出版社，2023年。

刘硕良：《与时间书：刘硕良口述回忆录》，桂林：漓江出版社，2023年。

[美]罗伯特·达恩顿：《启蒙运动的生意：〈百科全书〉出版史(1775—1800)》，叶彤、顾杭译，北京：商务印书馆(新一版)，2023年。

莫鹏燕：《中国古代农书编辑实践研究》，北京：中国社会科学出版社，2023年。

郑旺全、吴欣：《中国百年教科书史　英语卷》，北京：人民教育出版社，2023年。

刘松矗、武玉红、袁曼书：《书籍与文明：英国维多利亚时代的知识生产与人文景观》，成都：四川人民出版社，2023年。

[意]马里耶拉·古佐尼：《我为书狂：凡·高的私人阅读史》，陈玮译，北京：北京日报出版社，2023年。

周东娜：《〈建设〉及其马克思主义传播》，长春：吉林大学出版社，2023年。

中国美术学院美术史论研究中心：《书籍之为艺术：中国古代书籍中的艺术元素学术研讨会论文集》，杭州：中国美术学院出版社，2023年。

石峰：《我经历出版的那些事》，北京：中国书籍出版社，2023年。

[荷]赛兹·范德维恩：《博睿出版史》，王立平、谌磊译，南京：南京大学出版社，2023年。

[英]莱斯莉·豪萨姆：《旧书新史：书籍与印刷文化研究定向》，王兴亮译，桂林：广西师范大学出版社，2023年。

中国国家图书馆、上海图书馆：《民国时期出版物总目录·红色出版物总目》，北京：中华书局，2023年。

绿茶：《读书与藏书：27位文化名家的私人阅读史》，北京：北京联合出版公司，2023年。

杨成凯：《古籍版本十讲》，北京：中华书局，2023年。

汪家明：《美术给予我的》，桂林：广西师范大学出版社，2023年。

［英］汤姆·摩尔：《唯有书籍》，李倩译，上海：上海文化出版社，2023年。

黄镇伟：《江苏出版史·先秦至宋元卷》，南京：江苏人民出版社，2023年。

缪小咏：《江苏出版史·明代卷》，南京：江苏人民出版社，2023年。

曹培根：《江苏出版史·清代卷》，南京：江苏人民出版社，2023年。

袁华：《江苏出版史·民国卷》，南京：江苏人民出版社，2023年。

付祥喜：《中国现代同人期刊研究举隅》，北京：中国社会科学出版社，2023年。

岳鸿雁：《观·物：两宋书籍设计》，上海：上海交通大学出版社，2023年。

吴廷俊：《〈大公报〉全史（1902—1949）》，上海：复旦大学出版社，2023年。

张元济研究会、张元济图书馆：《〈张元济研究〉选编》，沈阳：沈阳出版社，2023年。

钱兴奇、陈欣：《江苏出版史·当代卷（1949—2008）》，南京：江苏人民出版社，2023年。

［美］周启荣：《中国前近代的出版、文化与权力：16—17世纪》，张志强等译，北京：商务印书馆，2023年。

霍艳芳：《明代图书官修史》，北京：中华书局，2023年。

孙毓修：《中国雕板源流考汇刊》，北京：中华书局，2023年。

傅刚：《〈文选〉版本研究》（增订本），北京：北京大学出版社，2023年。

巴金等：《冯雪峰纪念集》（增订版），北京：人民文学出版社，2023年。

宋泉：《抗战时期桂林文化供应社研究（1939—1945）》，南宁：广西人民出版社，2023年。

宁成春：《一个人的书籍设计史》，北京：生活·读书·新知三联书店，2023年。

陈正宏：《苏州刻书史》，南京：凤凰出版社，2023年。

国家图书馆：《民国时期图书总目·语言文字》，北京：国家图书馆出版社，2023年。

何涓：《中国近代中学化学教科书研究》，南宁：广西科学技术出版社，2023年。

刘玉珺：《中越书籍交流论集》，成都：巴蜀书社，2023年。

汪家明：《范用：为书籍的一生》，北京：生活·读书·新知三联书店，2023年。

张光芒：《中国新时期文学期刊目录汇编》，南京：南京大学出版社，2023年。

丁小明、叶新、柳和城：《上海图书馆藏孙毓修友朋尺牍》，桂林：广西师范大学出版社，2023年。

孙浩宁：《新中国美术出版体制的建构与转型：上海人民美术出版社：1949—1966》，上海：上海人民美术出版社，2023年。

尚莹莹、章泽锋、赵莹：《党的出版故事》，沈阳：春风文艺出版社，2023年。

叶新、后宗瑶、周伟俊：《〈庸报〉副刊〈另外一页〉全编》，广州：广东人民出版社，2023年。

霍艳芳：《李开先藏书、著述与刻书研究》，杭州：浙江大学出版社，2023年。

于兆军：《宋代雕版印刷与文化》，太原：山西人民出版社，2023年。

汪家明：《书梦重温》，桂林：广西师范大学出版社，2023年。

裘陈江：《徐乃昌往来书札摭拾》，上海：上海人民出版社，2023 年。

姚峥华：《书风八面》，南京：译林出版社，2023 年。

韦力：《书心雕龙——古旧书版寻迹》，桂林：广西师范大学出版社，2023 年。

张建智：《宋版之美》，上海：文汇出版社，2023 年。

香港三联书店：《与设计对话：香港三联书籍设计七十五年（1948—2023）》，香港：三联书店（香港）有限公司，2023 年。

复旦大学历史学系、中国近现代新闻出版博物馆：《近代出版与新知识传播》，北京：中华书局，2023 年。

李鸿涛：《新编中国中医古籍总目》，北京：中医古籍出版社，2023 年。

荣杰：《民国书籍文化杂记》，北京：国家图书馆出版社，2023 年。

王艳云：《近现代出版标志设计研究》，北京：文化发展出版社，2023 年。

庞沁文：《改革开放以来畅销书出版口述史》，北京：中国书籍出版社，2023 年。

* 本书目汇编系作者承担的第二届湖北文化名家专项课题“中国出版文化史研究书录”的阶段性成果。

（范军，华中师范大学文学院教授；刘健，华中师范大学文学院文化传播学 2019 级博士研究生，湖北师范大学文学院讲师）

译著《剑桥出版史》评介

王雅菲

引言

中国出版正在走向世界。让中国学术、中国故事、中国价值、中国话语体系通过出版走向海外，是中国出版人的责任。关注海外学术出版的历史和现实，有助于我们避免方法上、路径上的弯路。放眼欧美出版机构，以牛津、剑桥两所大学出版社（剑桥大学出版社，Cambridge University Press，以下简称“剑桥社”）为代表的英国经营模式——既从事学术出版，也涉足商业出版，其经营不以营利为目的，全部收入都用于学术与教育出版，这与我国大学社致力于学术出版，走自负盈亏的道路颇有相通之处。因此，研究这些成功出版社的历史发展对我国出版具有很高的学术意义和实践价值。

南京大学出版社推出的海外学术出版史译丛在中国出版学界的殷殷期待中问世了，其中的《剑桥出版史》[1]对于外国出版史和大学出版研究者，尤其是对剑桥社感兴趣的中国研究者而言可谓久旱甘霖。该书译自迈克尔·布莱克（Michael Black）的2000年版的《剑桥大学出版社1584—1984》（*Cambridge University Press 1584-1984*），其丰富准确的史料将为中国出版学者研究剑桥社提供极大便利。

一、译著的选本

成立于1584年的剑桥社是国际知名的学术和教育出版社，同时也是由吉尼斯认证的世界最古老的出版社。四百多年漫长而传奇的历史使这所大学社在出版史研究中独具特色，剑桥社自身的社史建设已有一定的成果。除本文将重点评述的迈克尔·布莱克《剑桥大学出版社 1584—1984》以外，剑桥社还出过三本社史著作，皆无中译本。以下按出版顺序先对这三本著作作简略介绍。

1921 年，原剑桥社理事会秘书 Sydney Castle Roberts 的《剑桥大学出版社之史（1521—1921）》（*A History of the Cambridge University Press 1521-1921*）[2]是剑桥社自出的最早一本专门介绍社史的书（2009 年重印）。这本不到 200 页的官方史，为了纪念剑桥大学第一本书印刷问世四百周年，将重点放在印刷而非出版上，是对剑桥大学 16 世纪至 19 世纪印刷事业的历史概述。

1966 年剑桥社出版了书籍史、目录学专家 Donald Francis McKenzie 的《剑桥大学出版社，1696—1712：一个文献学的研究》（*Cambridge University Press，1696-1712：A Bibliographical Study*）[3]。这套两卷本与其说是一段剑桥社史，不如说是一篇书目研究报告。这套书重点展示了 1696 年至 1712 年仅十六年间剑桥社出版的共 273 本书的书籍目录，并简要概括了剑桥的印刷史、百年来与伦敦书商工会的斗争，以及 1696 年前后的改革复兴。

David McKitterick 的三卷本《剑桥大学出版社史》（*A History of Cambridge University Press*）是剑桥社最新最全的社史巨著，第一卷《剑桥的印刷和图书贸易，1534—1698》（*Printing and the Book Trade in Cambridge，1534-1698*）[4]、第二卷《学术和商业，1698—1872》（*Scholarship and Commerce，1698-1872*）[5]、第三卷《学术新世界，1873—1972》（*New Worlds for Learning，1873-1972*）[6]分别出版于 1992 年、1998 年和 2004 年。该书采用宏观而多层次的视角，跳出机构的行政更替史，把剑桥社的发展与大学发展史、图书贸易史、英国政治思想发展史相结合，是一部严谨扎实的社史巨著，每卷超过 500 页，对人们了解剑桥社意义斐然。

在所有剑桥社史原著中，南京大学出版社海外学术译丛选择的版本是

2000年出版的《剑桥大学出版社 1584—1984》（*Cambridge University Press 1584-1984*）[7]，作者是迈克尔·布莱克（Michael Black），曾任剑桥社总主编、大学出版商，同时也是剑桥大学克莱尔学院的荣誉院士。

南京大学出版社的选本非常精妙，因为迈克尔·布莱克的《剑桥大学出版社 1584—1984》篇幅适中（356页），内容生动，文笔轻松，作为通俗的介绍性读物或学术研究的起点皆宜，读者群比上文的另三本更广。而且该书是第一部真正完整的剑桥社史——该书覆盖的历史时间比另三本书更长，甚至比 David McKitterick 的三卷本更早、更完整。实际上，布莱克的这本社史并非2000年才问世的，最初的出版时间是1984年。从书名可以看出，该书的出版正是为了庆祝剑桥社成立四百周年。

2000年版与1984年版相比，主要的几个改动是从精装变为了平装；序言作者从1984年时任剑桥社 CEO 的杰佛里·卡斯（Geoffrey Cass）变成了1999年任剑桥大学出版委员会主席的戈登·约翰逊；删除了附录中1984年2月6日剑桥大学校长及出版社 CEO 在四百周年庆典上发表的演讲。除此之外，各章节的内容没有变化，连页数也保持相同（第356页）。

除此两个版本，布莱克还写过一个简版，名为《剑桥大学出版社简史》(*A Short History of Cambridge University Press*)[8]，把内容压缩到84页，1992年由剑桥社出版。和完整版一样，简版也作了简单修订，更新了少量数据，增加了彩色图片，在2000年再版。

南京大学出版社海外学术译丛将原书名 *Cambridge University Press 1584-1984* 简短地译为《剑桥出版史》，与该译丛其他译著《博睿出版史》《施普林格出版史》和《文字的世界：耶鲁出版史》的书名风格一致。

二、译著《剑桥出版史》的主要内容

该书按照时间顺序介绍了剑桥社各时期的机构变化和发展，关键领导者和主要行政措施，列举了重点书目和作者，描绘了剑桥社从中世纪的大学书商系统到现代国际化印刷出版的历史风貌，是第一本简洁而完整地反映剑桥大学出版社发展历史的著作。

全书共十七章，除第一章的引言和第十七章的总结，主要内容如下：第二、三章以剑桥的文具商、1534 年皇家特许状和伦敦书商工会为重点，充分交代了剑桥社正式成立之前的书业背景。剑桥大学于 1534 年获得皇家特许（The Letters Patent of 1534），有权任命图书印刷及出版人员，可自主组织图书的印刷出版及经营活动。这张特许状是剑桥大学印刷和出版事业得以创立和发展的根基。1583 年，剑桥大学正式行使特许，任命 ThomasThomas 为大学印刷商。1584 年，第一本剑桥大学官方印刷并公开发行的图书《论主的圣晚餐》（*Two Treatises of the Lord His Holie Supper*）问世，标志剑桥社的正式成立，也标志着世界上最古老的出版社的诞生。

该书的第四章到第六章描述了出版社自 1584 年成立到 17 世纪末的一百多年的“童年期”。该阶段，剑桥社由大学任命的印刷商私人经营——他向大学支付一笔职务费，可以享有大学印刷商的特权并可以自行处理出版社的利润；大学主要负责对书稿的审查和许可，但并不拥有厂房、机器等有形资产。同时，由于忌惮剑桥的印刷特权会威胁到自身的垄断利益，伦敦书商工会持续干扰剑桥社的经营，有时会迫使大学印刷商与其达成妥协或成为其代理人。此时的剑桥社更像是一家印刷厂，无利可图的学术出版业务发展缓慢。但也正是在与伦敦书商的对抗过程中，剑桥社渐渐培育和磨砺了作为学术出版社的志气，形成了不同于商业出版社的责任感和高品质的出版特色。

第七章所描述的 1696 年公共出版社是剑桥社历史上首次改革，它终结了私营模式带来的危机。大学动用资金建造厂社、购买设备，聘请有学术出版经验的企业管理者，标志着出版社所有制和雇佣关系的改变；而设立由本校教授构成的监理委员会则标志着管理模式的进步。改革后的三十年间，剑桥社稳步发展。

第八、九、十章描述了剑桥社在 18 世纪、19 世纪所面临的发展、困境和变革。公共出版社模式使学术出版得以发展，但学者构成的管理层在商业经营中的短板很快暴露出来。1730 年代，剑桥社的生意不断下滑萎缩，陷入亏损。1737年，大学成立理事会（Syndicates）代替监理会作为新的出版社管理层，并依靠“参与高利润的圣经印刷”这一策略暂时扭转了亏损局面，剑桥社迎来了快速发展的一百年。但必须看到，依靠圣经盈利扭转亏损的办法治标不治本，理事会仍然是由缺乏企业家的实干精神和商业头脑的学者构成。1840年代末，因承接圣经印刷而盲目扩张、过度开销的剑桥社再临财政危机。面对19世纪资本运作的新浪潮，剑桥社意识到经营模式再次改革的必要性，在1854年与新的大学印刷商签订合伙契约，依照3∶1的投资占比，要求合伙人保证资本回报率。新的合伙制符合新历史时期的商业需求，在一定时期内改善了剑桥社的财务状况和经营方式，推动剑桥社向现代企业模式转型。

第十一至十三章介绍了剑桥社在20世纪上半叶现代化转型的过程。由于合伙人模式与出版社服务学术的根本目的有冲突，1891年剑桥社增设理事会秘书一职，首任秘书R. T. Wright，被委以重任——发展学术出版，打造剑桥社品牌，并着手逐步稀释合伙人的占资，在保留既有商业运营模式的同时，使大学重获出版社的完整所有权。终于，历时25年的逐步稀释，合伙人模式被解除，1916年之后新的大学印刷商由理事会成员担当，再无任何大学之外的人干预出版社的管理或分得出版社的利润。这之后的五十多年里剑桥社的管理结构几乎没有发生变化，出版业务的规模和经济地位开始赶上印刷业务，发展稳步上升，甚至在两次世界大战期间也没有受到太大影响，反而因遇到了战后教育黄金期而快速扩展，进入国际市场。

第十四至十六章描述了剑桥社在应对1970年代财务危机后建立的首席执行官模式及在该成功模式下出版社的新发展和新成就。1960年代全世界都在兴办教育，大大刺激了出版业的发展。而1970年代全球经济衰退，教育拨款锐减、图书馆市场紧缩、严重的通货膨胀使大量出版企业倒闭。业务规模的急速扩大和市场环境的猛然衰退，让剑桥社原本在战乱时期就存在的人员组织、机构设置、财务管理等多方面的矛盾被激化。1969年，剑桥社的经营、销售和资金链都出现严重问题。1971年理事会从社外聘请了擅长商业运作和企业管理的出版人 Geoffrey Cass 出任剑桥社首任 CEO。1972 年 Cass 开启了出版社历史上的第四次改革，为出版社带来了质的飞跃。他在保持稳定的前提下按计划扩张，通过明确分工、引入企业精英来强化决策层和执行层，提高企业经营能力；通过自上而下的重组出版社管理结构，形成了“专业学者负责内容管理、商业精英负责企业运营”的机制，实现整体性的结构优化和升级。1976 年剑桥社慈善机构的身份得到政府承认，并获得税务豁免权，这进一步促进了出版社的财政活力。该书的历史叙述结束于 1980 年代初，剑桥社正处于突飞猛进的发展中。

三、对《剑桥出版史》翻译的评价

译著《剑桥出版史》整体翻译质量精良，内容忠实原文，语言流畅自然。从原著和译著的对比情况看，译者对原文的理解比较透彻，且在翻译过程中的确花了很多工夫，使译文能够尽可能保留原文的表达方式，又不完全拘泥于原文。从下述这段写于 1696 年的信件的翻译可见译者之功：

> As I have ye honour to be a servant to you all, soe am I ever thinking of wt may bee most for yr interest, & for ye support of that reputation, & great Character wch ye University have soe worthily deserved in ye opinion of all good, & of all learned men: & in my poore thoughtes, noe way more effectuall, then the recovering ye fame of yr own printing those great, & excellent writinges, yt are soe frequently published from ye Members of yr own body; wch tho' very learned, sometimes have been much prejudiced by ye unsikillfull handes of uncorrect printers. Therefore it is, yt I doe at this time presume to lay before you all, a short, & imperfect scheame (here enclosed) of some thoughtes of mine, by way of a foundation, for you to finishe, & to make more perfect...（原著第七章，第 87 页）

我有幸成为众位大人的仆人，身受这般荣誉，我常思虑如何为诸位行裨益之事。大学应有优秀学者及有识之士，此乃大学当之无愧之特色。大学印刷社的成员常印刷大量精良之作，这些成员皆为博学之才，但难免因印刷工拙劣技艺而殃及文体，以我拙见，众位于印刷社之名望应以复原为益。为此，我冒昧向众位呈上不成熟之计（已随函附上），以起抛砖引玉之效，供众位完善。……（译著第七章，第 88 页）

这段文字来自第七章，是剑桥大学校监第六任萨默塞特公爵查尔斯·西摩写给参议院的，信中提到的复原印刷社之名望的计划，是本特利发起公共出版社改革的序曲。这封信写于 1696 年，语法和词汇与现代英语略有不同，而且包含许多 17 世纪贵族的经典自谦语，翻译上有一定难度。然而译文不仅巧妙地把这些古旧的修辞语平移到了汉语中，而且逼真地还原了萨默塞特公爵实则自信优越却故作谦卑有礼的态度。

另外，第八章介绍巴斯克维尔印刷圣经的过程，涉及不少印刷专业词汇，译文不仅翻译得准确细致，而且很好地保留了原文语言的生动流畅，这也是布莱克原著深受书评人夸赞的一大特点。

The Bible appeared in 1763... All were printed in Baskerville's own delicate roman and italic type, and the prayer books used his pretty type—ornaments. He printed on smooth "wove" paper specially manufactured for him by James Whatman, not the rough 'antique laid' which was standard. The ink, very glossy and black, was manufactured to his specification. When the light type had been neatly impressed on the new kind of paper, the printed sheets were "hot-pressed" between copper plates, which gave the same gloss as ironing a newly manufactured fabric. Since the effect of Baskerville's printing is the unadorned result of type, ink and paper, this attention to detail in type design, careful setting, presswork, paper and ink produces the classic beauty of pure printing.（原著 Chapter 8, p. 114）

巴斯克维尔的圣经于1763年出版……这些书都用了巴斯克维尔的精美罗马字体和斜体字印刷，其中祈祷书用他设计的漂亮字体装饰。他用光滑的布纹纸印刷，而没有用当时普遍使用的粗糙螺纹仿古纸，布纹纸是詹姆斯·沃特曼（James Whatman）专门为他制作的。他使用的印刷墨水也是按照他的要求制作，黑色的墨汁极具光泽。轻型字体印在新型布纹纸上，版面非常整洁，经过铜板热压后，印刷的纸张犹如刚熨烫过的新布料一般布满光泽。巴斯克维尔在印刷中秉承字体、油墨、纸张不加装饰的原则，他把注意力放在字体设计、准确排版、高印刷工艺，高品质纸张和油墨的各个细节上，这让他创造出了印刷的经典纯净之美。（译著第八章，第117页）

有过翻译实践的人都知道，要使一部译作十全十美、毫无差错或不恰当的地方是不太可能的。尤其因为原著大部分事件发生年代久远，涉及历史社会等背景知识庞杂，加上许多外文资料在国内难以考证，连成书时间都是40年前，可以想象，翻译这部著作何其艰辛；而从中挑错却是坐享其成、再容易不过的事情。在这部译作中当然无可避免地有一些疏漏，但瑕不掩瑜，无伤大雅。作为述评，本文所提异议，仅供探讨、参考。

（一）词汇层面的翻译

在翻译过程中，词或词组的翻译是难点。原著作为历史类文本，文中贯穿了大量专有名词和专业术语。历史专有名词方面，包括地名、人名、行政单位、官衔、历史事件等，需要译者兼具外语知识、出版专业知识、历史和文学知识。翻译家严复曾说："一名之立，旬月踟蹰。"可见特殊名词的译事之难。这里举两例因历史背景复杂而需要斟酌的重要词语的翻译。

原著在介绍16—17世纪伦敦书商工会的运作方式时，多次提到Stocks一词，译著翻译为股份和股票，包括“圣经股份”（译著第31页，对应原著Bible Stocks，第32页）、“圣经股票”（译著第32页，对应原著Bible Stocks，第34页）和“英语股票”（译著第32页、第82页，分别对应原著English Stocks，第34页、第80页），有时则没有翻译出来（原著English Stocks，第71页）。

实际上这里的Stocks和现代意义的有价证券还是有出入的。经考证有关伦敦书商工会的研究资料[9]发现，Stock（s）是一个类似合资联盟的组织。具体而言，伦敦书商工会于1575年成立了一个合资组织，便开始有了Stocks的形式——由一定数量的印刷商或书商共同提供资金，用于图书的印刷出版，其成本、风险和利润均分，剩余部分用作慈善款。Stocks由伦敦书商工会雇请的一名财务（Treasurer）和多名存货管理员（Stock-keepers）管理。English Stocks的经营范围主要是教科书、诗篇、年鉴等通用书籍的出版印刷，Bible Stocks指的是圣经的生产和批发，这也是利润最高的两个门类。实际上，English Stock在最初没有确定的名称，只是后来为了和Latin Stocks、Irish Stocks等其他门类相区别，在1603年之后才固定被称为English Stocks。原著中还多次提到Stock Books这个概念，指的就是相应门类下的书籍。这些Stocks由于其成员享有垄断权或专利权，日后逐渐发展为强劲的垄断联盟。鉴于此，Stocks在首字母大写的情况下，特指一个联盟组织或联合项目，如果直译为股票容易引起读者的误解。笔者拙译“合资联盟”，仅供参考；若保留“股票”的字面直译，建议增加辅助性的译注，以便使读者更准确地理解史实。

同样的情况还适用于对constitutional一词的处理。这个多义词有“宪法”“章程”“结构、组成”等意义，译著多次译为“宪法”（如第十一章，第183页；第十二章，第202页）。当出现在剑桥社这个机构内部时，constitutional的含义并非涉及“主权国家或地区具有最高法律效力的根本大法”。尤其第十一章描述19世纪末剑桥社新任秘书莱特带领出版社进行管理结构改革，在此语境下，将constitutional change译为“体制改革”

或“结构变化”比“宪法改革”更符合语境。一种语言往往一词多义，究竟翻译成什么词义，往往要审视整个段落甚至章节的情景，经过反复推敲方能准确，忌讳照搬词典上的释义。在翻译涉及历史、政治、经济背景知识的特殊名词时，译者和译审不仅要查阅相关资料，还要熟悉剑桥社本身的特性，使其既符合大的历史背景，也契合具体的研究对象。

（二）句子层面的翻译

与严肃专业的大部头机构史相比较，布莱克的这本书更具有故事性，写作风格更加随性。该书以机构的行政更替为主线，插入对该事件背景的介绍，同时夹杂着当事人员的逸闻趣事或书信，和对该时期出版物和作者的罗列。有时这些段落琐碎地交错在一起，非常考验译者的逻辑和表述能力，稍不留意就容易造成意思的偏差，或逻辑上的混乱。

例如，指示代词使用不严谨，容易导致阅读混淆。原著在第六章提到，唯利是图的伦敦书商所印刷的圣经和教科书纰漏不断。巴克先生是剑桥大学印刷商，其印刷圣经的质量与伦敦书商的印刷质量有云泥之别。译文出现了这个句子：“……只关注利益的人不会在意他们的印刷有多腐败，巴先生（巴克）在他印刷的圣经中发现了200处亵渎神明的错误……（译著第79页）”对应原著“... who otherwise looking merely at gaine will not care how Corruptly they print, witnes the 200 blasphemy's wch Mr B[uck] found in their bibles...（第78页）”很明显印制出200处错误的是伦敦书商，而不是剑桥印刷商巴克先生。按照译文的翻译，读者会感到很奇怪：“他”是谁？如果是巴克自己，剑桥社的印刷品怎么会有这么多错误呢？对应原文，此处应该翻译为“巴先生（巴克）在他们印刷的圣经中发现了200处亵渎神明的错误……”，可见，指示代词少了一个“们”字，指代的人物完全不同，意义也就相反了。

与巴克相关的类似疏漏，译著在第五章里也出现过。在剑桥社刚刚成立时，有两个人物很重要，一位名为巴克尔（Barker），是拥有圣经垄断权的伦敦书商；另一位是剑桥大学印刷商巴克（Buck）。两人在圣经印刷上是竞争关系，并因垄断权产生了尖锐的矛盾。巴克尔印刷的圣经错误频出，质量堪忧，他还因此受到过罚款的处罚。也正因如此，剑桥才更有理由打破伦敦书商的垄断，参与圣经印刷，印制出翻译和印刷都更为准确的圣经。译著第 64 页“当时巴克必然是在仓促的情况下印刷了这版圣经，导致很多方面都不尽如人意。随后，巴克很快又进行重印……”（对应原著的“... and the printing, by Barker, was necessarily hasty, and in many was unsatisfactory. The rapid reprints which followed...”）把巴克尔错译成巴克，意义变为剑桥印刷商的圣经不尽如人意，会引起读者的误解和上下文逻辑的混乱。

有时，逻辑的紊乱也会体现在时间上。如第十章中的这段话：“为学校出版书籍是出版社的第二大业务，也是其发展的根基。在 20 世纪后半叶，剑桥大学开始外向发展。（译著第 162 页）”这句话单独看没有问题，但其所在的整个章节都是在讲剑桥社在 19 世纪的发展，上下文所描述的事件都发生在 1870 年代，而这句话突然跳到了 20 世纪后半叶，让读者如堕雾中。翻看原著“The second great enterprise was the virtual foundation of the Press's list as publisher for schools. During the second half of the century the University itself become outward-looking.”（第 158 页）可以看出原文没有明确指出 the century 是哪个世纪，只能结合上下文推断，作者在描述的这一串事件的时间线是连续的，因此 the 指的是上下文事件发生的那个世纪（19 世纪），而不是作者在写作时的 20 世纪。

由于英语语言表达习惯的差异，抑或是原著写作风格或表达方式的跳跃，确实会给读者的理解造成一定难度。译著和译审在忠实原文的同时应该格外谨慎，如果无法消弭这种语言层面的障碍，要尽力做到表述准确和逻辑清晰，避免错译或编译使其更加诘曲艰涩或错乱莫解。

（三）其他建议

译著虽有少数疏漏，但无关宏旨，就其以朴素顺畅的语言介绍了四百多年的皇皇巨史而言，已经是很大的成绩了。译著对原著各方面的还原度非常高，这里仅提两个语言之外的小建议。

首先是加入索引。由于原著在介绍重要作者和机构人员时，人名出现非常密集，甚至有时不以全名出现。而中国读者对英语人名不太熟悉，容易混淆；有时上文出现过的人物再次出现，读者还是不认识，需要前后翻找，十分麻烦。另外原著中涉及大量特殊名词，如皇家文件、政治法令、行业术语等，需要特定历史、政治、文化背景知识才能理解。为便于读者查找，原著在附录之后是有索引的，按照英文首字母顺序对各章节出现的特殊名词进行了整理和定位，但译著由于语言问题无法原封不动地保留，删掉了这一部分。笔者认为索引对于这类历史著作还是很有必要的。建议译著在修订时加入辅助性译注，或在附录里重新编排一个内容相对精简的中文索引，囊括重要的作者名、机构人员名、特殊地名、法律文件、行业术语的原文和对应中文翻译等。

其次是关于图片清晰度。译著保留了原著中的所有图片，但不知是什么原因，其清晰度不及原图。对于文字相对密集的图片（如译著第 16 页的剑桥局部地图、第 24 页的皇家特许状、第 63 页的圣经封面），模糊程度已经让人难以认清图中文字，而原图是可以认清的。希望修订版能改善这个问题。

四、译著《剑桥出版史》的价值

首先，学术价值是评价学术译著质量的第一项重要标准。原著 *Cambridge University Press 1584-1984* 内容翔实、质量过硬，不仅是剑桥社自身社史建设的成果，也是英国出版史和文化史研究的重要成果，是结合了研究、分析、评述的学术著述，在国际学术界广受好评。国际顶级期刊《自然杂志》（*Nature*）评论该书“是一本令人钦佩的书，非常有趣，信息丰富”。《教育研究》（*Educational Studies*）称赞其为“有关这个独特的英国机构的里程碑式的研究”，是对学术出版界的一大贡献。在底本的选本上，该书的 2000 年版是几个底本中最新的修订版，也是目前剑桥社史中覆盖时间最全最近的，最适合作为国内出版史学者的研读起点。因此，南京大学出版社的海外学术出版史译丛在书目的选择上非常成功，其译著《剑桥出版史》的学术价值亦毋庸置疑。

其次，《剑桥出版史》极具史料价值，可解国内研究者资料匮乏的燃眉之急。剑桥社在中国学界备受冷落，专题研究屈指可数，这并非学者们对其不感兴趣，而是因为相关史料和研究资料的稀缺——许多一手资料因年代久远难以获取，已有的史料编纂和研究成果也因缺少译介而无法被国内学界充分利用——重重障碍让许多对剑桥社感兴趣的中国研究者望而却步。国内涉及剑桥社的中文文献往往只是对其历史发展概况泛泛而谈，以其为主题的具体案例研究星星落落。更严重的是，二次引用造成的谬误流弊已久，譬如剑桥社的成立时间，不少研究以英国国王亨利八世1534年赐予剑桥大学印刷特许状为剑桥社的成立时间[10]，还有研究直接转述为亨利八世建立了剑桥社。这样的错漏仅是国内剑桥社研究的一个例证，现有中文文献普遍存在雷同率高、准确度低的问题，显示了中国学界对海外出版史基础资料掌握的极度匮乏。学术研究应该建立在真实、准确、可靠的数据和资料的基础之上，《剑桥出版史》译自具有纪念意义的官方史，是权威准确的研究资料来源，值得广大剑桥社研究者置诸案头，随时参阅。

最后，从现实意义的角度来看，《剑桥出版史》可为我国出版实践提供镜鉴。书中体现了剑桥社富有特色的经营哲学、商业运作、机构理念、规制文化、品牌策略、现代化转型过程和国际化发展路径，能为中国出版走向世界提供有益的比照和参考，值得改革浪潮之后仍为经营模式所挣扎的中国大学出版社深入探寻。南京大学出版社的海外学术出版史译丛旨在“以世界出版之‘强’观照中国出版之‘大’，助力以出版建设文化强国”，《剑桥出版史》无疑能给中国出版人以巨大启发。

*本文系作者承担的华中师范大学中央高校基本科研项目“英国剑桥大学出版社‘英语语言教育’（ELT）出版研究”（CCNU20A03004）的阶段性成果，系华中师范大学2024年度优秀种子和代表性成果培育项目“中外大学出版社可持续‘开放获取’出版模式研究”（CCNU24ZZ085）的阶段性成果。

注释：

[1] [英] 布莱克：《剑桥出版史》，洪云、王丰婷译，南京：南京大学出版社，2021 年。

[2] S. C. Roberts, *A History of the Cambridge University Press 1521-1921*, Cambridge: Cambridge University Press, 1921; S. C. Roberts, *A History of the Cambridge University Press 1521-1921*, Cambridge: Cambridge University Press, 2009.

[3] D. F. McKenzie, *The Cambridge University Press, 1696-1712: A Bibliographical Study*, Cambridge: Cambridge University Press, 1966.

[4] D. McKitterick, *A History of Cambridge University Press: Vol. 1, Printing and the Book Trade in Cambridge, 1534-1698*, Cambridge: Cambridge University Press, 1992.

[5] D. McKitterick, *A History of Cambridge University Press: Vol. 2, Scholarship and Commerce, 1698-1872*, Cambridge: Cambridge University Press, 1998.

[6] D. McKitterick, *A History of Cambridge University Press: Vol. 3, New Worlds for Learning, 1873-1972*, Cambridge: Cambridge University Press, 2004.

[7] M. Black, *Cambridge University Press, 1584-1984*, Cambridge: Cambridge University Press, 2000.

[8] M. Black, *A Short History of Cambridge University Press*, Cambridge: Cambridge University Press, 1992.

M. Black, *A Short History of Cambridge University Press*, Cambridge: Cambridge University Press, 2000.

[9] C. Blagden, "The English Stock of the Stationers' Company An Account of its Origins", *Politics & The Lifeences*, 13 (1), 1994, pp. 31-32; C. Blagden, "The English Stock of the Stationers' Company in the Time of the Stuarts", *Library*, (3), 1957, p. 3; J. Barnard, "Some

Features of the Stationers' Company and its Stock in 1676/7", *Publishing History*, 36 (5), 1994, p. 38.

[10] 如《剑桥、牛津对中国大学出版社的启示》(发表于《大学出版》2001年第3期),《世界知名大学出版社的国际化发展之道——以剑桥社、牛津社为例》(发表于《出版广角》2015年7月),《英美大学出版社的经营之道》(发表于《编辑学报》2006年第4期)。

(王雅菲,华中师范大学文学院文化传播学2014级博士研究生,华中师范大学外国语学院副教授)

西学东渐的“桥梁”

——晚清西学出版机构研究综述

曹世生

西学东渐指产生于西方的知识、技术、学术、思想等经过各种途径传播到中国，并对中国产生影响的过程。历史上第一次西学东渐发生在明末清初，随着清政府实行闭关政策而式微。第二次西学东渐则发生于晚清，在西方列强船坚炮利的威迫下，晚清士人不得不接触西学，再次形成西学东渐的局面。

作为一项跨文化传播活动，西学东渐的传播媒介和传播方式具有多样性，但其主体则是出版传播。由于西方印刷技术、出版制度和报刊制度等的传入，晚清出版业近代化进程大大加快，使得西学有了更为有效的传播媒介。一批专事（或主要从事）西学出版传播的出版机构应运而生，亦即本文所指的“西学出版机构”。

西学出版机构是晚清西学传播最重要的组织者和实施者，正是由于他们的努力，将西学推广普及给了更广大的领域和更多人群，为晚清士人的“知识仓库”[1]增加了新的知识种类，促使西学成为晚清出版业一个鲜明的时代主题。出版史研究者李白坚曾指出，近代中国出版是西学东渐的桥梁，中国近代出版事业对西学东渐具有不可磨灭的历史功勋[2]。

20世纪八九十年代，西学东渐一度成为研究热点，产出了熊月之《西学东渐与晚清社会》等重要研究成果。对于西学出版机构，研究者也多有涉及，并取得一定成果。本文拟对国内出版学界关于晚清西学出版机构的研究成果进行梳理，以期为这一学术研究领域的持续深化提供参考。

一、多重主体与多重诉求：晚清西学出版机构的概况

对于晚清西学出版机构的总体考察由来已久，研究者很早就注意到晚清西学出版机构存在多重主体的特征。早在1954年，钱存训便将晚清西学出版机构粗略归为四类，即“教会自办的印刷所”“政府的译书机构”“私人的译书机构”“新型出版社”[3]。王余光则将近代西学出版机构分为“官家译书机构”“教会译书机构”“民营出版家”三类[4]。张煜明在《中国出版史》中，将西学出版机构分为教会传教士创办的译书机构，政府及私人创办的译书机构两类[5]。吴永贵在《中国出版史（近现代卷）》中，将晚清出版机构分为传教士出版机构、洋务派出版机构，民营出版机构三类[6]。上述文献为单篇文章和通史性著作，对于不同类型的西学出版机构仅作归纳和简要介绍，多则几百字，少则几十字，详略不一，只能对晚清出版机构的代表有大概印象，对其具体出版业绩则很难了解。

熊月之的《西学东渐与晚清社会》[7]为西学东渐领域的专著，西学出版在这本著作中占据着最为重要的篇幅。该书将晚清西学出版机构分为三种类型，一是教会主持的出版机构，代表是墨海书馆、美华书馆、广学会、博济医局、宁波华花圣经书房、上海土山湾印书馆等机构；二是政府官办的出版机构，主要有江南制造局翻译馆、京师同文馆、京师大学堂编译局等；三是民间商办的出版机构，代表为商务印书馆、文明书局、广智书局等[8]。事实上，晚清出现的私人译书机构多是由民间资本举办，可以列入民间商办出版机构一类来进行研究。因此熊月之的三分法属于较为合理的分类。不过熊著的一个特点在于，其对于出版机构的介绍大多比较简单，对出版机构推出的具体出版物则不吝篇幅，进行全面细致的列举与分析，对出版物的作者也有比较详细的介绍。概而言之，熊著的主要研究视角和关注领域是思想史、社会史，这决定了其对出版机构本身着墨不多，也缺乏出版视角的深入分析。

教会、政府和民间，形成了晚清西学出版的三重主体，不同主体开展西学出版活动的诉求也各不相同，对于这一问题，研究者已基本达成共

识。大体而言，西方传教士译书的主要动机是为了传扬教义，在翻译出版基督教图书的同时也翻译一些天文、数学、科学等方面的著作，“借以抬高西方文化在中国的地位”[9]，其根本目的还是为传教提供方便。政府译书的动机，首要在于国防建设对于西洋技术的迫切需要，此外“多半由于政治和经济利益所促成”[10]，以自然科学和应用科学为主。而民间商办的出版机构之所以大量涉足西学出版，主要是由于时局变化使得“新学的提倡成为时务的要图”，社会上对新学书籍的需求突然扩大，无论是教会出版机构还是官方出版机构都无法满足，有利可图的市场需求推动民营资本进入西学出版领域，其中虽然不排除有部分知识分子欲借西学出版实现自己改良社会的价值理想，但不可否认的是，“以营利为目的是民营出版企业的一个重大特点”[11]。

二、西方传教的副产品：教会主持的西学出版机构

西学东渐肇始于西方传教士在华的传教活动，这一点已得到研究者的公认。正如美国传教士林乐知所指出的：“阐释耶教，介绍西学，决难囿于讲坛，徒恃口舌，必须利用文字，凭借印刷，方能广布深入，传之久远。”[12]西方传教士们为了达到接近中国民众进行传教的目的，出版了一大批西学图书，并创办了不少报刊进行传教及西学传播活动。

对于晚清教会及传教士的出版活动，目前属于研究比较系统和充分的领域，产生了一批专著。中央编译出版社 2017 年重新出版了金多士在 1895 年出版的《在华传教士出版简史》一书，该书详尽记录了美华书馆 50 年（1844—1894）的发展历程与各地在华差会印书馆的情况，为研究在华传教士所进行的西学译介和报刊活动提供了宝贵的参考资料，成为“印证和纠正现当代在华传教士出版史，尤其是美华书馆相关论述之讹传的重要依据”[13]。尚智丛《传教士与西学东渐》一书作为后出之书，尽管对 19 世纪后期的教会出版机构如博济医局、上海土山湾印书馆、美华书馆、益智书会、广学会等进行了简单的介绍，但其一些资料来源于熊月之的《西学东渐与晚清社会》，且本身也未对教会出版机构做专门讨论，介绍也比较

简略。何绍斌《越界与想象——晚清传教士译介史论》[14]一书主要论述的是传教士的译介活动和译介内容、译介策略及影响，涉及西学出版机构的内容较少。胡国祥的博士学位论文以及基于博士学位论文出版的专著《近代传教士出版研究》[15]，对近代传教士出版作了较为详细的研究，该文将传教士出版活动分为1842—1874、1875—1911两个重要阶段，分别介绍了两个时期重要的传教士出版机构、出版的重要书刊等。尽管在其中缺少关于传教士出版人的论述，仍是关于传教士西学出版机构较为完善的专著，具有重要的参考意义。

除了对教会和传教士的西学出版进行综合性研究，研究者对于具体从事西学出版的出版机构也给予了较多关注，尤其是关于墨海书馆、美华书馆、广学会、益智书会四个最为主要的教会主持的西学出版机构，研究成果较为丰富。

（一）墨海书馆

墨海书馆是伦敦会传教士麦都思于1843年在上海创办的翻译出版机构，该馆首次将近代印刷术引入中国，30余年间翻译出版在不少领域具有开创意义的西学图书，并创办了期刊《六合丛刊》，客观上为中国培养了一批翻译人才。研究者普遍认为，墨海书馆是西方传教士在中国设立的最早的翻译出版机构，因而受到研究者的重视，相关研究成果较多，也较为细致。

改革开放后国内最早对其开展专题研究和介绍的学者是胡道静。1982年，胡道静和王锦光合写的《墨海书馆》[16]即对该馆基本情况进行了介绍。胡道静后又对墨海书馆在印刷史和西学东渐史上的地位和作用，作了开拓性的研究[17]。汪家熔1988年在《墨海书馆时期——世俗书刊的开始》[18]一文中根据王韬日记里的材料勾勒了墨海书馆的大致情形，列举了墨海书馆从事书刊编印的重要传教士及中国合作者，介绍了墨海书馆翻译出版的西学图书。他认为，墨海书馆开创了一个时代，在近代出版史或图书史上应该有一席之地，但各家书史和出版史对它都只有寥寥数语，与其历史地位并不相称。

叶斌在《上海墨海书馆的运作及其衰落》一文则根据其掌握的伦敦大学亚非学院图书馆藏档案 C. W. M. 档案中相关当事人的信件和文件，还原了墨海书馆创办到衰落的过程并分析了其中的原因[19]。陈昌文[20]、王立群[21]分别对墨海书馆的起讫时间，馆址、迁址及停业时间进行了考证，认为墨海书馆初建于 1843 年，1844 年开始出书，原址应该是设立在上海老县城北门外，于 1846 年 9 月前后迁入麦家圈的山东路新馆。对于墨海书馆的停业时间，两人持相同意见，均认为其完全停业的时间在 1877 年 7 月。

山东师范大学任莎莎 2013 年写作的硕士学位论文《墨海书馆研究》对墨海书馆的前期研究进行了一次较为全面的整理，内容涉及墨海书馆的概况，墨海书馆从事翻译事业的传教士和“秉笔华士”，墨海书馆翻译出版的《圣经》、西方科学书籍及创办的综合性书刊，最后阐述了墨海书馆对中国近代翻译出版事业的影响[22]。这是目前较为综合的墨海书馆研究成果。正如汪家熔所说，“年代久远，文献散失，墨海书馆的材料已经散逸”，受资料所限，近些年对墨海书馆的研究不多，也缺乏新的史料发掘和创见。

（二）美华书馆

美华书馆是美国传教士在华创设的早期出版机构之一，于 1844 年在澳门创设，名美华圣经书房；1845 年迁至宁波，改为华花圣经书房，正式经营铅字印书业务。1854 年印行《中外新报》月刊，为我国铅印杂志之始。1860 年迁至上海，改为美华书馆，用多种外文以及满、汉文字出版《圣经》、传教书刊和自然科学书籍，并印行商业簿册报表和学校教科书。前后经营 80 多年，共出版图书 40 万册。

在上海近代出版业的研究中，人们常想起的是墨海书馆和商务印书馆，很少注意美华书馆，对其研究也不多。1999 年，朱念、朱建国、朱果扣从印刷史话的角度对美华书馆的开办进行了介绍，重点介绍了其对中国近代印刷工业的贡献[23]。胡远杰、景智宇对美华书馆的兴衰、其创办人姜别利和美华字进行了简要介绍[24]。随后，薛理勇利用一份 1898 年的《新绘上海城厢租界全图》确认了美华书馆的馆址就在今北京东路288弄靖远里[25]，解决了胡远杰、景智宇在文末留下的疑问。2010年，邹振环从澳门华英校书房、宁波华花圣经书房和上海美华书馆三个书局的关系切入，讨论晚清西学翻译出版由南而北的地域文化的扩散过程，其中对美华书馆的历史及其出版的重要出版物进行了分析[26]。

2012年，田力在博士学位论文《美国长老会宁波差会在浙东地区早期活动研究（1844—1868）》中，对早期的美华书局进行了较为系统的研究。文中详述了华花圣经书房从澳门到宁波的发展过程，并对其在宁波的出版活动——包括人员与经费、历年印刷书目以及印刷品的传播情况，进行了较为详细的梳理，并依据宁波差会原始档案，对熊月之《西学东渐与晚清社会》一书中关于传教士在宁波出版的中文图书数量进行了更正，并对书目表进行了补充[27]。因占有宁波差会档案资料的优势，田力还有《华花圣经书房考》一文发表，利用原始资料的比对解决了部分著作将“华花圣经书房”误为“花华圣经书房”的错误，并在发掘新史料的基础上，对书房历年印刷情况和出版书目做详细的考证和说明，正误纠谬，查漏补缺[28]。

值得一提的是，与美华书馆同时期存在的基督教出版机构还有一家由美国监理会创办的华美书局（有研究者将其与美华书馆混淆），该局在宋耀如的主持下一度发展壮大，后在1915年与美华书馆合并成为协和书局[29]。吉少甫提到，在宋耀如的影响下，华美书局走向革命，成为兴中会印刷秘密宣传品甚至是试制炸药武器的地方[30]。

（三）广学会

广学会是由外国传教士、外交官和商人在上海组成的出版机构。前身为1884年设立的同文书会，1887年该会因事解散，遂由韦廉臣组建新的同文书会。1892年改名为广学会。该会用汉字著书，编译出版大量宗教和政治书籍，传播基督教、介绍西学，发行《万国公报》刊物，在晚清产生重要社会影响，也对维新运动产生了一定影响。

由于广学会在晚清的西学传播中具有重要的地位，目前关于广学会的研究成果颇多，熊月之的《西学东渐与晚清社会》、顾长声的《传教士与近代中国》、何凯立的《基督教在华出版事业（1912—1949）》等著作都有专章（节）论述，涉及广学会的诞生、主要出版成就，但主要是概况介绍式的。刊载于《出版史料》1988年第2期、1990年第4期的《广学会是怎样的一个机构（上、下）》，由50年代曾任广学会总干事的江文汉所著，属于较早比较全面介绍广学会的文献。1973年，台湾学者王树槐撰写的《清季的广学会》，介绍了广学会的缘起与组织、经费、政策与工作、刊物等方面的情况[31]。叶再生在《出版史研究》（1996年第4辑、1997年第5辑、1998年第6辑）中连续撰写《广学会初探》及两篇续文，对广学会的成立背景、缘起、性质、宗旨、组织机构、经费、社会影响等进行了较为全面的介绍，同时对其出版的《万国公报》及出版的主要书籍的内容进行了梳理，对其在民国时期、新中国成立后的情况也进行了介绍[32]。冯秋芳则较为系统地梳理了广学会的起源、发展及性质，对其书籍出版进行了专题研究，并探讨了传教士书籍出版对中国近代书籍出版业的影响[33]。

对于广学会这一出版机构的基本情况已经研究得比较丰富也比较清楚了，后来的研究者则寻求其他方面的深化，如王炳庆、陈名实主要探讨了广学会的出版事业及对近代文化教育的影响[34]。陈艺瑞从组织、出版书刊、成立背景、影响等方面对广学会与益智书会进行了比较研究，旨在探析近代西人在华创办的出版机构发展的个性，进一步认识它们在晚清西学东渐中扮演的角色[35]。吴雪玲对广学会在晚清时期西学传播活动进行了梳理，认为其通过出版书籍、创办报刊、参与教育改革、兴办学堂、组织学会等诸多形式传播西学，成为晚清时期中外文化交流的媒介和桥梁，对于中国近代的社会思潮与政治变革起到了有力的推动作用[36]。赵少峰主要整理广学会出版的历史学图书，认为其体例灵活、内容新颖、思想激进，阐发的变法改制思想，加速了有识之士为国家前途和命运进行抗争的行动[37]。陈建明、苏德华则对广学会的前身同文书会研究的几个问题进行了辨析，澄清了一些误解[38]。

还有一类研究主要是从编辑出版学的角度出发，分析广学会的编辑、发行策略，试图揭示广学会报刊编辑业兴盛的内在机制。如李明山认为，广学会一早有着自己的编辑策略，它充分使用编辑手段，发挥编辑功能，利用了读者心理和书籍宣传效应，成为当时传教士在华编辑出版机构之冠；他还从广学会的几位主要编辑人员的报刊编辑观入手，指出广学会的传教士编者们的报刊编辑观点带有较多的资本主义因素，对中国资产阶级具有振聋发聩的警醒作用[39]。马福华则考察了广学会的书刊编译技巧与策略演进，认为其在编译、出版书刊过程中，将书、刊结合进行连载、续编、摘译、节译、广告等，提倡“孔子加耶稣”的文化适应策略，对原文内容进行增删规避，采用“归化”策略翻译译名和术语等，这些编译技巧和策略促成了广学会编译、出版事业的扩大[40]。李联社则从发行入手，分析了广学会在发行上的策略，认为其制订了详细的发行计划；具有读者意识、细分受众；并且重视宣传，对重要的发行反馈信息进行再宣传；而且，还倡导版权[41]。

（四）益智书会

益智书会于1877年在上海成立，是基督教传教士编辑出版教科书的机构。熊月之在《西学东渐与晚清社会》中只简单介绍了该机构的沿革，重点介绍了其出版的部分教科书的内容及其影响。目前所见有关益智书会的综合研究不多，仅有王立新在《晚清在华传教士教育团体述评》一文中对益智书会的发展和变迁情况进行了较为详细的研究[42]。丁西省考察了益智书会与中国近代教科书的出版[43]，张美平考察了益智书会教科书的编译及其影响[44]。其他有关益智书会的研究则集中于探讨其对于中国科技翻译事业的贡献，如王杨宗的《清末益智书会统一科技术语工作述评》[45]、何涓的《益智书会与杜亚泉的中文无机物命名方案》[46]、张龙平的《益智书会与晚清时期的译名统一工作》[47]等。

三、寻求富国强兵之道——政府官办的西学出版机构

钱存训认为，政府从事翻译西学著作开始于1839年，源于林则徐为禁烟斗争而派人搜集翻译西方资料。他还总结了官方出版机构的若干特点：译书的动机多半由于政治和经济利益所促成；开始注重翻译的方法，已经

建立了若干条翻译的准则等。当前对于晚清政府官办的西学出版机构，多为具体的个案研究，如江南机器制造局、京师同文馆等。

（一）江南机器制造局翻译馆

正如熊月之所说，江南机器制造局翻译馆（以下简称“翻译馆”），是晚清时期由中国政府创办“历时最久、出书最多、影响最大”[48]的译书机构。在《西学东渐与晚清社会》一书中，熊月之以近40页的篇幅详细阐述了翻译馆的创办过程，译书方法、过程与出版，译书的内容与影响，翻译人员等，属于较为完备的研究成果。但其主要篇幅集中于译书内容的罗列和复述，对于出版机构本身的研究尚有不足。1996年，张增一专门撰文研究江南制造局的译书活动，考证其翻译和出版西学书籍的数量、内容，阐述了其译书活动的社会影响和在清末译西书活动中的地位[49]。

2011年，上海图书馆编的《江南制造局翻译馆图志》出版，该书以江南制造局翻译馆为对象，阐述了翻译馆设立的历史背景及其创办历程，分析它最后衰落的原因，介绍了翻译馆出版印刷技术和发售机制，对翻译馆不同时期出版物数量、种类和特点进行了统计和量化分析，以此再现了洋务运动的重点发展轨迹[50]。此外，近年来还有曹世霞重点研究了江南制造总局的海防译著[51]，元青、齐君重点研究了江南制造局翻译馆的中国译员群体[52]等。

2018年付晓晨考察了江南制造局翻译馆刻书活动的全貌，从翻译馆的始末、经费营销、刻书缘起、刻书旨趣、刻书人员、刻书底本、刻书数目考、刻书特征等方面入手对江南制造局翻译馆刻书活动的细节进行了揭示，并探讨了特殊时代背景下翻译馆刻书活动的影响。该文考出江南制造局翻译馆共刻印图书212种，并对现存书目的讹脱之处做了一些补充订正的工作[53]。

（二）京师同文馆

1862年，京师同文馆作为总理衙门的一个附属机构在北京设立。清政府最初设立该馆只是为了培养少量通晓外国语言文字的翻译人员，用以应付外交需要。但是京师同文馆后来逐渐发展成为一所综合性的学校，并培养出一批翻译人员和外交工作者，它对于中国的近代教育进程起了推动作用。1902年京师同文馆合并于京师大学堂。

邹振环早在1989年就对京师同文书馆及其译书进行了研究，该文后收入其著作《疏通知译史》[54]，该文对京师同文书馆的创办、翻译教学及译书、法律译书及影响等进行了开创性的研究。王宏凯在《京师同文馆译书史略》中，对京师同文馆的译书方法及出版、译书内容与影响、译员等方面都作了较为详细的考述[55]。熊月之在《西学东渐与晚清社会》中提到了京师同文馆的译书活动，称其在40年间只翻译了西书26种，且更多是用于自身教学的教科书。从这个角度来看，似乎很难将其视作真正的出版机构来看待。因此有关同文馆的研究主要是将其作为近代新式学校来研究，将其作为出版机构来研究的比较少。

万齐洲重点对京师同文馆成立的历史背景、法学书籍的翻译以及主持者、译事主要人物等几个问题进行了阐述[56]。张慧丽对京师同文馆从创办到并入京师大学堂40年间的翻译出版环境、翻译出版机构和职位设置、翻译出版的主要书籍、翻译出版活动的特点及意义贡献等作了全面的考察和分析，认为应给予京师同文馆所进行的翻译出版活动尤其是其附属翻译处及印书处在近世翻译史和出版史上本应具有的地位[57]。

石明利以京师同文馆的译书活动作为研究的基础和出发点，对京师同文馆创办的社会背景、出版原因、出版理念、编译方法、编译人员、出版物内容及其社会作用等进行全景式概括和分析。据此，作者认为京师同文馆翻译出版的书籍，在印刷技术、出版理念、出版内容、编译方法、编译人员等方面都与传统出版物大为不同，是中国出版事业从传统走向近代的典型[58]。

四、从启蒙到逐利——民间商办西学出版机构

19世纪末20世纪初，中国近代出版业迎来了一次大爆发，其中最为亮眼的是民间商办出版机构的兴起。据熊月之统计，仅1896—1911年，翻译出版西学书籍的机构至少有116家。这些机构有的存时较久，影响很大；

有的则昙花一现，影响甚微。其中最为重要的机构一为广智书局，一为商务印书馆。

（一）广智书局

广智书局成立于1901年，实际上由梁启超负责。出版的书籍涵盖的领域非常广泛，主要翻译自日本，仅至1902年便翻译图书达150种，主要集中于社会科学，有不少在当时及日后学术界影响很大，“对维新变法和中国社会变革特别是开阔国人的视野发挥了重要作用，也为我国翻译事业做出了重要贡献”[59]。

目前对于广智书局最为系统的研究是吴宇浩的《广智书局研究》，该文将广智书局纳入康梁政治活动的线索，以考察书局的创立过程，厘清了诸如广智的成立时间、地址、资金来源、财务关系等问题，审视其经营情况，最终立足其作为文化出版机构的性质，从数量和内容两方面，对其出版物进行分类分析，探究其在晚清西学东渐大潮中做出的文化贡献[60]。

（二）商务印书馆

商务印书馆成立于1897年，初期只是原在教会出版机构任职的中国职员所举办的小书馆，后接盘日本人在上海经营的修文印书局，开始发展壮大。1902年张元济入股后，设立编译所、发行所，之后出版业务蒸蒸日上，成为中国最著名的出版机构。商务印书馆的业务比较广杂，西书出版只是其中之一。在晚清主要表现为教科书出版，在中华书局成立之前，商务印书馆几乎垄断了晚清新式教科书市场。

作为中国近代规模最大最著名的出版机构，研究商务印书馆的成果可谓汗牛充栋，但多是以商务印书馆为对象进行整体研究，或者针对晚清民国时期的商务印书馆的某些方面作专门研究，单单论述晚清时期商务印书馆的研究则并不多见。日本学者稻岗胜发表在《出版与印刷》的一篇文章重点探讨了商务印书馆创办时期与日本相关出版机构和人物的关系[61]，是一篇值得注意的文献。

吴永贵《中国出版史·近现代卷》中有“民元以前的商务印书馆”一节，谈到了商务印书馆的创办过程及其编译和发行事业所取得的成就。据不完全统计，这一时期商务印书馆出版图书达865种以上，其中包括不少英语读物、翻译自日文的社科著作，以及翻译文学作品等[62]。

五、晚清西学出版机构研究：一个未竟课题

作为西学东渐传播过程中的主力，晚清西学出版机构数量繁多，类型多样，相关研究也越来越丰富，但从整体来看，仍然存在诸多可以提升的空间。

首先，相比于晚清西学出版机构的规模，目前的研究成果还不够丰富。即便是像江南机器制造局翻译馆这样重要的西学出版机构，总体上研究数量和深度仍尚嫌不够，与该机构在近代出版史上的重要地位很不相称。可能是囿于资料所限，在第一手资料普遍较为匮乏的情况下，许多研究者被这道门槛挡在了该领域外面。未来这一领域的研究，可以从开掘和整理新的史料方面来做一些工作，为创新研究奠定坚实的资料基础。

其次，研究成果不均衡。一些著名的西学出版机构，如墨海书馆、美华书馆等，即便相关研究已经比较多，近年来还是有人不断进行简单的重复研究；而一些冷门的研究对象，包括一些比较著名的出版机构则少人问津，很多出版机构只在通史性的著作中出现几百字甚至几十字，而找不到一篇专门的研究文献。后来的研究者，可以有意识地挑战一些前人未注意或者用力不多的地方，尽可能地做一些补白的工作。

再次，研究的视角更偏向于书籍史。由于晚清出版机构距今历史不过百余年，其推出的正式出版物事实上还有较多留存，为研究者提供了诸多可供考证的实物。相比起来，出版机构运行的档案、账单、规章制度等多随着机构在历史长河中湮灭，复现的困难太大。因此，当前许多对于晚清西学出版机构的研究事实上重点都集中在对其出版物的研究，包括翻译的策略、出版物的内容分析、出版物的社会影响等，从出版史研究的视角对出版机构本身的设立、运行、变动、内部管理、制度变迁等方面的关注是相当欠缺的。

最后，该领域研究的系统性有待加强。当前的研究成果多为对单一对

象的单篇研究，贯通性、系统性的总结阐述比较少，对晚清西学出版机构运行的总体性规律和特点的辨析比较缺乏，缺乏宏观层面的视野。而且，很多在单篇论文中进行的辨疑和分析，如不能及时总结吸收，将大大降低其对后来者的作用。比如《西学东渐与晚清社会》一书中，有部分内容已经被学者在论文中指出有误，但在修订再版时并未得到纠正，其原因可能就在于此。缺少综述性的文献，缺乏专门性的著作，使得后来的研究者不得不面对零散的资料从头整理，徒增不少困难。由于资料和精力，本研究对相关资料的搜罗难免有遗漏之处，如后来之研究者，能对相关成果作一更为全面和系统梳理，甚至编著专门著作，自能对今后的研究大有裨益。

注释：

[1] 潘光哲：《晚清士人的西学阅读史：1833—1898》，南京：凤凰出版社，2019 年。

[2] 李白坚：《近代中国出版是“西学东渐”的桥梁》，见中国近代现代出版史编纂组编：《中国近代现代出版史学术讨论会文集》，北京：中国书籍出版社，1990 年，第 90～92 页。

[3] 钱存训、戴文伯：《近世译书对中国现代化的影响》，《文献》1986 年第 2 期，第 176～204 页。

[4] 王余光：《近代前期我国出版机构略考》，《四川图书馆学报》1985 年第 5 期，第 59～61 页。

[5] 张煜明编著：《中国出版史》，武汉：武汉出版社，1994 年，第 197～208 页。

[6] 吴永贵主编：《中国出版史下册·近现代卷》，长沙：湖南大学出版社，2008 年，第 53 页。

[7] 熊月之：《西学东渐与晚清社会》，北京：中国人民大学出版社，2011 年。

[8] 熊月之：《西学东渐与晚清社会》，北京：中国人民大学出版社，2011 年，第 367 页。

[9] 钱存训、戴文伯：《近世译书对中国现代化的影响》，《文献》1986年第2期，第176～204页。

[10] 钱存训、戴文伯：《近世译书对中国现代化的影响》，《文献》1986年第2期，第176～204页。

[11] 王余光：《近代前期我国出版机构略考》，《四川图书馆学报》1985年第5期，第59～61页。

[12] 白鸽、秦茂盛：《近代西方传教士在华翻译出版活动及其影响》，《出版发行研究》2016年第5期，第109～111页。

[13] 王海、韩佳轩、林希妤：《美华书馆的变迁：金多士〈在华传教士出版简史〉的出版史学价值》，《安阳工学院学报》2021年第5期，第66～70页。

[14] 何绍斌：《越界与想象：晚清新教传教士译介史论》，上海：上海三联书店，2008年。

[15] 胡国祥：《近代传教士出版研究》，武汉：华中师范大学出版社，2013年；胡国祥：《近代传教士出版研究（1807～1911)》，武汉：华中师范大学博士学位论文，2008年。

[16] 胡道静、王锦光：《墨海书馆》，《中国科技史料》1982年第2期，第57～59页。

[17] 胡道静：《印刷术“反馈”与西方科学第二期东传的头一个据点——上海墨海书馆（上)》，《出版史料》1987年第4期；胡道静：《印刷术“反馈”与西方科学第二期东传的头一个据点——上海墨海书馆（上)》，《出版史料》1987年第1期。

[18] 汪家熔：《墨海书馆时期——世俗书刊的开始》，《黑龙江图书馆》1988年第5期，第69～72页。

[19] 叶斌：《上海墨海书馆的运作及其衰落》，《学术月刊》1999年第11期，第91～96页。

[20] 陈昌文：《墨海书馆起讫时间考》，《史学月刊》2002年第5期，第123～125页。

[21] 王立群：《墨海书馆迁址与停业时间考》，《清史研究》2018 年第 2 期，第 151～156 页。

[22] 任莎莎：《墨海书馆研究》，济南：山东师范大学硕士学位论文，2013 年。

[23] 朱念、朱建国、朱果扣：《美华书馆开办纵横谈》，《印刷杂志》1999 年第 2 期，第 38～40 页。

[24] 胡远杰、景智宇：《中西文化交流的桥梁——美华书馆》，《档案与史学》2003 年第 3 期，第 65～67 页。

[25] 薛理勇：《美华书馆位置考》，《档案与史学》2003 年第 4 期，第 70 页。

[26] 邹振环：《近代西学翻译由南而北的地域扩散——以澳门华英校书房、宁波华花圣经书房和上海美华书馆为例》，《东方翻译》2010 年第 1 期，第 28～36 页。

[27] 田力：《美国长老会宁波差会在浙东地区早期活动研究（1844～1868）》，杭州：浙江大学博士学位论文，2012 年。

[28] 田力：《华花圣经书房考》，《历史教学（下半月刊）》2012 年第 8 期，第 13～18 页。

[29] 王月琴：《上海华美书局及其在近代上海出版印刷文化中的作用》，《都市文化研究》2016 年第 1 期，第 289～303 页。

[30] 吉少甫：《中外文化交流与出版》，《出版发行研究》1990 年第 3 期，第 59～62 页。

[31] 王树槐：《清季的广学会》，《“中央研究院”近代史研究所集刊》1973 年第 4 期上册，第 193～227 页。

[32] 叶再生：《广学会初探》《广学会初探（一续）》《广学会初探（二续）》，《出版史研究》1996 年第 4 辑，1997 年第 5 辑，1998 年第 6 辑。

[33] 冯秋芳：《传教士与近代中国的书籍出版　以广学会的书籍出版活动为例》，合肥：安徽大学硕士学位论文，2008 年。

[34] 王炳庆、陈名实：《广学会的出版事业及对近代文化教育的影

响》,《教育评论》2007 年第 6 期,第 125～127 页。

[35] 陈艺瑞:《近代西人在华创办的出版机构发展之探析——基于益智书会与广学会的比较研究》,《文教资料》2017 年第 11 期,第 70～72 页。

[36] 吴雪玲:《广学会与晚清西学传播》,《东岳论丛》2009 年第 8 期,第 108～112 页。

[37] 赵少峰:《广学会与晚清西史东渐》,《史学史研究》2014 年第 2 期,第 49～59 页。

[38] 陈建明,苏德华:《关于同文书会研究的几个问题辨析》,《出版科学》2018 年第 2 期,第 114～119 页。

[39] 李明山:《广学会传教士的报刊编辑观》,《河南大学学报(社会科学版)》1991 年第 4 期,第 115～121 页;李明山:《广学会编辑策略略论》,《南都学坛》1992 年第 4 期,第 115～121 页。

[40] 马福华:《西学东渐:书刊编译技巧与策略演进——以广学会为中心的考察》,《出版发行研究》2014 年第 7 期,第 101～103 页。

[41] 李联社:《早期广学会在华书刊发行策略分析》,《出版发行研究》1999 年第 4 期,第 70～73 页。

[42] 王立新:《晚清在华传教士教育团体述评》,《近代史研究》1995 年第 3 期,第 24～38 页。

[43] 丁西省:《益智书会与中国近代教科书的出版》,《兰台世界》2013 年第 16 期,第 33 页。

[44] 张美平:《益智书会教科书的编译及其影响》,《翻译论坛》2018 年第 2 期,第 66～71 页。

[45] 王扬宗:《清末益智书会统一科技术语工作述评》,《中国科技史料》1991 年第 2 期,第 10～20 页。

[46] 何涓:《益智书会与杜亚泉的中文无机物命名方案》,《自然科学史研究》2007 年第 3 期,第 129～140 页。

[47] 张龙平:《益智书会与晚清时期的译名统一工作》,《历史教学

（下半月刊）》2011 年第 5 期，第 24～29 页。

[48] 熊月之：《西学东渐与晚清社会》，北京：中国人民大学出版社，2011 年，第 135～141 页，第 373～375 页。

[49] 张增一：《江南制造局的译书活动》，《近代史研究》1996 年第 3 期，第 212～223 页。

[50] 上海图书馆编：《江南制造局翻译馆图志》，上海：上海科学技术文献出版社，2011 年。

[51] 曹世霞：《江南制造总局的海防译著研究》，哈尔滨：黑龙江大学硕士学位论文，2014 年。

[52] 元青、齐君：《过渡时代的译才：江南制造局翻译馆的中国译员群体探析》，《安徽史学》2016 年第 2 期，第 32～43 页。

[53] 付晓晨：《江南制造局翻译馆刻书研究》，郑州：河南大学硕士学位论文，2018 年。

[54] 邹振环：《疏通知译史》，上海：上海人民出版社，2012 年。

[55] 王宏凯：《京师同文馆译书史略》，《首都博物馆丛刊》1994 年第 9 期，第 150～157 页。

[56] 万齐洲：《京师同文馆及其译业》，《红河学院学报》2011 年第 1 期，第 54～57 页。

[57] 张慧丽：《京师同文馆的翻译出版活动及其贡献》，《山东图书馆学刊》2010 年第 5 期，第 46～50、56 页。

[58] 石明利：《京师同文馆译书活动研究》，重庆：西南大学硕士学位论文，2012 年。

[59] 冯志杰：《中国近代翻译史晚清卷》，北京：九州出版社，2011 年，第 195 页。

[60] 吴宇浩：《广智书局研究》，上海：复旦大学硕士学位论文，2010 年。

[61] 稻冈胜：《初期商务印书馆的源流——美华书馆、修文书馆、岸田吟香、金港堂》，《出版与印刷》1994 年第 2 期，第 40～44 页。

[62] 吴永贵:《中国出版史下册·近现代卷》,长沙:湖南大学出版社,2008 年,第 48～50 页。

(曹世生,华中师范大学文学院文化传播学 2018 级博士研究生,华中师范大学本科招生办公室职员)

一部西方书籍史研究的转向之作

——《印刷书的诞生》述评

陈　川

提起西方书籍史研究的代表性人物，最为中文学界所熟知的莫过于美国学者罗伯特·达恩顿（Robert Darnton）。从20世纪80年代其人的大名出现在中文论著中算起，达恩顿进入国内学者的研究视野已近40年；从2005年其首本中文译著《猫大屠杀：法国文化史钩沉》问世算起，达恩顿进入大众阅读视野已有20年。对研究者和读者而言，其间相伴的不仅有达氏鹊起的声名，更有对其研究领域——书籍史源源不断的关注。最近十多年，书籍史俨然成为中文学界（特别是出版学界）的一门显学，谈书籍史研究则必称达恩顿更是成为一股潮流。不可否认的是，达恩顿及其著作在国内书籍史研究热的兴起过程中发挥了重大的推动作用。不过，书籍史作为一块处在多学科交汇处由各路学者共同开垦的研究领域，若细溯其历史，其中值得关注的绝非达恩顿一人。

法国年鉴学派大师吕西安·费夫贺（Lucien Febvre，又译吕西安·费弗尔）便是一位对后世的书籍史研究产生过重要影响的人物。1958年，费氏与印刷史学者马尔坦（Henri-Jean Martin，又译亨利-让·马丁）合作出版了其在该领域的代表作《印刷书的诞生》（*The Coming of the Book*）。如今一个多甲子已经过去，在书籍史研究越发延展深入的今天，本书不仅没有因年代久远而减损其价值，反倒成为公认的学术经典。所谓温故知新，重读这部经典之作可为我们了解西方书籍史的研究进路、思考中国书籍史的未来发展提供一个切入点。

一、关于“书籍史”

一般认为，“书籍史（history of the book）”以一个专门研究领域的身份受到普遍承认是在20世纪80年代。1982年，罗伯特·达恩顿在那篇具有标志意义的论文《什么是书籍史》（*What Is the History of Books？*）中点明了当时的学者对书籍史的态度：“无论其身在各方，它都被人们认为是一个重要的新学科。”[1]达恩顿本人同样对书籍史予以认可，赞其为“具有扩张性质并带来一股新观念之风的人文科学的一个分支”[2]。

尽管书籍史取得了研究的合法性，但并不意味着其拥有了清晰的研究边界。事实上，直到今天书籍史的概念与指涉范围仍然是模糊且富有争议的，这自然与其跨学科性息息相关。书籍史的兴起受到了文学、历史学、目录学的多重影响，但又难以与以上的任何一门学科截然分离而保持独立。由于多学科的混杂，书籍史的研究内容常丰富到令人眩目。处于文学与历史学交叉中的书籍史可以是文化史、文学史，处于文学与目录学交叉中的书籍史可以是文本社会学、作者和读者身份研究，处于历史学与目录学交叉中的书籍史又可以是出版史、书业史和版本目录学[3]。就连达恩顿也不得不承认，书籍史如同一片难以穿越的热带雨林，“每走一步，就陷在繁杂的杂志文章丛林中，并被多学科的交叉混战搅得昏头转向”[4]。或许是有鉴于此，达氏并没有明确定义书籍史，而是以“（通过印刷而展开的）交流的社会—文化史”这样的对等概念进行解释，并落脚于书籍史的研究目的——“理解在过去的五百年里，观念如何通过印刷传播，如何影响了人类的思想和行为”[5]。

由上观之，达恩顿的“书籍史”是印刷的书籍史，即金属活字印刷术发明以来纸质印刷书生产、传播、接受的历史。在该语境下，作为文本创作者的作者、作为书籍生产者的印刷工人、作为书籍传播者的书商、作为书籍接受者的读者等因“书籍”这一核心要素而产生联系。达恩顿将上述角色的互动过程进一步统合，提出了著名的书籍“传播循环模式”。该模式是一个以作者为起点，经出版商、印刷商、供应商、书商、运输商、读者、装订者又回到作者的循环过程。其具体内容为：作者创作文本，出版商、印刷商和供应商将文本转化为书籍，书商和运输商将书籍流转到读者手中，读者的阅读反馈影响作者下一次的文本创作。同时，政治、法律、经济、社会等外部因素影响着循环过程。书籍传播循环模式展示了书籍传播过程中涉及的各种角色及其互动关系，它强调书籍流通中人与社会的因素，具有社会文化史的研究向度。虽然该模式受到了来自目录学和文学的质疑[6]，但从学术史的角度看，这一将书籍史的研究对象和范围明确化的努力仍然具有开创意义，其影响也十分深远。现今书籍史的几个主要研究方向，即书籍的生产、流通和阅读研究以及书籍与社会的关系研究都可对应于达恩顿的循环模式的某一部分。即便是有关手稿、抄本、电子书等非印本的研究也能从中寻求借鉴。

总之，书籍史是一个具有跨学科性质的开放空间，它因包罗万象而难窥全貌。以罗伯特・达恩顿为代表的研究者试图将书籍在社会历史中的位置模式化，从而锚定书籍史在学科交界处的准确位置[7]。达氏的做法虽有争议，但绝非徒劳。借助该模式，书籍史得以与混乱的跨学科性保持距离，并逐渐摆脱依附于他者的边缘地位以取得相对的独立性。同时，传播循环模式又可为其他学科提供参照，如文学社会学可借助其分析文学书籍的写作、出版和消费，科学史研究可借助其分析书籍与科学传播的关系等[8]。在此种意义下，书籍史完成了对历史学、目录学和文学的超越，转型成为一个独立且开放的研究领域。

二、作为转向之作的《印刷书的诞生》

《印刷书的诞生》由吕西安・费夫贺和马尔坦共同编纂。前者是年鉴学派的创始人之一，曾参与创办该学派的核心刊物《经济与社会史年鉴》，著有《大地与人类演进》《马丁・路德的时运》《拉伯雷与十六世纪的不信神问题》等作品。后者毕业于法国国立典章文献学院（École nationale des chartes)，精于印刷史和图书史研究，代表作有《17 世纪巴黎的书籍、权力和社会（1598—1701)》《现代书籍的诞生，14—17 世纪：法国书籍排版和文本实现》《写作的历史与力量》等。据马尔坦自述，该书的写作灵感与著述计划均来自费夫贺，他本人负责写作初稿再交由对方修改补充。可惜书稿完成期间费氏不幸逝世，直到两年后该书才正式付梓[9]。因此，《印刷书的诞生》可算得上是费夫贺的遗作。

（一）目的与问题

《印刷书的诞生》主要聚焦15世纪中叶到18世纪之间的西方书籍史。从印刷技术史的角度看，此一时期的欧洲印刷活动尚未进入以蒸汽和电力为主要动力基础、以产品规模化和产业化为基本特征的时代，浇筑式金属活字和手动印刷机是行业的绝对主流。相对而言，从古登堡及其同行的活字印刷术问世到工业革命兴起前的三百多年间，西方的印刷技术再没有发生革命性变化。在本书的研究时段里，书籍生产所需的技术基础多处于相对稳定的状态，即便是仅有的几处工艺改进也是历经漫长的探索才逐渐成形的。例如，工匠持续对活字铸造所需的合金比例进行调整，至18世纪活字的品质才得到较大提升，活字规格与字体的标准化也是到18世纪才基本确定的。

从以上分析不难看出，1450年到1800年正处在手动印刷的时代，它是西方活字印刷术发明之后的一段长期且稳定的技术停滞期。如果要研究者们要书写一部印刷史，这段时期显然不会收获特别的关注。相较之下，印刷术的起源问题、近代印刷的工业化问题才是当时学者们追逐的热点。本书虽没有回避这些议题，但正如费夫贺所说，“我们无意编纂或重写一部印刷史：如果只是将此一课题的基本工作再做一次……也没有什么意思”[10]。出版一部解释印刷术如何发明、某国在印刷领域如何领先、某人在印刷史上有何贡献、最早的印刷品由何而来等经典问题的著作并非作者的初衷。本书以印刷技术为研究起始，最终指向仍然是技术的产品——书籍。更准确地说，是从文艺复兴到工业革命期间有关欧洲印刷书制作、流通和影响的历史。“我们试图厘清，印刷书所代表的，如何、为何不单只是技术上的巧妙发明的胜利，还进一步成为西方文明最有力的推手，将多位代表性思想家散布于各地的理念，荟萃于一处。”[11]为了实现这一目的，全书从多个角度进行了论述。

其一，印刷书如何诞生。在西方，书写和制书的传统虽然悠久，印刷书的诞生却是相对晚近的事情。从大约公元前3000年开始，古巴比伦人已流行将楔形文字刻于泥板之上，临近的古埃及人则以莎草纸作为书写材料。其后的古罗马人发明了蜡版书，人们在木板中心涂蜡以供刻写。如果将蜡版打洞，再以线串联起来就能形成书册。另外流行起来的还有用兽皮（通常是羊皮和牛皮）制作的手抄书，但其价格昂贵，普通民众一般消费不起。很显然，以上的种种“书籍”都与通常意义上的印刷书有不小的差距，印刷书也并非由前者发展而来。那么，印刷书出现的先决条件主要有哪些？作者的答案是造纸业和金属活字印刷术。12世纪，纸张率先传入西班牙和意大利，规模化的造纸活动开始在当地萌芽。此后数百年，造纸业经意大利商人的推广陆续扩展至法国、德国、瑞士等地。至17世纪，造纸厂几乎遍布全欧，纸张的消耗随之大幅增长[12]。由于造纸业和制书业存在密切联系，当时巨量的纸张产量和消耗量或可被视作印书业蓬勃发展的一个见证。欧洲出现活字印刷术的时间大约晚于纸张传入300年。15世纪上半叶，以古登堡为代表的工匠突破了金属活字和印刷机的技术瓶颈。据信，他们是通过“雕刻阳文字范—冲制阴文字模—浇筑”的方法生产了最早的金属活字，印刷机则是启发自葡萄压榨机。《四十二行圣经》《美因茨圣咏》《康斯坦茨弥撒经本》《普天语典》等最早的摇篮本便是这批活字的杰作。由于造纸术和金属活字印刷术的普及，欧洲的书籍印刷业才真正发展起来。

其二，印刷书的样貌如何定型。数百年间，印刷书的样貌历经了从模仿手抄书到形成独自风格的变化过程。其中牵涉图书的标准化问题，而标准化又构成了印刷书被社会大众广泛认可和接受的基础。概而观之，作者主要讨论了字体、署名、内文和开本、插图、装帧等几个方面的变化。在字体上，罗马体渐成主流。手抄书的字体会因书籍内容和读者需求而呈现较大差异。譬如粗黑体样式的哥特体主要用在文学文本，另一种字形较大、不圆润的哥特体就颇受教会书籍的青睐，手写体多用于叙事文本或拉丁文书籍[13]。罗马体兴起虽晚，最终却能在各式字体中脱颖而出，主要源于活字行业对主流阅读审美的迎合。当时的文人阶层普遍钟爱罗马体，认为其更贴近古早文本的字体原貌。铸字匠们为维持这一庞大客源便投其所好，使罗马体蔚为风尚。在署名上，卷首印刷书目信息成为惯例。早期的印刷书仍遵从抄本时代的传统，不单独标注书名、出版者、出版地等信息。15世纪后期，书籍署名才逐渐规范并演化为今日卷首署名的样式。在内文和开本上，印刷书开始趋近现代版式。具体表现为行距变宽、字体变大、留白变多、缩写和简称变少，书籍的易读性随之增强。在插图和装帧上，印刷插图取代手绘插图，装帧风格走向平实化。手抄本向来以繁复的装饰著称，印刷书成为大众商品之后，虽然豪华本依然存在，但工匠已开始简化装帧形式，如使用纸质封皮、简化纹饰等，这主要是出于节省成本的考虑。

其三，印刷书如何成为商品。印刷书的商品化由作者、印刷工人、印刷商、出版商、书商等合力促成。在图书生产环节，资金是事业成败的关键。对有志创业的印刷商来说，购置机器设备的成本并不算高，花费较多的主要在活字、纸张等印刷物料上。当时的活字磨损率较高，需经常淘汰换新，而纸价又居高不下，导致书籍的印刷成本大大高于设备成本。加之书籍买家较少、销售迟缓，资金回流较慢，印刷商往往面临着较大的经济压力。因此，印刷商需要以庞大的资金作为图书出版的后盾。为了维持印刷生意，许多财力短缺的印刷商会向大的出版商、教会、公家机关筹措资金，各种力量也借机参与到出版活动中。本书还关注到了图书生产参与者的活动，包括印刷匠的职业成长、印刷铺老板书商和出版商的合作与竞争、几位成功书商的经历以及作家对图书版权的认识过程。这为我们展示了因印刷书商品化所形成的复杂关系网和印刷工作者们的真实处境。在交易和流通环节，技术和商业是书籍生意实现扩张的关键。一方面，印刷匠人通过地理上的迁徙和流动将印刷术从美因茨和莱茵地区推广至全欧洲，各地涌现的印刷铺为图书商品化奠定了基础；另一方面，书商不断优化物流和销售模式，如安排转运代理人和设立图书市场，以便使书籍能尽快销出。

其四，印刷书有何影响。印刷书的诞生不仅是印刷上的革命，更是社会思想和文化的革命。书籍作为知识的载体，通过印刷机和书商获得大量生产和广泛传播，对欧洲现代性的发展产生了不可磨灭的影响。本书认为，印刷书的影响是随着发行量的增长而一步步扩大的。据估算，在印刷书诞生后的前50年，即1450到1500年之间，全欧洲发行的图书种数约有10000到15000种，总册数则多达2000万册。从内容上看，其中宗教类书籍略少于一半，各时代的作品约占三成，法学类和科学类书籍各在一成左右[14]。印刷书的产量虽然惊人，但其影响并不能在短时间内渗透到社会文化层面。至16世纪，印刷书的产量攀升至1.5亿到2亿册，其数目之多足以让所有的识字人口都有机会接触书籍。出版业的繁荣增强了书籍的易得性，大众逐渐对阅读产生兴趣。此时，印刷书的内容发生明显变化，宗教类书籍的比例显著下降，古典类和人文主义者的作品开始占据主要地位。由此带来的一个显著影响是，越来越多的人开始阅读人文主义类书籍，科学、理性的精神通过印刷书得到传播。与此同时，印刷书成为宗教改革者的利器。新教徒们通过大量印刷《圣经》和传道小册子抨击教会弊端，宣传新神学观点。为了让文化程度不高的下层民众理解宗教文宣，新教会大力倡导以本地语言而非拉丁语印刷《圣经》文本。最终，印刷书促成了欧洲各民族语文的标准化和拉丁语文的瓦解。

（二）研究特色

本文之所以将《印刷书的诞生》称为一部转向之作，主要是基于其在西方书籍研究史上的分野性质而言的。“书籍史”受到普遍承认的历史虽不过40年，人类对书籍（不一定是印刷意义上的）的关注却是古已有之。在西方视野下，研究书籍的潜流至少在亚历山大时代就已经发源。据考证，同时代的学者已注意到了亚历山大图书馆所藏文献中的抄写错误问题，并着手对其整理和编校[15]。中世纪时期，教会垄断了书籍的生产，图书文献的整理工作主要由基督教士把持，有关文本、版本的研究在教士内部获得发展。至15世纪迎来印刷书的诞生后，随着社会上书籍流通量的剧增，学者们开始对印刷术的起源问题产生兴趣，印刷史研究渐而兴起。尽管印刷史拓展了书籍史的研究范围，却并没有为其理论化提供指引。直到19世纪末，上述工作才由文献目录学者完成。不少文献目录学者将“书籍实体及其生产制作置于文献研究中心”[16]，他们研究书籍的生产制作过程、文本呈现、出版过程、版本信息、用纸装订等内容，一块以书籍为核心的研究领域因此被划定出来。总体而言，文献目录学以出版文本和流通文本为关注重点。此种内向化的书籍研究很快受到了年鉴学派的挑战。20世纪上半叶，以达尼埃尔·莫尔内、吕西安·费夫贺、马克·布洛赫等为代表的学者试图引入经济史、社会史和文化史的方法，以构建一种不同以往的宽广的书籍史研究范式。在他们的相关成果中，《印刷书的诞生》对后世的影响最大。该书具有强烈的年鉴学派色彩，并主要通过以下方面呈现。

书籍的总体史。“总体史”是年鉴学派的重要主张。20世纪初期，西方史学研究掀起了一股以批判传统史学、建立新史学为目的的新思潮。在这场被后世称为“史学革命”的运动之中，年鉴学派发挥了关键性的引领作用。此前，由德国学者利奥波德·冯·兰克创立的兰克史学曾长期主导西方史学界。兰克史学主张将历史视为“一门采取叙述体方式的独特的科学”，“可以用科学的方法对史料去伪存真，重现历史真相”[17]。受实证主义影响，兰克式的历史研究形成了重视原始史料、强调事实描述、不掺杂个人判断的方法论原则。在研究内容上，兰克史学以政治、军事、社会精英、历史事件为重点，很少触及经济、社会以及被精英人物和重大事件所遮蔽的普通大众的生活。年鉴学派反对这种将历史主体与客体割裂的做法，主张摒弃以政治史、人物史、事件史为中心的狭隘史观，将历史研究扩大到人类活动的全部，包括政治、经济、文化、社会、思想、环境等方方面面的内容。这种综合化、总体化的历史研究就是总体史。年鉴学派的总体史本质上是把历史的多维变化进行概念化，以建立对时代形成的总体认识[18]。回到《印刷书的诞生》，我们可以感受到总体史思想的强烈影响。本书以印刷书为研究对象，其聚焦的内容又不只在书籍。与书籍生产、流通相关的文化、自然、经济等因素在书中皆有呈现。例如，印刷书样貌变化背后的文化与经济动因，图书交易与商业组织的关系等。同时，本书并不注重对印刷人物史、区域书籍史、印刷事件史的描写，即便有所着墨也是为了还原当时总的历史情境，以便读者对历史上的印刷和书籍建立全面的认识。一个典型例子是，作者专门用了一小节讲述印刷匠，这有助于我们了解印刷工人的工作和生活。从全书来看，我们几乎很难捋清一条以时间为线索的书籍发展脉络史。作者有意打破了这种传统史学的叙述模式，转而建立一种嵌合各种角色、各种外部因素的综合结构，以呈现一段有关书籍的多维度史。

长时段的书籍史。“长时段”理论由年鉴学派的第二代学者布罗代尔提出。布罗代尔认为，历史是一个时间观念，历史事件不是一元的，而是划分为不同的层次。根据所对应的时间长短，历史事件有短时段、中时段、长时段之分。其中，短时段指历史上的突发事件，如政治革命、战争、自然灾害等，它只是历史上的瞬间。中时段的时间跨越数十年甚至上百年，它是一段时间内发生的相对稳定的经济结构和社会结构，具有周期波动性，如人口增长、生产消长等。长时段是历史事件的最深层，是以世纪为计量单位的长期不变或变化缓慢的历史，如自然环境和人文环境[19]。长时段的思想在很多早期年鉴学派学者的作品中都有所体现。如布罗代尔的代表作《15 至 18 世纪的物质文明、经济和资本主义》，其时间跨度长达三个世纪，主要研究饮食、住宅、冶金、货币、城市等与人类的生活习惯、文化传统相关的长时段事件。比照来看，本书具有明显的长时段研究倾向。《印刷书的诞生》关注的并非印刷术发明这样的短期历史事件，也不只是印刷书出现几十年后欧洲图书产量的变化，而是几个世纪以来因印刷书而形成的社会文化结构。其在微观上表现为“生产—销售—接受”的流动过程，在宏观上表现为“书籍—社会”的互动模型。印刷书的社会文化结构形成于历史的缓慢流动之中，如果我们截取其中的某个瞬间或片段就只能观察到书籍史上的某个侧面，而难以了解其总的历史进程。因此，需要以长时段的视角来研究书籍史。具体到实践上，本书将研究时段锁定在了 15 世纪中期至 18 世纪，即从印刷书出现到印刷行业大规模工业化之前。作者并不聚焦印刷书的某一个方面，而是扩展到它在社会生活中的全部，如技术、样貌、社会关系、贸易交往等，以展现书籍的长时段变化，以及印刷术的社会文化结构对欧洲思想、宗教、语言的影响。另外值得注意的是，本书在某些细部研究上采用了地理环境理论的视角，而前者就是长时段的思想来源之一。一个可供提及的案例是，作者在论及欧洲造纸业的发展时将地理因素纳入其中。其主要观点包括，南欧国家能成为造纸术登陆欧洲的起点是因为接近阿拉伯地区，造纸业优先传播的地区具有原材料和水源充足、交通便利等共性。这为读者展示了地理环境与印刷术传播的关系。

计量化的书籍史。阅读《印刷书的诞生》的读者常会惊叹于作者对数据的丰富使用，这种计量研究也构成了本书的一大特色。计量史学是20世纪50至80年代流行于欧美史学界的一种通过统计数据分析历史现象和历史过程的研究方法，它是历史学和统计科学交叉融合的产物。计量史学纠正了传统史学因过度依赖定性分析而容易导致研究主观化或片面化的倾向，主张通过数量化的描述呈现历史结构及其变化、发展的规律，这在一定程度上提高了历史研究的精密度和科学性。计量史学的应用领域十分广泛，涉及物价、收入、人口、气候、城市等多个方面。将计量史学引入书籍史研究是年鉴学派的一大创举。长久以来，书籍印数、阅读人口、书价变化等能够量化的数据资料并没有受到学界的足够重视，年鉴学派的研究者受实证主义的影响，希望以数学的语言精确描述书籍的历史[20]。在《印刷书的诞生》中，作者引用了大量史料，包括且不限于商业账单、私人合约、家族档案、出版目录、时人记述等。据统计，其中仅利用的私人藏书清册就多达377份，时间跨度在1480年到1600年之间[21]。以此为基础，书中呈现了有关印刷书的各种数据，如纸张产量、印刷成本、书商数量、印量和销量、内容分布等。例如，为了说明图书印量随时间变化的情况，作者不厌其烦地列举了欧洲不同地区、不同时期内数十种代表性书籍的详细数据。这些资料均来自当时的一手记录，具有很强的说服力。本书创造了以计量方法研究书籍史的范例，这一点受到了学术界的一致认可。1977

年，书籍史学者罗杰·夏蒂埃曾发表《书籍计量史》一文，肯定了计量方法在分析书籍商品上的必要性。夏氏认为，此种研究方式能够有效掌握书籍的交易量，并建构买卖和流通的地理分布图[22]。由此来看，《印刷书的诞生》可称得上是书籍计量史研究的先导之作。

三、总结与启示

《印刷书的诞生》主要研究欧洲活字印刷术发明三百年以来的书籍生产、传播和接受史，展现了印刷技术变迁对社会文化的影响。两位作者突破传统史学的束缚，将印刷书置于长期的历史和社会变迁中予以考察，这体现了总体史思想和长时段理论的影响。该书既是一部书籍的社会史，也是一部书业的社会史。书中对印刷工、书商、出版商等游离于政治权力中心之外的一般人群的描写，展现了从文艺复兴到启蒙运动之间图书从业者的社会交往活动。除了宏大的研究视域和宽广的时间跨度，本书的特色还表现在定量化的研究方法。作者通过对史料的量化分析，客观还原了印刷书在不同历史阶段的商品学特征。作为一部深受年鉴学派治学思想影响的作品，《印刷书的诞生》开创了全新的书籍史研究范式。它成功地将书籍史研究从版本目录学转向社会文化史，为书籍史研究的独立奠定了基础。

站在当前的历史维度回望《印刷书的诞生》，我们可以感受到明显的时代烙印。20世纪四五十年代正值第一代和第二代年鉴学派的繁荣期，总体史、长时段、计量史学等理论风行一时，本书即是这股潮流的见证者和参与者。随着60年代之后史学思潮的再转向，微观史学兴起，历史研究的主题开始从宏观的社会结构和社会过程转移到广义的日常生活的文化上。书籍史研究也受其影响，出现了阅读史、出版心态史、出版生活史等新分支。如果从所谓“新”书籍史的视角看，本书的研究主题和方法难免让人有过时之感。不过，这并不意味着宏观的书籍史研究已失去意义。相反，结合中国书籍史的研究现状以及数字时代的历史背景，我们依然可以通过本书获得两点启示。

第一点，中国书籍史研究仍有坚持“总体史”和“时段”观念的必要。在中国，“书籍史”属于舶来概念。民国时期，学界虽出现了“书史”的提法，其内涵却与后来的“书籍史”不尽相同。相对而言，前者更偏向古典文献学、编辑出版学和图书馆学研究，后者则属于跨学科性质的书籍社会史或书籍文化史研究。改革开放之后，西方书籍史研究的相关理论和著作进入中国。在很长一段时期内，国内学者大多遵循传统治史方法，较少通过社会学、经济学、政治学等外部学科研究书籍史，研究界只拿来不吸收的问题较为突出。直到新世纪之后，相关理论才真正得到应用，其代表性成果有：王余光主编《中国阅读通史（10卷本）》、潘光哲《晚清士人的西学阅读史（1833—1898）》、张仲民《种瓜得豆：清末民初的阅读文化与接受政治》。总的来说，中文学界更倾向接受最新的书籍史研究方法，对于早期年鉴学派的宏观式书籍史研究似乎实践不多。在西方，类似成果则为数不少，其中影响较大的有：周绍明《书籍的社会史：中华帝国晚期的书籍与士人文化》、周启荣《中国前近代的出版、文化与权力：16—17世纪》、贾晋珠《谋利而印：11至17世纪福建建阳的商业出版者》。鉴于此类成果在国内相对缺乏的现状，相关学者若能在紧跟潮流的同时，以总体史或中、长时段的观念观照中国书籍史，将会极大丰富当前的研究面貌。

第二点，数字技术能为书籍计量史研究提供新机遇。在《印刷书的诞生》中，作者进行计量分析的史料主要是历史档案。考虑到本书的出版年代，可以想见史料的获取难度。对从事计量史研究的学者而言，史料的收集与整理是一项繁琐且耗时的工作，如果要对其进行深度分析还需要使用复杂的运算方法和模型。在数字时代，历史档案的电子化已成趋势。借助各种电子数据库，研究者能以较低的成本获取尽可能多的资料。同时，数字技术也能为史料的挖掘梳理提供便利，通过搜索定位、关键词索引、知识关联等方法就可对分散于各处的资料进行提取、集合和归类。近年来，随着计算机技术特别是人工智能技术的发展，计算机已具备较强的数据运算、分析和呈现能力，史料计量的门槛将不断降低。数字技术在为计量史研究带来便利性的同时，也拓展了书籍史的研究对象。人类历史进入数字时代之后，电子书崭露头角，书籍形态迎来了继手抄书和印刷书之后的又一次重大变革。电子书主要存储于互联网平台，通过追踪电子书网站和阅读APP的后台，就能获取有关创作、传播和阅读的数据。由于电子书的历史仅有半个多世纪，当前的研究界并未将上述数据纳入历史性考察。不过随着时代的发展，相信以电子书为对象的书籍计量史研究终将破土而出。到那时，“印刷书的诞生”也将进展到“电子书的诞生”。

注释：

[1][法] 罗伯特·达恩顿：《何为书籍史》，屈伯文译，见陈恒，耿相新主编：《新史学第10辑 古代科学与现代文明》，郑州：大象出版社，2013年，第144页。

[2][法] 罗伯特·达恩顿：《何为书籍史》，屈伯文译，见陈恒，耿相新主编：《新史学第10辑 古代科学与现代文明》，郑州：大象出版社，2013年，第145页。

[3][英] 莱斯莉·豪萨姆：《旧书新史：书籍与印刷文化研究走向》，王兴亮译，张翼校，桂林：广西师范大学出版社，2023年，第29页。

[4][法] 罗伯特·达恩顿：《何为书籍史》，屈伯文译，见陈恒，耿相新主编：《新史学第10辑 古代科学与现代文明》，郑州：大象出版社，2013年，第146页。

[5][法] 罗伯特·达恩顿：《何为书籍史》，屈伯文译，见陈恒，耿相新主编：《新史学第10辑 古代科学与现代文明》，郑州：大象出版社，2013年，第144页。

[6] 具体内容可参见戴联斌：《从书籍史到阅读史 阅读史研究理论和方法》，北京：新星出版社，2017年，第52～61页。

[7] 除罗伯特·达恩顿外，尚有托马斯·R. 亚当斯和尼古拉斯·巴克、彼得·D. 麦克唐纳、詹姆斯·西科德等其他学者提出过各自的书籍史研究模式。参见[英] 莱斯莉·豪萨姆：《旧书新史：书籍与印刷文化研究走向》，王兴亮译，张翼校，桂林：广西师范大学出版社，2023年，

第53～67页。

[8] 于文:《西方书籍史研究中的社会史转向》,《国外社会科学》2008年第4期,第11～12页。

[9] [法] 费夫贺、[法] 马尔坦:《印刷书的诞生》,李鸿志译,桂林:广西师范大学出版社,2006年,前言页。

[10] [法] 费夫贺、[法] 马尔坦:《印刷书的诞生》,李鸿志译,桂林:广西师范大学出版社,2006年,作者序第2页。

[11] [法] 费夫贺,[法] 马尔坦:《印刷书的诞生》,李鸿志译,桂林:广西师范大学出版社,2006年,作者序第3页。

[12] [法] 费夫贺,[法] 马尔坦:《印刷书的诞生》,李鸿志译,桂林:广西师范大学出版社,2006年,第2～16页。

[13] [法] 费夫贺,[法] 马尔坦:《印刷书的诞生》,李鸿志译,桂林:广西师范大学出版社,2006年,第59页。

[14] [法] 费夫贺,[法] 马尔坦:《印刷书的诞生》,李鸿志译,桂林:广西师范大学出版社,2006年,第248～249页。

[15] 苏杰编译:《西方校勘学论著选》,上海:上海人民出版社,2009年,第Ⅱ页。

[16] [英] 詹姆斯·雷文:《什么是书籍史》,孙微言译,北京:北京大学出版社,2022年,第50页。

[17] 张正明:《年鉴学派史学范式研究》,哈尔滨:黑龙江大学出版社,2011年,第59页。

[18] 于沛:《西方史学思想史》,长沙:湖南教育出版社,2015年,第284页。

[19] 张正明:《年鉴学派史学范式研究》,哈尔滨:黑龙江大学出版社,2011年,第69～75页。

[20] 于文:《西方书籍史研究中的社会史转向》,《国外社会科学》2008年第4期,第12页。

[21] 秦曼仪:《书籍史方法论的反省与实践——马尔坦和夏提埃对于

书籍、阅读及书写文化史的研究》,《台大历史学报》2008年第41期,第270页。

[22] 秦曼仪:《书籍史方法论的反省与实践——马尔坦和夏提埃对于书籍、阅读及书写文化史的研究》,《台大历史学报》2008年第41期,第273页。

(陈川,华中师范大学文化传播学2018级博士研究生)

作为智性方法和阐释方式的书籍

——读《旧书新史：书籍与印刷文化研究定向》

龙亚莉

书籍史研究是20世纪后半叶在欧美学界逐渐兴起的一个研究领域。西方书籍史研究以书籍为中心，不仅全面考察书籍的创作、制作、流传、阅读、接受和再创作等“生命周期”的全过程，而且将与书发生关联的人、社会、文化、政治、经济、法律等因素进行全面考察，通过书籍来观察社会整体的历史、揭示历史。从20世纪80年代开始，西方书籍史研究引发了我国文史学界的关注和讨论，其采用的一些新颖的理论方法对中国文史学界产生了重要影响，甚至诞生了音乐书籍史、中医书籍史等分类书籍史研究领域。这一影响发生的过程是伴随西方书籍史经典著述的译介而逐步发生的。这些译著涵盖了对书籍史学术发展脉络进行系统梳理的著述，如戴维·芬克尔斯坦和阿利斯泰尔·麦克利里合著的《书史导论》，吕西安·费弗尔和亨利-让·马丁合著的《书籍的历史：从手抄本到印刷书》，弗雷德里克·巴比耶的《书籍的历史：西方文明进程丛书》等；也包括了西方书籍史研究从初兴、发展到最新进展等不同时期的代表人物的著述，如费夫贺、马尔坦的《印刷书的诞生》，罗杰·夏蒂埃的《书籍的秩序》和《法国大革命的文化起源》，罗伯特·达恩顿的《启蒙运动的生意》《拉莫莱特之吻》《法国大革命前的图书世界》《法国大革命前的畅销禁书》以及《屠猫狂欢：法国文化史钩沉》，伊丽莎白·爱森斯坦的《作为变革动因的印刷机》，安·布莱尔的《工具书的诞生：近代以前的学术信息管理》；还包括对西欧和以中国为代表的东方书籍史的重要著述，如阿比盖尔威廉姆斯的《以书会友：十八世纪的书籍社交》，周绍明的《书籍的社会史：中华帝国晚期的书籍与士人文化》，芮哲非的《古腾堡在上海——中国印刷资本业的发展》，包筠雅的《文化贸易：清代至民国时期四堡的书籍交易》《功过格：明清时期的社会变迁与道德秩序》，戴思哲的《中华帝国方志的书写、出版与阅读1100—1700年》等。对西方书籍史研究的译著在近两年逐渐增加，但对西方书籍史研究方向和方法指引的图书译介目前屈指可数，目前仅有2022年北京大学出版社出版的詹姆斯·雷文《什么是书籍史》一书。莱斯莉·豪萨姆的《旧书新史：书籍与印刷文化研究定向》是一本新近出版的旨在对书籍史研究形成一个方向，一种现场指导的图书。

莱斯莉·豪萨姆（Leslie Howsam）是加拿大温莎大学历史系教授，是书籍史研究领域的专家，出版专著十余本。研究方向为史学史、历史编纂学以及学术思想史等，其学术生涯几乎全部倾注在有关书籍史的研究之中。她在关注书籍的写作、出版与阅读的同时，尤其重视解读历史知识的传播如何受到出版者的影响，以及这一问题为何如此重要。《旧书新史》是豪萨姆早期的作品，在书籍文化研究方面她还有代表作如《付梓过往：不列颠的历史出版，1850—1950》（*Past into Print*：*The Publishing of History in Britain 1850-1950*，London and Toronto：British Library and University of Toronto Press，2009）与《廉价圣经：19世纪的出版与不列颠及外国圣经协会》（*Cheap Bibles*：*Nineteenth Century Publishing and the British and Foreign Bible Society*，Cambridge：Cambridge University Press，1991）等。《旧书新史》是作者对始终困扰于她的关于书籍史学科界限问题的回答，在本书中，作者为书籍史研究跨越学科边界所形成的具体方向、研究方法、研究立场给予了明确的指引，显现了书籍史的学科边界和跨学科张力，使新手研究者在自由探索这个有趣而又富有活力的领域时不致迷失方向。

一

“书籍就是一个变形者”“书籍不限于印刷品（它包括手稿和其他书写

形式)，不限于手抄本版式（期刊和电子文本会得到考察，卷轴和书册也是如此)，也不限于物质或书写文化”。书籍本身就有着广阔的范围，模糊的界限，致使书籍文化研究涉及范围甚广而难以定向。汇聚在书籍史研究上的三大核心学科——历史学、文学和目录学——它们分别将书籍视为文化交易、文学文本和物质物品来研究。三大学科都坚持自己的理论假设和方法论实践，这也导致了书籍史研究成为跨学科研究而难以定向。那么，作为书籍史研究者，应如何站好位置来处理这三大学科之间的相互关系？豪萨姆认为跨学科方法综合了这三者，每个核心学科都联结着一个或多个相关研究领域。为此，豪萨姆以历史学、文学、目录学为顶点绘制了一个“学科三角形”，她称之为书籍—历史三角形，以此三角形来描绘书籍史研究中所越过的边界和跨学科机遇。这个三角形是可以旋转的三角形，它关乎的是认识角度，而不是某一学科的非首要性或者优越性，三个学科是平等的关系，它关注的是特定项目和特定方法在何处交叉的问题。例如历史学和文学交叉，当历史学家从事文学分析时，结果可能是一个文化史项目；如果一个文学家从事历史分析时，结果则是文学史本身；当文学评论家遇到历史学科时，他的研究项目可能侧重于接受理论。除此之外，在历史学和文学交叉的边界，还可能会形成印刷文化研究、文化研究和女性研究。跨越文学和目录学的学科边界，会形成文本社会学、作者身份及创作研究、读者身份研究和作者目录学；跨越目录学和历史学的学科边界，会形成单种书的历史、出版史、书业史和版本目录学。在豪萨姆看来，两个学科两两交叉就会形成跨学科研究的一个新方向，而且这些新的方向是有据可循的，作者将相关的研究项目与这些新的方向一一对应，以证实书籍史跨学科图景的科学性。尽管如此，在书籍史研究实践中不可避免地存在学科间饱受争论或相互嘲讽的现象。对此，豪萨姆认为不应过分强调学科间的壁垒，历史学、目录学和文学这三大学科都有自己的方法论和研究视角，不同学科的研究者应本着尊重和宽容的态度相互借鉴，以促进书籍史跨学科研究的实现，正如作者所说，“在诸学科交汇而成之处，书籍史研究得以定位自身”。

在第三章豪萨姆分别引用、讨论和批评了历史中书籍位置的四种模式。首先是罗伯特·达恩顿的“传播循环模式”。为了规避书籍史跨学科性的喧嚣，达恩顿提出了他的传播循环模式，传播循环从作者到出版商、印刷商、承运商、书商直到读者完成整个循环，循环路线中的每个节点都与各种因素相联系，尤其是社会中的其他因素：经济与社会形势、思想影响与知名度、政治与法律保障，循环路线中的这些节点和相互联系的各因素共同塑造了书籍的传播循环过程。豪萨姆认为达恩顿的传播循环模式是一种关于传播、关于人与人之间关系的模式，人与人之间的关系是靠他们在特定时间、地点进行的图书贸易行为连接起来的，这一模式在他的《启蒙运动的生意》一书中得到了很好的体现。但达恩顿的这一模式引起了部分目录学研究者的批评，责备他把目录学和历史学区别开来。在目录学者坦瑟勒看来，目录学是“历史学本身的一个成熟分支”；而在历史学者看来，他们不接受目录学是历史学分支的观念，而认为目录学是一种在同类学科中可供借用的有价值的方法。历史学家关注书籍作为人类动因、作为历史中的一股力量，关注书籍在历史语境中的传播，关注的是作为一种“交易”的书籍，这些问题关注点和达恩顿有着同样的理解。托马斯·亚当斯和尼古拉斯·巴克作为目录学家的代表，在书籍史研究备受关注时，他们为加强目录学作为一门学术科目的地位而努力，避免它被贬损至辅助性角色而成为其他学科的“侍女”。他们的努力体现在创造了一种直接与达恩顿的传播循环模式展开竞争的书籍史研究循环模式，他们指出达恩顿模式“是在和人，而不是书籍打交道。它关注的是传播史”，“对于那些关注书籍总体意义的人来说，它有其局限性”。亚当斯和巴克的循环模式以书籍的循环为中心，而不是以和书籍打交道的人为中心，间接地与书籍相联系的要素位于书籍的外部而不是中间，他们的循环模式颠倒了达恩顿模式中要素和力量的顺序，他们认为书籍诞生的第一步是决定出版，而不是文本创作。虽然他们的模式是“静态的地图”，但他们的模式触及了达恩顿模式的严重弱点。在达恩顿模式中，当书籍实现了在读者和作者之间传播的目的时，它就自我终结了。对于收藏者来说，如果获取书籍的目的更多的是保存而不是阅读，他就和任何其他购书者别无二致。他们的模式还考虑到了书籍的韧性，它们趋向于不仅以原初形式存在，而且还会经历向新版、修订、翻译、删节、重述和其他格式的转换，所有这些又都反过来受制于它们自己的生存和转换模式。彼得·D. 麦克唐纳在《英国的文学文化和出版活动（1880—1914）》一书中采用了达恩顿的研究模型，并借用了皮埃尔·布尔迪厄的文化理论对达恩顿模式进行了调整、拉伸、增倍和变形，最终得出了一种非常有用的方式，可以思考文学创作何以成为我们称为书籍的物质和商业制品。麦克唐纳主张要将文化理论运用到更广阔的作者、读者和出版商的社会网络中，揭示了作者或出版商在“文学领域中的非话语地位”，也就是他们在文学话语之外的社会经济地位的价值。麦克唐纳把书籍史用作重新思考和重新书写文学批评的方法，而且这种方法还十分奏效。最后，詹姆斯·西科德则通过《造物的自然史遗迹》这一部书籍的历史，专注于书籍的生产和作者身份，而不是阅读，他认为一部被广泛阅读的科学著作是一个很好的“文化追踪器”。西科德对书籍史研究的贡献是巨大的，就怎样理论化书籍在特定文化中的运作方式提供了新的见解。他引入了“文学复制”的概念，他认为文本就像细胞一样进行着自我复制，但其中有所变化，和生命体一样，书籍也从一种状态演变到下一种。书籍复本是由印刷厂的技术再生产出来的，但是只要检查版本顺序，就会发现再生产并不意味着精确复制，因此，他强调：“文本的稳定性即使在同一个版本中也很难实现。”西科德从科学史的角度介入书籍史研究，他的贡献不是孤立的书籍史，而是体现在对另一学科领域的学术研究极为重要的问题中。从他的研究中，豪萨姆受到启发引出了一种新方法，即将书籍用作一种智性方法和开启阐释可能性的方式，也许这种学术研究比那种为了书籍本身而专注于书籍复杂性的研究更有成效。

在第四章中，豪萨姆从学科三角转向到历史学科本身，讨论书籍史在历史学科研究中可能涉及的层面和议题。首先是在历史学科中定位书籍，历史学家对书籍的研究主要集中在动因问题上，历史学家将书籍描述为历史中的一股力量，人类动因是这种描述的核心。其次是分期问题，作者认为对书籍文化的研究必须关注其自身复杂的分期问题。再次是书籍的地理因素问题，作者认为书籍作为传播媒介不受国界的限制，民族国家可以成为适当的框架，但对书籍的考察不应被束缚在民族认同的框架之内，可以对书籍进行跨国界的研究。最后作者蜻蜓点水式地谈到了图书业的政治和经济问题，政治上主要表现为国家的审查权，经济上强调图书业的本质是商业性的。

第五章中作者先陈述了伊丽莎白·爱森斯坦的观点，她认为印刷技术将重要作品的文本“固定”下来，具有话语权威性，并引出历史学家约翰斯、目录学家麦基特里克和文本编辑马尔库斯（三者被视为三个核心学科的典范）与这一观点的辩论，他们都反对文本的固定性，认为文本具有可塑性和易变性。最后作者回到跨学科的视野，对那些对历史语境中的书籍感兴趣的学术学科之间的界限和张力提出了质疑并围绕“书籍史是否可能？书籍史是真的历史吗？书籍史是为了什么？”三个问题进行了分析。对于“书籍史是否可能”这个问题，豪萨姆虽没有明确作出回答，但她指出书籍史的目的是通过揭示和分析文学、信息、意识形态和其他作品在过去的文化中被创作、传播和接受的一种方式，来阐明这些文化，显然也是指明了书籍史的可能性，通过历史语境中的书籍探索史多的可能性。对于“书籍史是真的历史吗？”这个问题，豪萨姆肯定地回答了，她认为历史学科视书籍史为历史，因为它提供了大量证据，洞察着过去人们的活动，他们的心灵状态和看待事物的方式，他们对权力的抗争、对生活节奏的体验等。对于“书籍史是为了什么？”这个问题，豪萨姆借用了约翰斯的回答：与文学或制品无关，甚至也与传播无关，而是为了知识，“一个合理的答案在于书写和印刷材料在知识构成过程中所起的作用。书籍史的意义重大，因为它描述了知识被产生和利用的条件”。同时，在本章中，豪萨姆还表达了她对书籍和印刷文化研究中学科边界定位的担忧，同时她提出问题：“书籍史是否应该，以及如何被制度化？”对此作者鲜明地提出了自己的观点：历史学家没有必要为了书籍的学科归属权而与目录学家或文学学者争论不休，在开始书籍和印刷文化之前，读者和学者应该确定自己所处的学科领域，本着尊重和宽容的态度来讨论跨越学术边界的差异问题。

二

可以说，豪萨姆的《旧书新史》是一本文献综述式的著作，她援引了各学者的书籍史研究并加以评述，从中提供一些可供书籍史研究者学习和参考的研究方法和范式。但在她这本篇幅不长的书籍史理论著作中，仍然存在一些值得商榷和被忽视的问题。

在描绘跨学科图景这一章中，作者根据文学、目录学、历史学三个学科进行边界跨越，每两个学科相交叉便形成了书籍史的新的研究范式，但在这些研究范式中，是不是所有的范式都是符合书籍史研究范畴的？这需要引起读者和书籍史研究者的注意和深思。比如沿着历史学/文学维度而形成的文化史研究和文学史研究，作者分别援引了司格特·E. 卡斯帕的《构建美国生活：十九世纪美国的传记和文化》和玛格利特·J. M. 伊泽尔的《女性作家文学史》来证实文化史研究和文学史研究的存在，但从这两个案例中我们无法将其与书籍史联结起来，显得有些牵强附会。因此，豪萨姆的这种三角形模式的严谨性是值得商榷的。

另外，对于书籍史研究来说，书籍背后的政治权力关系以及书籍背后的社会经济因素应是重点考察的角度。但在《旧书新史》第四章中从历史学的角度去探讨书籍史可能的研究层面和领域时，作者浅尝辄止式地谈到书籍与权力的关系以及书籍与经济的关系。“书籍史难免具有政治性——这既表现在它的关怀，又表现在它的影响，而书籍史的撰写不免引起政治评论。媒介和社会的关系在本质上无疑是政治性的，从古至今，对舆论和传播方式的控制，向来都对基本的自由构成威胁。”[1]由此可见，在书籍史的研究范围中，政治权力应是重要的类型之一，就像詹姆斯·雷文所说：“不同行为主体所进行的不同控制方式如何影响书籍的生产和传播，这是书籍史古而有之的一大课题。”[2]商业属性是图书业的本质，“如果没有对原料、人力成本、印数、销售和价格的研究，书籍史中的何人、何物与如何进行的问题根本无从解释”“经济史的运用一直是书籍史未充分开发的资源”[3]，因此在书籍史研究中，经济因素应是不可忽略的一个类型。

另外，在本书中，作者着重强调了书籍史的跨学科研究，但忽视了书籍史的跨国界研究，作者在进行书籍史的方法指引分析时，援引的案例都是欧美书籍史研究的案例，没有提及欧美以外的书籍史考察，比如亚洲国家的书籍史研究。因此，作者在本书中所提出的部分研究方式在应用到中国书籍史研究领域时是否存在缺陷，这种他者视角是否会水土不服，需要我们注意和思考，并根据自己的研究需求做出适当的取舍。

三

豪萨姆的《旧书新史》“篇幅不长，也无意于博大”，在内容上囿于她自己的经验和学养，但她在《旧书新史》中的理论指引仍然具有很强的启发性。比如她在谈及读者身份研究时，援引戴维·艾伦以苏格兰启蒙运动为背景的阅读史论文进行论述，提供了可供阅读史研究参考的方法：到材料文本的页边、她的日记或她的摘录中去寻找读者的笔记，而不是在文本中辨识出一个理论化的读者。当定位对单独某本书籍的研究时，豪萨姆认为可以使用档案和目录证据，来将某部作品的写作、生产和接受史置于其所出现、存留的文化中。

在豪萨姆看来，在过去的时代，争夺书籍“归属权”的主要学科是历史学、目录学和文学学科，但它们绝非全部，还有其他学科（比如传播学、地理学、政治学和社会学）和交叉学科（文化研究、古典研究和中世纪研究、妇女研究、美国研究、英国研究、加拿大研究和排满了整个字母表的“区域研究”）可以映射到这三种核心方法上，而每个学科又分为更狭小的领域。每个学科的实践者都对过去提出了不同的问题，而且确实在以不同的视角理解历史和书籍。由此看来，书籍史有着足够宽广的研究视角，它所触及的学科范围也十分广阔，我们不必急于对这个“未形成的学科”制度化。豪萨姆强调书籍和印刷文化研究中存在学科界限，并不是想要建议每位学者都要学习这三个学科的方法和问题。相反，她是想呼吁相互尊重。她认为不同的学科之间不必要争论不休，去划定书籍史的学科归属。她引用了辛蒂娅·克莱格的话："进行跨学科学术研究……需要谦逊地面对目录学、历史学和批判理论实践的悠久传统，并乐意承认和吸收这些先进成果，以及通常鲜为人知的方法。"

因此，在本书中，豪萨姆给读者和书籍史研究者带来的最大启示应该是她对书籍史研究的跨学科定位和研究立场。无论哪个学科，在开始研究书籍和印刷文化之前，都应该确定自己所处的学科领域，本着尊重和宽容的态度来讨论跨越学术边界的差异问题，把书籍视为一种智性方法和阐释方式，从不同的视角对过去提出问题，并通过历史语境中的书籍去阐释书籍以外却又跟书籍密切相关的历史，以此探索更多历史的可能。

注释：

[1]［英］詹姆斯·雷文：《什么是书籍史》，孙微言译，北京：北京大学出版社，2022年，第141页。

[2]［英］詹姆斯·雷文：《什么是书籍史》，孙微言译，北京：北京大学出版社，2022年，第100页。

[3]［英］詹姆斯·雷文：《什么是书籍史》，孙微言译，北京：北京大学出版社，2022年，第91页。

（龙亚莉，华中师范大学文学院文化传播学2020级博士研究生，湖北民族大学文学与传媒学院讲师）

数字出版时代立体书的发展

涂雨秋

数字时代人们的阅读选择越来越趋于多元，传统纸质图书在与其他阅读媒体竞争中有所式微，随着电子纸阅读技术的不断革新，手机、iPad 等阅读媒体渐渐吸引了越来越多的眼球，传统的纸质图书出版面临着前所未有的挑战。书籍的形态和种类都在改变，传统的阅读方式已经无法满足不同类型的书籍阅读需求，这就注定了传统的纸质书籍的形态与设计也要不断进行创新与变革。立体书打破了传统的书籍二维呈现模式，以三维立体设计成为数字出版时代与电子书最有竞争力的纸质图书品类，并逐渐成为数字出版时代一股重要的新兴出版力量。

一、立体书的兴起与发展

立体书的历史可追溯到 13 世纪，英国历史学家马修帕里斯（Matthew Paris）制作的从英国到耶路撒冷朝圣的地图，被认为是最早的立体书。文艺复兴后，西方医学界也大量利用立体书原理编制解剖学类教科书，用立体书的概念制作园艺教学用书，表现花园景观的层次及三维空间概念。18 世纪的英国成为立体书的桥头堡，人们着迷于机械的组装与运转，便将对机械原理的特殊喜好反映在立体书的设计上。于是，立体书开始以“折页”的形式出现，接着是采用拉动书籍中的小机关——小纸片来改变平面图画的图形效果，从而形成交替变化的场景。于是可以初步地理解，在书籍设计中，将书页中加入可动机关或透过书页开合能展开立体的书籍被称作立体书（“pop-up”）。19 世纪在印刷术的推动下，立体书迎来黄金时代，但这时的立体书价格昂贵，更多为欧洲的贵族享用的专利。第二次世界大战后的20世纪五六十年代，市场上出现许多元素新奇的立体书，越来越多受到大众的关注。20世纪60年代中期，华利·亨特（Wally Hunt）创立的“图像国际公司”（Graphic International）开始在美国开展儿童立体书的业务，1975年创办的“互视国际公司”（Intervisual）则将立体出版物作为其主要产品，顶峰时期每年生产2500余本立体书，他也被尊称为现代立体书出版的创始人。此后，立体书的出版在欧美得到广泛认可。在我国，立体书率先在中国台湾地区出现，20世纪80年代市场上已有立体书的流通。而真正引起中国出版市场对立体书关注和重视的是香港设计师刘斯杰设计的《香港弹起》（*Hong Kong Pop Up*）和《中国弹起》的出现。内地近年来立体书出版也有所发展，大约以平均每年10%的速度在增长。安徽时代出版集团提出“打造中国第一家玩具书出版基地”的旗号，向市场推出了多款儿童立体书，正在积极占领内地立体书出版高地。其他如陕西旅游出版社、接力出版社、深圳报业集团出版社等也在积极推出相关产品，进军立体书出版市场。如今的出版市场的立体书已不再局限于单一材质或立体的结构设计，而是向多面向的结构设计延伸，通过设计师的想象力与创造力带给读者多重的视觉体验。立体书成为传统出版物在数字出版浪潮下焕发出新生的新型出版形态。

二、数字出版时代书籍形态的重塑与突破

数字出版时代并非单纯指传统出版流程受到数字技术影响，而是在出版思维与出版物产品形态上发生变化。数字媒体改变着人们的阅读习惯，同时也改变着出版生态。

书籍是表达思想、传播知识、交流经验的工具，书籍的形态是作者、出版者、编辑者、设计者、印刷者和装订者共同完成的系统工程。书籍的形态兼具外形美和内在美的结合，并且书籍的形态反映一定社会、一定时期的生活状况和意识形态，是随着时代的发展而产生相应的变化。媒介技术的发展使书籍的设计手段也在提高，印刷材料也不断更新，人们的审美眼光也在不断成熟，对于书籍形态在数字出版时代的塑造，需要探索出一

种既具有传统到现代以至未来书籍构成的外在与内在、宏观与微观，并呈现出充满传统意蕴和现代感的书籍的新形态。

书籍的内容必须依赖一定的载体才能呈现出现，而不同的载体又产生了不同形态的书，日本设计家原研哉在《设计中的设计》一书中说："今天，纸已经不再是媒介的主角……书籍作为信息的一种载体，确实已经有点过时了：又重又厚，而且容易变脏，也容易被风化。如果用数字出版，用数字媒体存储的话，一本书的内容只需要小小一块记忆卡就可以做到。"但是，纸质书具有与其他艺术完全不同的欣赏形式：它具有物质性、时间性、空间性、流动性。信息并不仅仅需要被大量保存和高速地移动，当承载信息的书籍，用合适的重量与厚度，并且手感良好的材料来表现，便可给人带来良好的使用感和满足感，纸质书独有的阅读体验，是至今任何高科技装置都无法比拟的，这也是由纸这一媒介带来的书籍的特殊魅力。纸张使内容物化，使之成为"书籍"，并且可以让人拿到手里进行触摸产生触觉，触觉的舒适会给人带来阅读上的心理满足。

理论和实证研究都告诉我们，如果文本的物理分布特征能以空间呈现的方式表现在思维之中，对阅读的理解是有好处的，印刷品的读者能够"看到并触摸到（全部文本的）空间的延展和物理的维度"，这让读者能更好地理解。更进一步说，如果能在纸平面的空间中加入立体的元素，真正全方位地阅读、触摸、把玩、感受，就更能体现出纸质书的特质和优势。因此，立体书是数字出版时代完美的书籍形态，具有调动读者视觉、触觉、嗅觉、听觉、味觉的功能。立体书作为一个三维物体，有其自身的重量及尺寸，立体书在翻阅中，书籍切口呈现出多变的立体空间形态，对此进行合理有效的利用，势必扩展书籍的平面设计容量，为信息传达与审美愉悦的有机结合提供更为广阔的空间，可以通过人们的翻阅更好地实现信息传播与审美愉悦。

三、立体书折射时代的阅读文化

书籍形态可以反映时代精神。书籍是社会的一面镜子，生活方式和阅读方式的改变也会在各种书籍形态中流露出来。在人类文明的演进过程中，人类的阅读文化也随着社会发展而不断变化，媒介技术的发展必将从不同方面影响人们的阅读文化，数字出版时代阅读文化由阅读向悦读转化。

书的魅力很大程度就来自它的物质性，书的物质性可以让读者与纸张亲密接触，读者通过与纸张的互动，在翻页的过程，打开与闭合产生循环，立体书带来的全新阅读体验使全民阅读时代的阅读文化变得富有温度，毕竟书籍的形成是由阅读而不是技术决定的，而立体书在创作中加入纸的工艺与技术等部分，让读者可以在基本的阅读行为外和书本有进一步参与互动的空间。立体书虽然在外观上与一般的图画书无异，但当翻开书页时，可在页面上自行展示三维空间造型，还包括运用拉动、翻转、旋转、跳动等方式在平面图像上改变视觉效果的可动书。读者在翻阅时，可与书籍产生互动，而互动性也是当前这个时代最重要的阅读文化的特征，读者的参与和互动可以有效地加深对书籍内容的印象。

电子书只剩下一种视觉界面，而立体书的立体造型突破了以往平面阅读的限制，而翻、转、拉等可动式立体结构设计则突破一般图画书单向输入的形式，和读者产生一连串的互动，这使书籍的形式有了更多的可能性，并提高书籍主题的明确性和可读性。用眼去看，用手去翻、掀、折，用心去探索；先追求的是视觉上的彩色图文并茂。让书页自己动起来，内容跃出封面，知识立体鲜活了，视界大惊奇。立体书的阅读是种惊喜的新体验，因为每个人都可以跟书玩在一起，而且能让死板的画面和文字鲜活、蹦跳地动起来，使得书变得有生命、有活力。看书者与书页上的图像、文字、故事间均有了互动的关系，阅读已成为一种可以操控的互动体验的知性之旅。

四、立体书有强烈的精神体验和想象空间

书籍承载着人类丰富的精神与思想。数字出版时代电子书盛行，但是电子书的出现并不意味着纸质书籍的消亡。从价格、实用和便于携带的角

度看，纸质实体书籍仍有优势。纸质书可以供人们随心所欲地反复阅读和使用而无须其他附属设备，是人类消遣、学习、研究和传播知识、信息、思想最为便利的媒体。英国出版学家昂温曾经说过：“对大多数人来说，书籍在进行思考和内心交流方面所能带来的乐趣，是其他任何形态传播媒体所不能取代的。”

依托于纸这一物质载体的立体书的阅读，不仅仅是视觉阅读，其实质还包括形态阅读、触感阅读、交互阅读、聆听阅读等，即使是视觉阅读，也有图片、字形、编排、空间、节奏、层次欣赏，还有信息戏剧化设计语言和语法领悟，甚至还包括联想、启迪、展现以及阅读美感精神体验。数字出版中的电子书没有了纸质书的触感、质感、量感等实体感觉，更重要的是，它没有纸质书特有的实体形态带来的各种感觉体验时间来容纳思考，更不可能在体验时间内引导思考。立体书因读者手眼配合地翻开、拉开、弹出等方式必须主动参与其中，思考的精神体验也因触及它的实体存在而存在。

人类的想象是经由感觉与知觉经验的再现，因此，要丰富读者视觉阅读的感受，首先要丰富其感觉与知觉。在视、听、触、味和嗅觉五种感官能力中，视觉的感受尤其能增强读者的感受。丰富的想象力经由直接或间接的体验而来，体验愈多，想象力才能愈丰富，立体书可以让读者有更多的机会去体验。不同于静态的图书，通过折合、跳立、拉开等立体造型与可移动式设计，图书的内容需经读者亲自操作才得以延续与完成。立体书的翻书体验与欣赏戏剧相似，在书籍有限的内部空间里会有场景的呈现，它不是一个单个的个体，也不再是一个平面，它兼具跨越时空的信息活体群，具有多重性、互动性和时间性，也就是说在通过层层云集的信息的近距离翻阅中，让读者在与书的接触中，真正感受到书中赋予的真实体验。立体书带给读者的精神体验不同于电子书通过鼠标单纯的点击或者手指在屏幕上的点动，翻开是手指的精巧动作，是真实触觉的体现，突破以往的平面排版思维，给读者带来更多的想象力。

立体书超越了传统平面图书的呆板形式，在书籍内容、互动体验、立体空间方面提供了多元化的设计；立体书的功能除了以生动和创意的方式描述内容外，它更可以引导读者由立体书版式设计及纸张的折叠和切割的变化，引发视觉上的注意力。读者在阅读时，能同时感受到更多视觉变化与互动的体验，特别是视觉上感到新鲜有趣，就可引发读者无限的想象力。

五、立体书兼具审美价值与收藏价值

一本书的好坏，除了它的内容，还要看它的形式美、材质美，实现内容与形式的统一，立体书可以最大限度实现书籍的实用功能与美观功能的完美统一。立体书，“与生俱来”的自带优势也正在于“立体”和“书”的组合。立体，突破了传统的二维平面设计限制，丰富了图书的表现手法；于是读书因此变成了一种沉浸式、体验式、互动式的多重感官活动。而立体的形式，又不限于跃然纸上的弹起，还有翻翻、拉拉、转盘、触摸等工艺，综合在一起形成的立体书认知范围和艺术效果，也可算一种美的享受和感知。

阅读是一种动态的时间过程，这种动态性体现在读者翻阅浏览图书的每一个瞬间。从打开封面、环衬、扉页，到细细品味每一个段落，时间随着空间而展开，浏览翻阅的过程成为多感官的审美体验。

在关于书籍审美的进程中，“中国最美的书”的评选活动无疑起到了积极的作用，“最美的书”强调美的整体性、综合性和前卫性。立体书的设计模型比传统的书籍复杂，制作成本和工艺水平都较高，这就使得当前出版市场上流通的立体书不只是发挥图书的商品属性之用，还要兼具审美属性。美是视觉，也是触觉。2020 年由电子工业出版社出版、纸艺造型师王伟及其团队打造的立体书《打开故宫》爆红，《打开故宫》在形式与内容双双下足功夫，以匹敌故宫本体精华的内容量，在 3.2 米的纸张上立起 10 个宫殿建筑群，将思想性、商业性和艺术性统一，成为近年百花齐放的立体书苑中的经典之作。2022 年由人民文学出版社携手“中国立体书第一人”王伟设计的《复刻大观园：红楼梦立体书》，使立体书在中国立体书出版市场大放光彩，该书以清代孙温绘全本《红楼梦》为原型，打造出了一座立体的大观园，展现出了大观园的建筑之美。打开大观园立体书，可观潇湘怡红，览天仙宝镜，赏秋窗夜雨，品梅雪烹茶，该立体书将《红楼梦》的建筑之美展现给了更广泛的读者群，一上线便广受好评。一般书籍由文字插画来塑造想象美学，而立体书则是由立体纸艺创造视觉审美，产生很高的艺术审美享受。而极具审美价值的立体书往往都会成为艺术品，具有审美属性的同时，也具有艺术的收藏价值。因此，立体书既是传统出版业的新宠，也是数字出版业的骄儿，立体书代表了美的创造，兼具艺术审美与收藏价值的立体书是数字出版时代未来纸质书籍的发展方向。

六、数字出版时代立体书良性发展路径

（一）可视性与可读性的统一

今天的书籍设计行业也是日新月异，把它说成书籍艺术或许更恰当，不论是书籍的外观还是内在的形式，都已经超越了书本身的价值，好的书籍设计使得书的内容更吸引人，并大幅提升书籍的艺术品位，甚至还可以让书的销量大大提高。

立体书在进行设计时，要把握好可视性与可读性的特点。可视性是为了让读者一目了然认识该书，可读性是要便于读者阅读。书籍设计不应只停留在视觉美感这一表层，立体书的在延长读者的关注时间时，也要避免读者产生感官疲劳感。

书是一种媒介，书籍形态的设计要基于“书籍”这个媒介的特点而制造“信息”同“人”接触的“界面”，它是一些“界面”的组合体，关注的是一本书承载的信息。如何让信息“合适”地传达给接受者，让“界面”合乎信息本身，让人适宜接受，是一个设计者的责任。人们通过眼睛发现一个物体，看到一本书，感知它的体积，猜想它的材质、重量，通过手的接触，感知物料肌理，拿起来，知晓它的重量，翻开，通过视觉发现下一个开始，与其他感官配合完成感知，确认循环。如果各个感知“界

面”均符合信息内容本身，最大限度地适宜接受者，那么这个媒介就发挥了它最大的作用。一本书涵盖了各个感知面的“媒介”，它不只带来视觉感受，还应有量感、触感、质感等各种感受。海德格尔曾经说过：“空间中多个要素属于空间，但并非就是空间本身，而是各个要素相互作用中构成了空间的概念。”[1]立体书的设计除了要考虑各个感官的接受方式、接受习惯而创造多种、多个“界面”外，还要将占用阅读者的有效时间因素考虑进去。立体书求美的同时还要适宜阅读。好的立体书设计首先要考虑书籍作为一个实在之物在空间中的形态：它的体量、视觉张力、静止的体态语言，要有足够的请求接近感，在空间中扎实的“存在”，且必须完成“书”的使命。因此，立体书的设计应该承载着可读性的知性力量，而非仅仅具有“漂亮躯壳”的可视性，在注重美感时，更要关注设计的整体结果给予读者的感受价值。

（二）传统性与现代性的统一

一个国家的强大，文化的力量不可忽视，即软实力的体现。出版是重要的文化内容，立体书是新时代的纸质阅读文化的代表物，书籍设计是西方现代性的产物，立体书的设计在汲取西方现代设计意识和手法时，不能只是片面追求设计方式的现代、前卫，更不是设计师个性的即兴宣泄，在书籍设计的创作中，要研究传统，适应现代化观念，只有植根于本土的文化土壤，利用本土文化资源，才能准确把握设计主语，构建出中国现代书籍形态的语境，从而设计出能够体现东方文化精神的书籍来。

（三）艺术性与实用性的统一

自 16 世纪以来的 300 年间，图书的社会地位发生变化，它成为大众交流中不可或缺的媒介，为了便于阅读，书籍制作者开始注重设计的成分。“书籍之美”的意识作为独立的书籍设计艺术观念开始于 20 世纪初，20 世纪 20 年代，在法国兴起了一股艺术家做书的热潮，书成为画家展现自我的独特艺术“花朵”，一些优秀的出版家、画家、文学家、诗人一起共同作业，怀抱着“书可以做成各种各样”的信念，围绕自己的主题进行创想。书不再只是阅读的工具，也是艺术的一种门类。古人云：“书之有装，亦如人之有衣，睹衣冠而知家风，识雅尚。”清人叶德辉在《书林余话》中提出了综合衡量书籍价值的标准：“凡书之有等差，视其木、视其刻、视其装、视其缓急、视其有无。”立体书的设计从外观上已具备了区别于其他同类出版物的显著标识，从普化走向了个性。书籍有着漂亮的外观对于阅读者来说，总是件赏心悦目之事，但仅仅以艺术个性呈现为目的，过于浮华之美无疑让立体书缺乏生命力。书籍毕竟与绘画不同，它的根本用途是引人阅读，是“实用的艺术”，这就决定了书籍“美”的境界是“艺术”与“实用”的和谐统一，是完美地展现书籍的内容，因此，立体书的设计艺术与实用相融合，才是书籍之美最好的呈现，也才能实现“书籍有生命力”的延续。

结语

“作为一个有重量感的 object（物体），一本有着实体的书，它在‘这一侧’的空间里占据着一个实实在在的位置。手的触感、纸的质感、印刷的文字，还有版面设计那震撼人心的力量……这一切的相辅相成，形成了眼花缭乱的存在感。”[2] “这一侧”是相对存在于液晶屏幕“那一侧”的空间而言的，这个扎扎实实的“存在”决定了书籍是时间的雕塑，看得见、摸得着的实体。在数字出版时代，书籍形态的发展离不开书籍设计，一个好的书籍设计不仅能给读者以美的感受，提高阅读兴趣，并且能通过视觉的创新和结构的布置，赋予书籍深入人心的力量。当前出版市场上流通的立体书像魔术般迷人，未来书籍设计的发展还会更加多元化，互动性将成为吸引读者的卖点，数字信息技术将会被越来越多地运用其中。设计就像一块海绵，它吸收围绕在我们周围的一切信息（文化、历史、科技、时尚、语言等），吸取我们所看到的、触摸到的、聆听到的感受，并从未终止或减弱。因此，在未来的立体书发展中，设计占据了十分重要的一环，无论是选材、封面、版式布局还是整体的装帧方式，都能影响到人们阅读的体验。在当前纸书式微之时，探寻立体书作为出版新形态在未来的社会情境中的生存和发展显得尤为重要，立体书的良性发展不仅会为实体书迎来新的生命周期，还能重新提升全民阅读的温度。让立体书，留住阅读。

注释：

[1] [德] 海德格尔：《海德格尔选集（上）》，孙周兴译，上海：上海三联书店，1996 年，第 484 页。

[2] 胡守文：《书籍设计》，北京：中国青年出版社，2012 年，第 40 页。

（涂雨秋，华中师范大学文学院文化传播学 2021 级博士研究生，贵州师范学院文学与传媒学院副教授）

新闻，就是权力

——评《做新闻》

彭昱剑

回忆童年趣事，笔者记得曾有如此一幕：小时候，爷爷奶奶总是为了电视的观看权争来抢去。记得有次奶奶在看电视剧，正看到高兴处，爷爷一把将遥控器抢过来，换到新闻频道。

“一天到晚看这些有什么意思呢，搞得像新闻说的都是真的一样!”奶奶火冒三丈地骂道。

尽管奶奶只有初小的文化水平，但是这么多年过去回头重读这句话，却发现“没文化”的奶奶可能问出了困惑学界多年的问题——

新闻，是对现实生活的真实反映吗?

一、新闻是什么

1704 年《波士顿新闻信札》(*Boston News Letter*) 创刊，这标志着美国现代新闻业开端。由于美国历史较短，封建压迫相较于欧陆而言轻得多，且独立后得益于宪法第一修正案的保护，美国新闻业经历了繁荣发展。早在 18 世纪，它就给当时的诸多思想名家留下了深刻印象。例如，托克维尔在游历美国时，他惊讶地发现在这里“几乎没有一个小镇没有自己的报纸”。虽然他对当时的美国新闻业颇有微词，但仍坦承美国报纸与期刊的权力“仅次于最有权威的人民”[1]。就连马克思也赞叹：“你们可以在北美找到新闻出版自由的最纯粹、最合乎事物本性的自然现象。”[2]这种宽松自由的氛围令美国新闻业历经“独立报刊”“政党报刊”“黄色新闻大战”“小报热”等阶段后逐渐壮大，并在广播、电视等大众媒介兴起后凭借一战、二战这类关键时机，与美国军事霸权一道成为宰制全球的主要力量。

但也正是这种过于巨大的威力，以及国内新闻业在出版自由情境下的鱼龙混杂，使一些学人开始反思新闻在本质上究竟是什么、能为社会尤其是美国的民主制度带来什么。在 20 世纪前中期，报业与大众已经认识到“黄色新闻”就是给老百姓带来刺激、给企业带来利润的商品而已，不过从事严肃新闻报道的记者们仍普遍标榜“要像机器一样，不带偏见、色彩或风格地报道发生的新闻”[3]。换言之新闻业就像是一面镜子般不断映射这个真实世界，读者们可以放心阅读大众媒体中的新闻报道。

然而李普曼、帕克率先发难，认为新闻业并非想象中那般客观真实。身为美国历史上最知名的新闻人，李普曼（Walter Lippmann）在其经典名著《舆论》（*Public Opinion*）提出了著名概念“拟态环境（pseudo-environment)”，意即新闻界对现实的报道并非镜子般完全反映，而是经由媒介通过象征性事件或信息进行选择和加工，重新结构化之后向人们展示的环境。他还提出“探照灯论”，强调新闻业并非“有闻必录”，而是像夜晚的探照灯般，有些事件如果被照射到就可能被报道，有些则反之。

作为社会学芝加哥学派的创始人之一，曾经当过记者的帕克（Robert E. Park）对于新闻业有着更为深刻、系统的认知与论述。他首先通过对移民与报刊两者关系的考察[4]，认定前者对融入美国社会的需求催生了后者的繁荣，而后者又借由媒介内容反过来“同化”前者，换言之报刊实质上起到了社会控制（social control）的作用。紧接着他简要回顾了美国报业发展史，判断报纸是城市生活的产物，本地新闻对于民主制度而言是基本构成要素，但也由此而来报纸更加是一个政治机构（political institution)[5]。

尽管此后帕克一度放弃了对新闻的研究，不过二战的爆发，尤其是美国与法西斯势力之间的宣传大战，促使他再度投身其中。这一次他独辟蹊径地认为新闻是一种知识，虽是类似于“相识知识（knowledge of acquaintance)”的知识——传播速度短暂迅速、传播内容易懂理解、传播形式易于感知，像历史但又不是历史，更关注当下，孤立处理各类事件——不像科学知识那般严谨细密，但也在政治生活中占据重要地位（因为它能催生舆论），而且作为对事件的记录它还能有益于历史学、社会学、民俗学、文学等[6]。之后帕克又撰文两篇，强调新闻在政治过程中起着沟通与团结作用[7]、新闻对于鼓舞士气和动员民众至关重要[8]。

其实从上述两位学人的讨论已经可以看出，新闻没有想象中的那般客观公正。它与其说是镜子，毋宁说是戴着滤镜的眼睛：对真实世界有所加工，服务于特定目的，并控制人们朝某一方向行动。但问题在于，如果新闻真的像知识那样经由数人的智慧与汗水制造而成，那么整个生产过程是怎样的呢？李普曼与帕克似乎对此没有太多回答。

1950 年，怀特（David Manning White）在一篇论文中重点探讨了身为电讯编辑的“盖茨先生（Mr. Gates)”的把关行为。因为怀特发现盖茨先生常常会收到一大堆稿件，但最终只有十分之一的稿件能够被采用见报。经过对盖茨先生的访谈和自身的长期观察，怀特认为新闻的生产与传播中编辑的选择表明了很强的主观性，尤其是依赖“把关人(gatekeeper)”自己的一系列经验、态度和期望而做出的价值判断[9]。1953 年，朗夫妇针对电视进行了研究，表示看似不会撒谎的摄像机，实则仍通过技术偏见、播音员的结构化处理、互惠效应、观看习惯等途径利用新闻建构起现实[10]。其后布里德（Warren Breed）则以整个新闻编辑室（newsroom）为着眼点，考察了政策对于新闻生产的影响，发现尽管媒介政策并不清晰明确，但为了在细枝末节中感知政策（sensing policy），编辑室的新职员需十分遵守对上级的义务与尊重。而且新闻工作者的回报来源不是读者而是同事和上级，如若“他不再坚持社会和职业理想，而是将自己的价值重新定义为新闻编辑部团体的更务实的水平”，那么新闻人能获得地位上的晋升和团队愉悦的接纳。布里德悲观地认为：“新闻室的文化模式产生的结果不足以满足更广泛的民主需求。”[11]在此之后，有关新闻生产的研究亦有零星出现[12]。

然而仍有一些问题未能得到解决，譬如前述研究都是表明新闻生产都会受到干扰，但这种干扰究竟是属于剔除杂质更好反映社会，还是说建构另一套现实系统以控制认知，没有确切定论。还有，在采集信息的阶段记者是否做到如实记录？信源对信息的发布是否符合公开透明？在写作阶段中记者与编辑如何决定文风？即使编辑与记者完成了报道，但是否能得到顺利发行或播放？更何况随着战后美国政府对于传媒的控制力度加大，尤其是六七十年代美国内部民权运动风起云涌、外部深陷越战泥潭，整个上下面临着意识形态的大混乱，一切都被质疑，新闻业面临着巨大危机："一部分人不相信总统，另一部分人不相信报纸。而总统和新闻界双方都鼓励人们不要去相信另一方。"[13]这些都亟须学者们回答。

在此情境下，20 世纪 70 年代美国新闻界迎来了一批社会学人，他们深受组织理论的浪潮推动[14]，纷纷采用民族志研究方法深入到报社、电视台、广播室等一片片"田野"，开启历史上著名的新闻生产社会学黄金时期。而塔克曼的《做新闻》，就是这一背景下的产物。

二、新闻如何作为知识

为完成博士学位论文，1966—1968 年塔克曼前往一家电视台和一家日报进行了参与式观察，将田野笔记经过打磨后最终形成"News, The Newsman's Reality"一文并顺利通过答辩。她毕业后继续围绕新闻业展开研究，在经过对数位报纸记者访谈、对纽约市政厅新闻中心的观察、陆续发表若干论文之后，塔氏以博士毕业论文为基础，又结合此后十年间获得的各项材料和既有成果，最终写就《做新闻：现实的社会建构》[15]一书。由此可见，塔克曼对新闻业的洞察并非一朝一夕之功，而是花了大量精力深入探索。

那么经过十年苦练，塔克曼收获了什么呢？在中文版序中，她直言本书处理的核心问题是"一件事情如何变成一项事实"。换言之，世界每天都在发生着各种大小事，但有些事比另外一些事更引起了我们的注意。而在其间发挥作用的，就是新闻。在塔氏看来"新闻是通往世界的一扇窗"，"本书将新闻视为框架，探讨这一框架如何构成，新闻工作和新闻工作者又如何组织起来”[16]。意即，永远不要相信新闻人整天挂在嘴边的客观公正、无冕之王、第四权的说辞，他们是在制造现实而非描绘现实，并悄悄地服务于组织利益。

具体而言，新闻人与新闻组织是通过以下手段利用新闻构建起现实：

第一是在空间上，编织起新闻网（news net）乃至新闻毯（news blanket）。例如，新华社会在每个省设立分社，每个市又设立站点，每个站点的每一个板块（如民生、经济、文化）又安排若干名记者专项负责。在此情形下“细网格（通讯员）、拉伸强度高的网线（记者）和钢链（通讯社），三者相互交错，仿佛织就了一张新闻毯，将所有潜在的新闻网络其中”[17]。但并非所有的新闻都会被“捕捞上岸”，主编、部门负责人等会协商稿子的新闻价值。

第二是在时间上，对新闻进行类型化（typifications）。假设这样一个情景：今天的报纸头条还空着，因为有两条新闻，很犹豫放哪一条——一条是某国领导人遇刺，另一条是我国成功研发某关键性技术。如若我们是报纸总编，究竟该选择哪一条作为头条呢？在这种情况下新闻人就会将新闻进行分类，看它属于硬新闻、软新闻、突发新闻（spot news）、发展中的新闻（developing news）和连续报道（continuing news）中的哪一种。这种分类的背后逻辑就是时间，涵盖事件的安排节奏、传播的紧急与否、未来态势预测等方面。

第三是在信源上，尽可能靠近体制/组织而非普通民众。一般而言随着现代生活的发展，政府与企业在我们的生活中占据着越来越重要的分量，因此体制/组织往往会贡献大量的新闻。如若你能在体制/组织认识大人物，那你拿到独家新闻的可能性越大，即使是普通新闻，它的新闻价值也不会太小。对于普通民众，他们的生活往往看似缭乱实则十分相似，而且一般来说老百姓多为新闻线索提供者，想要深挖新闻还是得回到体制/组织。另外，靠近信源不意味着独占新闻，有时候得学会和同事、领导乃至于竞争对手共享新闻线索，尤其是那些有可能掀起一场风暴的新闻（例如水门事件）。当然拿到消息后不要着急发表，要记得进行事实核验。

第四是在呈现上，不同媒介对新闻有着不同的呈现技巧。报纸作为一种相较于电视更为严肃的媒体，上面的白纸黑字都要小心，例如塔克曼就提到对于引号必须审慎运用，到底是直接引用当事人话语还是表达强调抑或是讽刺，一定要慎之又慎，不然会给报社引来麻烦。而电视新闻的技巧相比之下则更为隐蔽，譬如镜头的安放位置、运镜的快慢节奏、拍摄角度的仰拍或俯拍、景别的近与远，都能在潜移默化中影响观众认知。

通过前述细致的分析加之案例呈现（第七章），塔克曼已经绝佳地证明新闻就是流水线上被建构与制造的工业品而已，它没那么崇高。如果《做新闻》就写到这里，塔克曼的学术贡献可能顶多就是起到类似文献综述的作用，总结前人成果之余再增添新材料予以证明，但若真是如此，那本书绝不可能有如今的地位。事实证明她的雄心不止于此，自第八章开始塔克曼从微观领域一跃至宏观层面，彻底揭露美国新闻专业主义的真实面目。

她首先回顾了美国新闻专业主义的发展，认为就“事实（facts）”这一概念并非一成不变，它在各个时期内涵均不相同：“对早期的通讯社而言，呈现事实指的是呈现符合订阅电信服务的报纸的编辑政策的信息。在南北战争期间，呈现事实意味着传递政府对战斗的描述，不论它们真实与否。”[18]至于事实性（facticity）与专业中立、客观性画上等号，那都是20世纪20年代的事，同样也非“从来如此”。在这一发展历程中，美国新闻专业主义逐渐通过“事实”在搜集、调查、核验、评估、阐释等方面的各种方法的确立，它建立起一套属于自身的“事实”系统，并“将自身看成社会现实的仲裁者”。如此，不是随便哪个人说的都叫“事实”，只有经过新闻专业主义认证的才是。

其次，在公私报道上，美国新闻业更倾向于报道公共机构而非私有机构。这一方面是因为新闻媒体公司自身就是强大的私有企业，它们是既得利益者，不太可能批判自身；另一方面，“维持公与私之间人为的分野，新闻媒体遮蔽了重要社会力量的实际运作”，这就令新闻形塑现实并正当化现状，美国老百姓逐渐失去批判思考的能力。

最后，塔克曼质问有宪法第一修正案赋予的言论自由与知情权，就是为谁所有、为了谁的利益。她举例若干有关案件表明，宪法第一修正案最终捍卫的实际是新闻媒体的权益，只要政府干预了新闻工作者的专业活动就是妨碍言论自由，只要媒体想要知道的事但没有知道就是妨碍知情权。而在另一边，新闻媒体打着公共利益的旗号大肆播放广告、“任务稿(must stories)”，面子与里子都赚足了。

塔克曼最终直言，新闻作为一种帮助我们熟悉情况、理解现实、指引行动的知识，其实本质上归根到底是一套“意识形态”：“当情境中的行动者的意图和利益相互冲突时，某些行动者可以支配更多资源，包括权力，他们更有可能将自己对情境的界定（definitions of the situation）强加在其他人身上。因而，某些社会行动者更有能力创造、强加并再生产社会意义，由此建构社会现实。相较于大多数人，新闻工作者更有权力建构社会现实。”[19]这套意识形态诞生于当前制度结构，为了维护利益的稳定来源，它又将再生产这套结构（这一行为可能是不自知的）。在此前提下，作为知识的新闻终究成为权力，“因为权力的行使有时候靠的就是在传播某些知识的同时压制其他观念”。

就此，美国新闻专业主义神话彻底破产，所谓的客观、中立、自由、事实，皆是披着虚伪面具的意识形态。

三、作为知识的新闻何去何从

经过一番缜密论证与大胆断言，塔克曼的《做新闻》一举成为新闻传播学的经典名著。笔者在谷歌学术上进行检索，截至2022年8月7日该书的引用量高达11156余次，这一数据从侧面折射出该书地位之崇高。

笔者认为此书之所以如此名垂学史，当是做到了以下三点：第一是研究方法创新。在20世纪70年代以前，民族志作为研究方法已经有着较长的发展历程，自身较为完善。但是运用到新闻生产中则较为稀少，塔克曼是第一批吃螃蟹的人。第二是理论资源创新。塔克曼作为社会学学生，对于社会学理论的运用可谓十分熟稔，尤以知识社会学与现象学社会学为最。特别是在知识社会学方面，她继帕克之后系统深入论证了为何新闻能作为知识，这无疑将新闻理论向前推进了一大步。第三是学术观点创新。新闻专业主义，或者说美式新闻观，一直以来都是美国对外文化输出、建立文化霸权的利器。然而塔克曼大胆戳破这一谎言，用科学论文振聋发聩地喊出“新闻即意识形态”这一真理，不可不谓冒天下之大不韪，堪称学者良心表率。不过，塔克曼的《做新闻》究竟是摧毁了美国新闻业，还是令其更强大，从现在来看当是后者吧！

当然，本书并非完美无瑕。从学科界限来看《做新闻》无疑是新闻生产社会学的佳作，但领域的深耕可能使得它失去了向更上一层——文化——迈进的可能，“如果我们打开这个领域，分析新闻、娱乐、体育乃至整个文化形式的整体，我们就会更接近于掌握整个意识形态的运动”[20]。也正是这种遵守界限所带来的，或者说塔克曼的田野调查与理论遵循太着眼于微观互动，《做新闻》未能关注到“更大的社会结构的某些方面，以及这种结构如何阻碍了工作场所的自由”[21]。这可能就使得书中对于新闻网的论证太过完美、其内部缺乏矛盾[22]，譬如说那些身份显赫、有权有势的信源如何干预这张网[23]？

除此以外，笔者认为本书还有两点值得深挖：一方面，塔克曼在第一章提及：“新闻在将寻常之事（mere happenings）转化为具有公共讨论价值的事件时，赋予这些事情以公共性（public character）……正因为新闻赋予各种事情以公共性，它应该被视为一个社会机构。”[24]笔者通读全书，塔克曼似乎将公共性作为新闻及其媒体的内在性格之一，无须讨论。问题在于，新闻被生产出来是一回事，能否具有公共性又是另一回事——电视、报纸上、网络上每天有着太多新闻，但真正能有多少被引起讨论，甚至仅仅是心中的共鸣呢？此外，谁来界定公共性？在多大程度上才算具有公共性，是一个小区关心这条新闻就视作具有公共性，还是得上升到全市、全省乃至于全国层面？那么只属于一小部分群体内部讨论的新闻，它也被视为公共性？如果属于，是否又有“小公共”与“大公共”之分？在平台与APP将互联网和用户撕裂、撕碎的今天，重新讨论数字时代的公共性将大有裨益，至少能让我们重访芝加哥学派的永恒议题——传播，如何让碎片化的个人（问题）“公共”起来？

另一方面，与新闻传播学对《做新闻》的热捧相比，本书在社会学界并未掀起太多涟漪，似乎有所“遇冷”。例如，笔者在谷歌学术上对该书的引证文献（即后续哪些文献引用了该书）进行查看，发现前10页大部分都是新传学科，少部分有管理学、政治学等。如若在引证文献中进行关键词检索，以“社会学（sociology）”为例，最终结果呈现仍以媒介社会学、新闻社会学居多，部分涉及文化社会学、早期社会学家对新闻与宣传的研究，至于知识社会学、现象学社会学对该书的讨论可谓十分稀少。就此结果，笔者向一位国内专门从事知识社会学研究的著名学者进行请教，他表示“这本书没读过”“社会学界（对这本书）读得少”[25]。作为社会科学的显学之一，新闻传播学一直受到社会学的惠泽，无论是理论还是方法大都来源于后者。但是，《做新闻》在社会学界的遇冷促使笔者陷入思考：社会学界为何不读、少读此书？往大了说，新闻传播学科又能反哺社会学什么？我们仅仅是单纯应用其他学科的知识吗？新闻传播学的学科独立性究竟在何处？针对这些议题，笔者欢迎各位同仁一起思考探索。

行至文末，笔者要特别感谢《做新闻》新版译者李红涛教授的译介之功——他不仅细究每个字词，反复揣摩是否准确、通顺，而且在文中增加的大量脚注帮读者增进了对美国新闻业的理解，加之邀请潘忠党教授所做的序言、李老师本人撰写的全书导读（几乎将塔克曼写作此书的心路历程完整复刻出来）、邀请塔克曼教授亲自写就的中文版序，为全书增彩不少。可以说能顺畅通读全文，并且尽可能掌握全书精髓，李洪涛教授的悉心翻译为我带来了极佳的阅读体验。如今此书在豆瓣读书上的评分高达9.2，足可见广大读者的认可。

塔克曼在中文版序文末谈到，她于20世纪60年代在布兰迪斯大学社会学系念博士的“这份好运气”，推动她完成了这部佳作。笔者也不禁感叹，能在21世纪20年代读到这份上乘译作也是好运。因为瞬息万变、高速发展的中国社会，为这片土地的新闻传播格局带来了极大革新。面对这份时代所馈赠的好运，我们应当赓续前人功绩、重思学科元命题，怀揣着一本本经典以创造属于中国的新闻生产社会学黄金年代！

注释：

[1][法]托克维尔：《论美国的民主》(上卷)，董果良译，北京：商务印书馆，1988年，第210页。

[2][德]卡尔·马克思、弗里德里希·恩格斯：《马克思恩格斯全集》(第1卷)，中共中央编译局译，北京：人民出版社，1995年，第2页。

[3] L. Steffens, *The Autobiography of Lincoln Steffens*, New York: Harcourt Brace, 1931, p. 171.

[4] E. P. Robert, *The Immigrant Press and Its Control*, New York: Harper & brothers, 1922.

[5] E. P. Robert, "The Natural History of the Newspaper", *American Journal of Sociology*, Vol. 29, No. 3, 1923, pp. 273-289.

[6] E. P. Robert, "News as A Form of Knowledge: A Chapter in the Sociology of Knowledge", *American Journal of Sociology*, Vol. 45, No. 5, 1940, pp. 669-686.

[7] E. P. Robert, "News and the Power of the Press", *American Journal of Sociology*, Vol. 47, No. 1, 1941, pp. 1-11.

[8] E. P. Robert, "Morale and the News", *American Journal of Sociology*, Vol. 47, No. 3, 1941, pp. 360-377.

[9] D. M. White, "The 'Gatekeeper': A Case Study in the Selection of News", *Journalism Quarterly*, Vol. 27, No. 4, 1950, pp. 383-396.

[10] K. Lang , G. E. Lang, "The Unique Perspective of Television and Its Effect: A Pilot Study", *American Sociological Review*, Vol. 18, No. 1, 1953, pp. 3-12.

[11] W. Breed, "Social Control in the Newsroom: A Functional

Analysis", *Social Forces*, Vol. 33, No, 4, pp. 326-335.

[12] W. Gieber, "Across the Desk: A Study of 16 Telegraph Editors", *Journalism Quarterly*, Vol 33, No. 4, pp. 423-432; L. J. Robert, V. C. Troldahl, J. K. Hvistendahl, "News Selection Patterns from A State TTS-Wire", *Journalism Quarterly*, Vol. 38, No. 3, pp. 303-312; W. Gieber, "News Is What Newspapermen Make It", in L. A. Dexter , D. M. White, eds. , *People, Society and Mass Communications*, New York: The Free Press of Glencoe, 1964, pp. 171-180.

[13][美] 埃德温·埃默里、迈克尔·埃默里:《美国新闻史——报业与政治、经济和社会潮流的关系》,苏金琥等译,董乐山校,北京:新华出版社,1982年,第728~729页。

[14] S. Stonbely, "The Social and Intellectual Contexts of the U. S. 'Newsroom Studies', and the Media Sociology of Today", *Journalism Studies*, Vol. 16, No. 2, 2015, pp. 259-274.

[15] G. Tuchman, *Making News: A Study in the Construction of Reality*, New York: Free Press, 1980;[美] 盖伊·塔克曼:《做新闻:现实的社会建构》,李红涛译,北京:中国人民大学出版社,2022年。

[16][美] 盖伊·塔克曼:《做新闻:现实的社会建构》,李红涛译,北京:中国人民大学出版社,2022年,第7页。

[17][美] 盖伊·塔克曼:《做新闻:现实的社会建构》,李红涛译,北京:中国人民大学出版社,2022年,第29页。

[18][美] 盖伊·塔克曼:《做新闻:现实的社会建构》,李红涛译,北京:中国人民大学出版社,2022年,第176页。

[19][美] 盖伊·塔克曼:《做新闻:现实的社会建构》,李红涛译,北京:中国人民大学出版社,2022年,第227页。

[20] T. Gitlin, "Making News: A Study in the Construction of Reality, by Gaye Tuchman", *Contemporary Sociology*, Vol. 9, No. 1,

1980，p. 99.

[21] M. G. Cantor，"Gaye Tuchman，Making News：A Study in the Construction of Reality，The Free Press，New York，1978"，*Sociology of Work and Occupations*，Vol. 7，No. 4，1980，pp. 503-506.

[22] J. P. Robinson，"Making News：A Study in the Construction of Reality，by Gaye Tuchman"，*Social Forces*，Vol. 59，No. 4，1981，pp. 1341-1342.

[23] J. W. C. Johnstone，"Who Controls the News?"，*American Journal of Sociology*，Vol. 87，No. 5，1982. pp. 1174-1181.

[24] [美] 盖伊·塔克曼：《做新闻：现实的社会建构》，李红涛译，北京：中国人民大学出版社，2022 年，第 9 页。

[25] 来源于笔者与该学者的私下交流，为保护隐私故隐去姓名。

附记：本文首发于笔者本人的微信公众号，收入本书时略作改动。

（彭昱剑，华中师范大学文学院文化传播学 2022 级博士研究生）

书籍史视域下的地方志研究

——读《中华帝国方志的书写、出版与阅读 1100—1700 年》

秦雅婕

地方志在中国有着漫长的发展历史。章学诚曾言："家有谱、州有志、国有史，其义一也。"地方志、家谱和正史被视作不同层级的史书，联结着家族、地方与国家三者之关系，共同构建起中华民族的史学大厦。

关于地方志的研究，史学家一般采取文献学的理论方法，沿着这条传统路径发展出"方志学"这一专门史学科，问题大多聚焦于地方志的编纂和整理。传统研究领域在当下已取得相当丰硕的成果，但以跨学科的视角综合考察方志的文本、物质形态及阅读情况的研究还有进一步扩展的空间。与既有研究相比，美国文化史研究学者戴思哲（Joseph Dennis）[1]的著作《中华帝国方志的书写、出版与阅读 1100—1700 年》[2]值得关注。该书采取书籍史的研究视角，将方志本身作为分析对象，从中挖掘与中国古代地方社会、出版业发展、阅读使用有关的文献信息，不仅为地方志这一文献类型开辟了新的观察视域，也为书籍史研究提供了新的史料素材。

一、地方志的另类考察：文本、物质形态及阅读

戴思哲以方志的"生命历程"为叙述逻辑，逐步梳理了 1100 至 1700 年间中国方志的生产与传播情况。其中，研究案例以明朝方志为主。全书共分为三个部分，分别探讨了古代方志的编纂动因、方志从生产到传播的全过程以及方志的阅读使用情况。围绕方志的生命史，全书提出了三个关键问题：何为方志？方志出版折射出怎样的地方政治格局和社会生态？方志如何被阅读与使用？在书籍史研究中，书籍被视为文本、物质形态及阅读

这三个要素的统一体[3]。围绕以上三个问题，三个要素，戴思哲对中国古代方志进行了多角度解读，提出了一些颇为独到的观点。

(一) 作为“媒介”的方志

考察书籍与社会的相互作用是书籍史研究的一个重要任务。罗伯特·达恩顿（Robert Darnton）提出“传播循环”理论，书籍以作者为起点、途经出版商、印刷商、运输商和销售商，最后走向读者。在循环过程的每一个环节里，书籍都会受到政治、经济、社会和思想文化等多种因素的影响。在此基础上，托马斯·R. 亚当斯（Thomas R. Adams）和尼古拉斯·巴克（Nicolas Barker）提出“以书籍为中心的模式”，进一步改进达恩顿的理论，强调围绕书籍本身而开展的人类活动：出版、印刷、发行、受容和保存。这五种活动同样会受到整体社会环境的限制和规范。戴思哲采纳了以上理论，首先就地方志的编纂动因展开探讨，论述了地方社会的统治模式和权力结构如何影响方志的出版过程。

方志由早期的图经、图志发展演变而来，并随着封建王朝的不断稳固逐渐成为中央政府了解地方情形的重要工具。同时，编纂方志也是朝廷试图将尚未开化的边缘地区纳入中央版图的一种手段。编纂地方志不仅可以将地方的口头历史转化为书面历史，还能给当地人提供文化实践的机会，由此促进地方文化的发展。四川的马湖地区在由土官管辖时，世袭的土官便会通过编纂方志来维护统治的合法性，从而为边缘地区争取到参与主流汉文化的机会。“方志标识着一个地方在中华世界秩序中的成员身份。”[4]《马湖府志》的案例表明，方志作为一种媒介，可以赋予边缘地区在政治地位和文化图景上的正统性，增进文化与行政之间的密切互动。

通过《马湖府志》的案例可以看到方志对边缘社会产生的影响力，而浙江《新昌县志》则得以洞见地方社会的权力结构如何影响到方志的编纂。《新昌县志》是政府官员与地方家族权力联合的产物。官员通过邀请地方精英参与方志编修，争取到他们在公共事务上的支持，以此建立起政治凝聚力；而地方精英也通过参与修志进一步巩固了自身家族的社会地位。戴思哲通过比照《新昌县志》从1477年到1579年间的不同版本，发现方志中收录的传记人物都与修志者有不同程度的血亲关系。吕光洵作为《新昌县志》主编，在方志中将吕氏家族的世袭极力延伸，并在传记部分插入了大量家族成员的详尽记载。可见，修志者是有意识地以编纂方志的方式来构建家族、姻族及地方之间的关系图谱。因此，戴思哲将《新昌县志》定义为“大族的公共族谱”具有一定的合理性，这不仅体现了普遍理念下方志与家谱之间的密切关联，同时也反映了地方家族在方志编纂上拥有很大的话语权力，他们甚至能够直接影响县志的编纂原则及核心内容。

通过《马湖府志》和《新昌县志》这两个案例，戴思哲不仅说明了编修方志对边缘地区确定统治合法性的重要作用，同时也证实了地方官员和精英家族在编纂方志上拥有绝对的权威和影响力。

（二）作为“流动文本”的方志

在讨论过编纂方志的动因后，全书正式进入方志“生命史”的考察，根据方志出版的流程依次论述了方志的纂修凡例、资料编排、刊印规范、传播市场和阅读使用等问题，在这一系列环节的求证里，又穿插了关于方志的资料来源、生产场所、刊印技术、修志资金等细节的探讨，还有与参与者相关的问题讨论，诸如修志者的报酬、刊印工匠的工作区域等。如此丰富的研究面向更需要扎实的方法论为指导。因此，在围绕方志出版展开讨论前，戴思哲首先基于方志的文本及物质形态提出了两个重要论点，从而保证了研究资料的丰富性及研究视角的跨学科性。

1．文本的整体性

在传统的中国社会史、经济史的研究领域，方志是一种广为人知的史料类型，但学者通常是采取专题研究的方式，对方志的文本内容进行节选，以便与其他类型的资料进行参照和比对。但是在戴思哲看来，方志中的各卷一旦从整体中被孤立出来，往往得不到正确的理解。同样以《新昌县志》的研究为例，只有将县志中涉及宗族信息的资料汇集在一起，再结合新昌县的族谱进行互证，才能发现方志的编撰者大多来自几个彼此联姻的家族分支。而县志的序言和整体的框架结构也能显现出大家族在修志过程中的主导权。因此，戴思哲认为，与用方志的个别卷帙来研究问题相比，将方志作为一项整体工程来理解或许是一种更值得尝试的研究方法[5]。它可以告诉我们关于社会地位形成、地区政府与家族活动的更多信息。

2. 物质形态的流动性

在提出对方志文本进行整体性研究的基础上，戴思哲进一步关注到方志的物质呈现形态，并据此重新解读了中国古代方志的概念及数量。学术界的传统观点倾向于将方志看作一种“经过长期发展、精心编纂和系统刊印后的成熟文本”[6]，但戴思哲更倾向于将方志视作一种随着朝代更迭、社会发展、技术进步而持续更新的“流动文本”。

戴思哲通过重新审视方志编纂的过程，发现不少地方志会由于中央政令、官员调任或地方学者的治学兴趣等原因进行长时段的增订和修补，从而形成了多种版本。版本的持续更新可以体现方志是“关于地方的一种活文献、一种累积性的记录，就像族谱是关于家族的累积性记录一样”[7]。因此，戴思哲认为在统计古代方志的数量时，不能忽视编纂方志的过程中因修订而产生的手抄本，还有在主要版本之间不断进行微小更新的重印本。

通过重新定义方志的概念，学界便可考虑重新界定方志的数量，由此进一步扩大方志研究的涵盖范围。强调方志的动态属性，可以将更多曾经因文本或物质形态的“不成熟”而被忽视，但却真实存在过的方志纳入书籍史的考察范围内，这些方志在历史上同样被编纂者和读者接触和使用过，这便为后续研究提供了更为丰富的史料素材和更为广阔的考察空间。

（三）阐释共同体——方志的阅读与使用

戴思哲将方志作为流动文本，在一定程度上可以体现莱斯利·豪萨姆（Leslie Howsam）强调的文本的易变性。豪萨姆在总结书籍史研究的跨学科属性时，表示历史学、文学及目录学的研究都十分重视文本的可塑性，从中可以得到的启示是：“文本会变，书籍会变，而读者制造了他们所需要的书籍。”[8]传达书籍的意义有赖于文本和物质形态，而生成和获取意义则是读者的功劳。

在划分阅读方志的读者类型时，戴思哲并不局限于以等级阶层、社会身份为条件的传统划分方法，而是采用斯坦利·费什（Stanley Fish）和罗杰·

夏蒂埃（Roger Charteier）提出的“阐释共同体”理论，通过归纳读者使用方志的方法及目的，寻找到一些具有共通的阅读方式和阐释策略的读者群体。在勾勒方志的目标读者与真实读者的过程中，可以发现方志早已超越了自身作为历史文献的记录功能，转变为家族之间展开势力博弈、地方之间争夺有形资产的工具，同时也成为能够促进文化再生产的文学素材库。

1. *方志是传递意见的锦囊和争夺话语权的武器*

在考察方志的使用情况时，戴思哲发现地方官员在制定政令或向朝廷上书时会引用方志中内容来支持自己的立场。方志还成为现任官员、地方人士向继任官员传递政治理念的重要载体[9]。除此之外，方志还是不同家族势力对文化资本展开争夺的场所，具有记录和证明社会地位的功能。书中着重考察了《新昌县志》的阅读与接受情况。新昌县的儒学训导莫旦因为曾与当地的黄氏家族发生矛盾，故而在编纂方志时削减了黄家先人的篇幅，而黄家则通过在族谱中撰写批评文章来进行回击。可见，黄氏家族并没有被动接受官方文本对自己家族的描述，反而拿出了一个替代品来加以抵制。黄氏家族与莫旦的争论揭示了方志阅读中的两种特殊动机，即“报复”和“推翻结论”[10]。

戴思哲也搜集到因诉讼而阅读方志的案例，阐明了人们如何利用方志在地方社会中维护权益。方志中记录了各地的有形资产，使深陷诉讼的人能从中寻找到历史依据，支持自身立场。例如17世纪浙江上虞县的百姓怀疑本地方志中存在伪造水利权的情况，因此向地方政府提起诉讼。这个案例表明地方民众是有机会接触到方志的，并且会对其中涉及自身权益的内容进行详细解读，将其作为诉讼依据。另外，上虞县也曾同相邻的余姚县有一场水权官司，两地同样是运用各自的方志来证明对这片水域的归属权。这个事件说明方志的传播范围已不再限于本地，而是延伸到了邻境区域，用以解决利益纠纷。

米歇尔·德·塞尔托（Michel de Certeau）的文本盗猎理论强调读者在面对文本时会有创造性的反馈，甚至会忽略作者意图，颠覆文本的预设意义。在以上的案例中，方志的编纂者通过凡例、体裁和节选的内容暗示读者，告知他们应该如何阅读，但是阅读方志的读者却是自由的，他们可以选择忽视或者推翻编纂者的期待。同时，方志的交流功能及社会功能在阅读和使用的过程中得以彰显，它成为地位、权力与财富斗争的文字工具，是将日常事务向更广泛的受众传播的重要媒介。

2. 方志是旅行指南和文学素材库

在旅行者这一读者群体里，方志发挥了文学创作的功能。戴思哲通过查阅众多旅行日志，发现旅行者在旅途中会携带、购买或者借阅方志，并记录他们如何使用方志的细节。以明朝最著名的旅行家徐霞客为例，他曾在日记中记录自己在旅途中以《大明一统志》为参考文本，与旅伴讨论途经的寺庙历史。另有明朝礼部侍郎都穆撰写的旅行日志《游名山记》，其中记载了他在从北京到宁夏的公务旅途中向沿途官员、学校生员借阅方志以了解当地的历史文化。这些被借阅的方志也通过都穆的作品获得了更多同非本地读者接触的机会。可见，旅行与方志之间联系紧密，一方面，方志中记录了大量的地理信息，可以为旅行者提供旅行指南；另一方面，旅行者途经当地创作的文学作品亦会被方志集中收录，实现“景观的文本化”[11]。

同时，方志也是其他文学作品的重要素材来源。戴思哲发现，在16至17世纪，随着科考失利和远离仕途的士人群体逐渐增多，商业性的图书市场不断扩张，文人、官员都在逐渐深入到写作出版的行列中，而大多数人都会使用方志。他援引了众多文人运用方志来进行文学创作的案例，例如诗歌、笔记和传记，甚至是画作的题跋。他对这种行为作了一个形象的比喻：将方志想象成蜂巢里的巢室，编纂者搜集的材料便像是蜜蜂采的花蜜，随后这些“花蜜”又被当地人、旅居者或其他地方的文人消费，转化为了新的文化产品[12]。

詹姆斯·雷文（James Raven）指出：“阅读居于书籍史的核心。透过发掘并呈现对种种可获取的文本的解释，我们从对经典文本的孤立研究中抢救出大众思想与话语实践的历史，检讨了著作字面意义和潜在含义之间的差异，我们放大了以往历史叙事中的缺席者，阐明了以往被人们所忽视的东西。”[13]戴思哲对方志的阅读与接受考察可以为阅读史研究提供一个新思路，即从方志的使用情况来反推方志的阅读行为，从而精准定位到不同的读者群体。这个逻辑是合理的，因为古人使用方志来进行诉讼、争辩、创作的前提便是他们一定阅读或接触过相关方志的内容。值得注意的是，戴思哲通过爬梳史料寻找到的读者，并非作者及文本想象中的读者，而是历史上真实的读者，这才是阅读史的研究对象，同时也是阅读史研究的一大难点。

二、地方志的“副文本”：阅读方志的新模式

本书的研究亮点不仅在于将地方志开拓为了书籍史的研究对象，更在于为阅读史研究提供了新的史料解读策略。

如前文所述，阅读史的研究难点之一便是追踪历史上的真实读者。纵使读者的踪迹难寻，但钻研阅读史的学者并没有放弃，他们在挖掘史料上付出过诸多努力，例如年鉴学派学者对图书馆借书记录的整理，达恩顿对档案资料的使用，还有中国学者对晚清士人日记的搜集，以及近年来有学者提出“批校可作为新的阅读史研究材料”[14]。在搜寻史料的过程中，最能引起学术界共鸣的还是“副文本”在书籍史研究领域的广泛应用，而阅读史亦受惠于此。

“副文本”这一概念由法国学者热拉尔·热奈特（Gérard Genette）提出，主要指围绕正文而存在的序言、题跋、附录和注释等文本。热奈特认为，这些“副文本”同样对读者解读和阐释书籍具有引导作用[15]。为考察方志的出版流程及读者的阅读行为，戴思哲充分挖掘了方志“副文本”的史料价值，其中包括方志的序、跋、与修志有关的行政命令、资助方志出版的捐助者名单以及编纂者的注释等。1568年云南《楚雄县志》的序言中记录有修志成员的姓名、籍贯、社会身份以及在编修方志时所承担的工作种类，其中包括议修、总修、纂修、校修、督理、书写等。通过考察这一部分的内容，可以探讨修志成员在编修、出版方志过程中所扮演的角色定位及相互关系。在一些方志的前言及注释中还会涉及方志的生产场所、资料来源、刊印规范以及修志者所期待的阅读对象，这对揭示方志出版的地理空间、传播渠道、刻印技术及目标受众都极具启发性。

在寻找历史读者的过程中，戴思哲表现得十分谨慎。除了探究方志的“副文本”之外，也着重搜集了与地方志有密切关联的家谱，还有读者阅读方志后的评论文章，并与读者的日志、信件及文学作品进行比照参考，尽力重构历史上真实存在过的阅读行为。

同时，戴思哲本人作为古代方志的现代读者，也在尝试对传统文献进行不同角度的解读。例如，徐霞客便是大家十分熟悉的历史人物，其文学作品也广为人知，但在此前却鲜少有学者将他本人视作历史读者，将其作品视为阅读史料进行分析。可见，供阅读史研究使用的史料有时候就近在眼前，但反而因为太过寻常而易被忽视，学者如同被束缚在思维惯性的囚牢中，寻不到新的突破口。但是，在新的问题意识和研究视角的推动下，传统史学中看似习以为常的史料和题目，又能得出新的解释[16]。

三、余论：中国书籍史研究和书籍文化的独特性

西方的书籍史研究深受达恩顿的传播循环模式的影响。因此，西方学者在研究中国书籍史时也多沿用这一条学术取径，侧重于出版史研究。不过，包筠雅（Brokaw，Cynthia J.）和梅尔清（Tobie Meyer-Fong）认为中国书籍史研究应该从文化史、社会史等角度提出新问题，彰显中国传统书籍文化的独特性。这种独特性是“基于雕版印刷技术和中国语言文字的独特性，以及书籍制作、流通和使用赖以展开的社会结构、政治环境和教育模式，这里面除了出版商和制作者、作者和读者，还涉及书籍在社会分层、政治运作、文化演变等方面扮演的角色”[17]。

戴思哲研究地方志的整体思路同样没有跳脱出西方书籍史的理论框架，全书依然是以方志的出版流程为叙述逻辑，并在方志出版的每个阶段分别考察了作者（编纂者）、出版者、刻印者及读者等人物角色与周围环境的紧密互动，这便是传播循环模式在中国书籍史研究中的具体应用。不过，戴思哲也在这个框架中注入了新的内容，借助跨学科的综合视野，揭示了方志的不同属性，展示了中国古代政治运作、社会结构及书籍文化的独特性。

方志作为中央了解地方信息的工具，是地方与中央的联结媒介，关系到边缘地区管理和执政的正统性。当遇到权益纷争时，人们因为相同的诉求而构成阅读方志的“阐释共同体”，运用方志证明各自立场的合法性。但与此同时，他们也会为了共同的利益而驳斥方志中的历史叙述。

人们围绕方志展开的互动可以反映古代地方社会及不同行业的复杂生态。地方官员、社会精英、学校生员、刊印工匠因方志而聚集在一起，在编纂、刊印和保存方志的不同场所形成了一个联系密切的交流空间。在这个空间中，方志是地方官员传扬政绩、联络精英的特别手段，也是地方家族展开势力博弈、争取社会话语权的文字武器。编纂方志同样为落魄文人和普通学子提供了文化实践的机会。还有刊印方志的工匠在不同地区间辗转流动，其工作区域涵盖了以家乡为中心的数百公里，描绘出一幅微观生动的古代刻书业图景。

方志作为非商业出版物，一般通过分发、赠送、借阅等形式传播流通。朝廷会定期收到地方上交的方志，这些方志来自不同时段，且会有不同版本。这些接连累积、持续更新的方志体现出中国古代书籍文本的流动性与可塑性。还有地方政府及社会人士也会收藏有方志的手抄本，这些手抄本在某种机缘之下会与刻印本一同进入图书的流通渠道。可见，方志也是古代非商业图书出版和印刷文化发展中的一个独特代表。

最后，戴思哲关于方志的阅读与使用考察是地方志研究从出版史进阶到阅读史的大胆尝试，为中国古代阅读史研究提供了一个可供借鉴的“参照标”。戴思哲以史料为基础，以理论为支撑，通过归纳方志的使用目的合理还原了一些历史上的阅读案例。阅读史是书籍史研究的核心，在浩繁的史料中寻找真实的读者亦是研究难点。从方志的阅读情况来看，读者解读文本的方式千变万化，甚至会与作者意图和文本意图相差甚远。也正是在这个意义上，书籍史也被视作阐释史[18]。另外，在方志“生命史”的每一段考察中，戴思哲都至少列举了 个较为翔实的个案分析对象，这不仅可以为类似案例提供方法论上的指导，同样也能为后续更为细致的地方志研究指引方向。不过，或许是限于篇幅或者史料，书中有许多阅读案例仅仅是点到为止，尚未进行深度挖掘，尤其是有许多能够彰显地域特色的阅读行为。受乡土情结的影响，笔者尤为关注书中对广西地区的方志研究现状。遗憾的是，这些案例交代得都较为简洁，例如在考察曹学佺如何为《大明一统名胜志》搜集素材时，戴思哲只是顺带提及了他在广西桂林的张鸣凤家中获得了很多方志。那么张鸣凤为何藏有这么多的方志？他是通过什么渠道收集到的？他又会如何使用这些方志？这些问题若能寻找到足够的史料支撑，便可以成为考察中国古代南方地区书籍流通和士人阅读的典型案例。

注释：

[1] 戴思哲，美国明尼苏达大学法学、历史学博士，哈佛大学费正清中国研究中心博士后，现任美国威斯康星大学历史学系副教授，曾任北美明史研究会会长、威斯康星大学历史学系研究生部主任、德国柏林马克斯·普朗克科学史研究所访问学者、法国国家图书馆访问学者。研究领域为明史、印刷文化史、法学史。

[2]《中华帝国方志的书写、出版与阅读 1100—1700 年》最早由哈佛大学亚洲研究中心于 2015 年出版，近年来被上海人民出版社引进国内，由向静承担翻译工作，最终于 2022 年 1 月在中国正式出版面世。

[3] 戴联斌：《从书籍史到阅读史：阅读史研究理论与方法》，北京：新星出版社，2017 年，第 12 页。

[4] [美] 戴思哲：《中华帝国方志的书写、出版与阅读：1100—1700 年》，向静译，上海：上海人民出版社，2021 年，第 57 页。

[5] [美] 戴思哲：《中华帝国方志的书写、出版与阅读：1100—1700 年》，向静译，上海：上海人民出版社，2021 年，第 65 页。

[6] [美] 戴思哲：《中华帝国方志的书写、出版与阅读：1100—1700 年》，向静译，上海：上海人民出版社，2021 年，第 169 页。

[7] [美] 戴思哲：《中华帝国方志的书写、出版与阅读：1100—1700 年》，向静译，上海：上海人民出版社，2021 年，第 126 页。

[8]［英］莱斯利·豪萨姆：《旧书新史：书籍与印刷文化研究定向》，王兴亮译，桂林：广西师范大学出版社，2023年，第4页。

[9]［美］戴思哲：《中华帝国方志的书写、出版与阅读：1100—1700年》，向静译，上海：上海人民出版社，2021年，第312页。

[10]［美］戴思哲：《中华帝国方志的书写、出版与阅读：1100—1700年》，向静译，上海：上海人民出版社，2021年，第109页。

[11]“景观文本化”是石听泉（Richare E. Strassberg）提出的一个观点。该观点认为，像诗歌、游记、日记等旅行途中创作的作品是使地方成名的一种途径，这些地点会被纳入其他旅行者的行程规划中，而这些景观也会被纳入中文世界的秩序里。见 R. E. Strassberg，*Inscribed Landscapes：Travel Writing from Imperial China*，Berkeley：University of California Press，1994，p. 6.

[12]［美］戴思哲：《中华帝国方志的书写、出版与阅读：1100—1700年》，向静译，上海：上海人民出版社，2021年，第357～358页。

[13]［英］詹姆斯·雷文：《什么是书籍史》，孙微言译，北京：北京大学出版社，2022年，第141页。

[14]韦胤宗：《阅读史：材料与方法》，《史学理论研究》2018年第3期，第115页。

[15] G. Gearad，*Paratexts：Thresholds of Interpretation*，Cambridge：Cambridge University Press，1997，p. 1.

[16]曲柄睿：《佣书成学：中古知识的结集、生产与传播》，《北京师范大学学报（社会科学版）》2023年第1期，第142～151页。

[17]戴联斌：《从书籍史到阅读史：阅读史研究理论与方法》，北京：新星出版社，2017年，第167页。

[18]戴联斌：《从书籍史到阅读史：阅读史研究理论与方法》，北京：新星出版社，2017年，第90页。

（秦雅婕，华中师范大学文学院文化传播学2023级博士研究生）

人物为经、思想为纬：学案体范式的编辑学术史书写

——读姬建敏著《当代编辑学家学术思想研究》

李　萌

编辑学作为一门诞生于1949年的学科，已有数十年历史。在此期间，尤其是改革开放以来，编辑学研究不断发展，实现了由“无学”到“有学”的历史性转变，经历了由自在、自为到自觉的发展历程[1]。回顾编辑学七十余年的发展历程，学术界已积累了大量研究成果，其中不乏丰富深刻的学术思想，但作为检视既往编辑学研究的编辑学术史书写却不多见。作为“辨章学术、考镜源流”的学术史研究，对推动更深层次的学术探索、深化学科发展有着重要价值，对解释与化解近年来编辑学研究面临的困境，甚至出现“冷却之说”的学术研究现状也有重要意义。在现有为数不多的编辑学术史研究中，姬建敏教授以其论著引起广泛关注，其著作《中国编辑学研究60年（1949—2009）》是为首次对编辑学自诞生以来的学术史进行全面梳理。《当代编辑学家学术思想研究》（以下简称《当代编辑学家》）作为上述之书未能出版之部分，经修改后单独出版，成为以“编辑学家学术思想”为视角的编辑学术史著作。

“学术史也是一种人学。”[2]在中国哲学史、思想史、文学批评史研究中，不乏以人物为纲的研究成果，给编辑学术史以有益的启示。编辑学人创造了编辑学术史，他们是编辑学术史的重要构成主体。编辑学家思想作为其对编辑学研究的理性认识，构成了编辑学术史研究的核心范畴。《当代编辑学家》以人物为经、以思想为纬构建编辑学术史叙事框架，不仅具有独特性，也蕴含着深刻的学理价值。而此种组织架构方式，实为类似中国传统的学案体范式的编辑学术史。

一、人物与思想的交汇：类学案体范式的编辑学术史书写要义

《当代编辑学家》属于编辑学术史范畴，学术史书写有多种形式，学案体即为其一。学案是以记述学术史为中心的一种综合性体裁，它在结构上包括学人传记、言行录、著作录要、他人的有关评论，而特别重视学术流派的师弟子传授的关系。“以人立案，提要钩玄；由人带史，综论通观”[3]是学案体史籍的书写特征。《当代编辑学家》以人物为经、以思想为纬，涂绘出当代编辑学学术风貌，切合学案体史籍的基本特征；但该书与中国历史上的学案体毕竟有区别，因此我们称其为类学案体，或者类似学案体。既往的编辑学术史研究成果，如2004年出版丛林主编的《中国编辑学研究述评（1983～2003）》、2000年出版的邵益文《20世纪中国的编辑学研究》，或采用编年体的方式、依时间进行梳理，或参照纪事本末体的方式、以专题进行分类。《当代编辑学家》作为从主体思想出发的学术史著作，以类学案体的方式进行编辑学术史书写无疑是一种积极的尝试。

作为编辑学术史著作，该书立足学术史主体的编辑学家，指向学术史客体的编辑学术思想，以人物和思想的交汇，实现了编辑学术史主客体的统一。一方面，该书立足编辑学家，为编辑学家立传。“有怎样的学术，就有怎样的学术史”[4]，学术史作为学术的衍生，在一定程度上折射出学术发展的面貌特征。在编辑学发展历程中，编辑学家在其中承担了重要角色，特别是在20世纪90年代兴起编辑学研究热潮，编辑学研究由此进入“编辑家淡出，编辑学家登场”阶段[5]，编辑学家在编辑学术发展、学科建设中发挥了重要作用。学术史书写对体裁的运用，应与一定时期的学术发展大势相契合，体现学术发展的特点。此书以编辑学家思想为视角、采用类学案体形式的编辑学术史表述方式，补充了既往编辑学术史研究以专题或时间为主线而忽略作为其主体的编辑学家，呼应了编辑学家在编辑学术史的独特地位。另一方面，该书指向编辑学家学术思想，书写编辑学思想史。作者聚焦编辑学家学术思想，直指编辑学术史研究的本质与核心。史学研究的任务，不仅在于还原历史原貌，更在于对历史本质的理解与把

握。学术史研究亦是如此。学术史研究是手段，不是目的，学术史研究的最终目标，是理解与把握学术发展过程的本质。如何触及学科本质，深刻理解学术内涵，从学术思想史入手便是一条切实有效的路径。“一切历史都是思想史”[6]，当代编辑学家的思想构成了编辑学自诞生以来的学术理论体系，编辑学家围绕编辑学的概念、理论框架、基本规律、学科性质等基本理论问题的论争与思考，形成了编辑学科的概念体系与框架体系[7]。《当代编辑学家》不仅呈现出编辑学术史的宏观面貌，也彰显了编辑学家在编辑学术史中的独特地位。

人物与思想的交汇，是该书对于编辑学术史研究的独特价值，也是该书区别于其他编辑学术史研究成果的重要区别。同时，人物为经、思想为纬的编辑学术史书写方式，也有其弊端，如学术版图呈现不完整、时间顺次感缺失。但就其主要方面来看，《当代编辑学家》立足编辑学家，指向编辑学术思想，视角切入准确得当，学术史叙述精准深刻，有效补充和完善了既有编辑学术史成果。

二、人物与思想的展现：类学案体范式的编辑学术史书写方式

学术史研究作为对学术研究的梳理、总结与评价，不仅要求研究者对浩如烟海的学术成果进行梳理，还需要研究者对学术领域有较为深入的认识、对学科发展具有一定的掌握，学术史研究与写作并非易事。如何以类学案体形式书写编辑学术史，《当代编辑学家》做出了示范。

首先，在选定编辑学家方面，作者以学术自得为原则，选定入案的编辑学家。“学贵自得”是黄宗羲编著《明儒学案》时选案的重要主张。“学问之道，以各人自用得着者为真。凡倚门傍户，依样葫芦者，非流俗之士，则经生之业也。此编所列，有一偏之见，有相反之论，学者于其不同处，正宜着眼理会，所谓一本而万殊也。以水济水，岂是学问！”[8]“学贵自得”是一种强调主体意识的治学精神，也是姬建敏教授撰写《当代编辑学家》时选定的重要参考。在对编辑学家进行概念界定的基础上，作者将

“在编辑学理论研究和理论建构中有一定创见和造诣的专家、学者”[9]作为人物入选的总标准，加之六项具体标准，由此遴选出12位编辑学家为研究对象。重视学术自得，是该书看重学术创新的表现，体现了其高度的学术责任感。

其次，在概述编辑学家学术思想方面，作者以把握学术宗旨为目标，对编辑学家思想进行梳理总结。学术宗旨作为与学术自得紧密相连的结果，是学案体史籍追求的核心要素。竭力勾画学者“一生之精神”，不仅是学案体的灵魂所在，更是学案体存在的根本依据[10]。姬建敏教授对编辑学家学术宗旨的提炼与概括贯穿在整部《当代编辑学家》中。如对于杨焕章的编辑学术思想，作者对其理论建树进行归纳总结，进而直观展现编辑学家理论观点，以五部分的论述，即“一、编辑概念界定：由表及里，去伪存真”“二、编辑学基本理论研究：哲学思维，哲学联姻”“三、编辑学学科建设：‘一个中心’‘三条战线’”“四、编辑主体身份建构：学报编辑学者化”“五、编辑学研究新领地：学报编辑学体系构建”，不仅全面梳理了杨焕章的编辑学术思想，同时也清晰展现了他的思想内容与学术观点。姬建敏教授对编辑学家学术思想的精要提炼，体现了其对编辑学家学术思想的准确认识与把握，从而反映出其在编辑学领域的深厚积累。

最后，在评价编辑学家学术思想方面，作者以求真求实的态度、精深的解析，对编辑学家思想进行评价。以对王振铎编辑学术思想的评价为例，一方面，作者秉承着“不可以爱憎为去取”学术史撰写原则，对其思想进行客观公正的评价。在解析王振铎的文化缔构原理时，作者认为王振铎对文化缔构类型的划分主要是从传统图书出版的角度来进行的，由此造成划分过于简单化，同时无意地忽略了其他媒介形态的文化缔构特征[11]。客观地指出王振铎学术思想的局限与不足，反映出姬建敏教授“不唯上、只唯实”的求真态度。另一方面，作者也对王振铎编辑学思想作出了精准、深刻的评价。对于其普通编辑学理论体系，作者认为它对中国编辑学研究的贡献是具有开拓性和创新性的。在媒介融合不断深化，以及不同媒介编辑形态边界日益模糊的当下，普通编辑学研究已成为摆在编辑学研究同人面前的一个重大而紧迫的理论命题。王振铎开创的普通编辑学理论体系，对当今编辑学研究无疑具有重要的认识和启发价值[12]。如此论断，体现了姬建敏教授作为编辑学者的远见卓识。

三、基于人物与思想的定位：类学案体范式下编辑学术史书写的独特价值

作为“研究的研究”，学术史的功能定位在于工具性、文献性、学术性三者的统一[13]。具体来说，一则学术史研究成果具有使用价值，可以成为进入该学科、该领域的入门书；二则学术史研究成果具有资料价值，资料的丰富性、完整性、新鲜性是学术史著作的重要标志和目标追求；三则学术史研究成果具有学理价值和学术价值，即学术史不仅通过既有学术成果的把握，对未来研究发展作出预测与展望，找出有价值的学术增长点，也通过对以往学术研究的认识，总结学术生产规律[14]。《当代编辑学家》作为编辑学领域的学术史研究著作，必然具备编辑学研究的工具性、文献性、学术性。同时，该书以人物为经、思想为纬的类学案体编辑学术史撰写方式，又赋予了其独特功能。

首先，此书是更亲近的编辑学入门书。《当代编辑学家》作为学术史研究著作，必然能够使读者对编辑概念、研究对象、学科性质、研究内容、学科范畴等编辑学问题有一定理解，有助于读者掌握编辑学理论体系、认识编辑学学科轮廓。此外，从编辑学家学术思想入手进行学术史写作，使得该书相较于以其他方式组织架构的编辑学术史著作，具有更强的亲切性、可读性。以“学人”而不是“学问”来展开论述，能使读者直观地感受到学问中有人生、有情怀、有趣味、有境界，而不仅仅是纯粹的技术操作[15]。这种编辑学术史撰写方式，能够促进青年学子亲近编辑学甚至走进编辑学研究队伍。

其次，此书是编辑学家的史料汇编。编辑学家以其研究思考，为编辑学术领域积累丰富的历史成果。对编辑学家资料的保存整理，不仅是编辑学术史得以开展的关键支撑，也是编辑学研究纵深发展的重要参考。然

而，现阶段对当代编辑学家史料的保存整理情况并不乐观，不仅存在成果少且零散的问题，同时随着老一代编辑学家年事增高和先后离世，使得保存整理编辑学家史料、抢救历史记忆更加刻不容缓[16]。《当代编辑学家》通过对编辑学家的生平事迹进行概括叙述，对编辑学家思想进行梳理分析，挖掘和保存编辑学家新鲜史料，在此层面上，此书是为面向编辑学家的史料汇编。

最后，此书是具有强烈问题意识与学理价值的学术著作。学术史研究不应只是通史的撰写，还应是以问题为中心的学术成果。相较于编年体等形式的编辑学术史研究，《当代编辑学家》以其编辑学家学术思想的视角展现出强烈的问题意识。表面上看该书是为对多个编辑学家思想开展的个案研究，实质上却贯穿着作者对当代编辑学术发展变迁的历史思考。这着重体现在作者对编辑学家的分类上。作者根据入选编辑学家长期所在岗位、所务主业等将选定的编辑学家分为行业管理型编辑学家、业界大师型编辑学家、学界研究型编辑学家三类。知识是社会的产物，知识生产与社会情景密切相关[17]，学术思想的产生，与研究人员的从业背景、知识经验有着紧密的联系。对处于不同岗位、从事不同主业的编辑学家进行分类，能够更加直观地展现出编辑学家社会身份、社会关系等与编辑学术思想形成及发展的交互关系。对编辑学家的理性分类，反映了作者对学术史研究的理论自觉意识。此外，作者还立足于时代背景，对编辑学家思想的产生进行历史解释。例如，在论述刘杲开拓性的编辑学学科建设思想时，作者对20世纪初编辑学兴起之初学科建设情况、刘杲的社会职务与身份进行说明，在历史场景中阐释刘杲编辑学学科思想的由来和对编辑学学科建设的贡献，由此反映出作者对编辑学学术思想产生与社会现实之间关系的思考。编辑学家思想作为精神活动的主观产物，其自产生起就落入一个精神史的网络中，受到社会现实背景和学术思潮的影响。对编辑学家学术思想的研究，就是考察编辑学家在场域中的位置，并在历史语境中阐释编辑学家学术思想产生与社会文化等的互动关系。

注释：

[1] 姬建敏：《开拓、创新、发展：新中国编辑学研究 70 年》，《出版发行研究》2020 年第 1 期，第 16～21 页。

[2] 蒋寅：《学术的年轮》，南京：凤凰出版社，2010 年，第 62 页。

[3] 高淮生：《换一种眼光看红学——“学案体”红学史撰述述略》，《中国矿业大学学报（社会科学版）》2013 年第 1 期：第 112～117 页，第 144 页。

[4] 张立文主编：《中国学术通史》，北京：人民出版社，2004 年，第 6 页。

[5] 姬建敏：《开拓、创新、发展：新中国编辑学研究 70 年》，《出版发行研究》2020 年第 1 期，第 16～21 页。

[6]［英］柯林武德：《历史的观念》，何兆武、张文杰译，北京：中国社会科学出版社，1986 年，第 9 页。

[7] 姬建敏：《当代编辑学家学术思想研究》，北京：人民出版社，2022 年，第 17 页。

[8]（清）黄宗羲：《明儒学案》，北京：中华书局，1985 年，第 18 页。

[9] 姬建敏：《开拓、创新、发展：新中国编辑学研究 70 年》，《出版发行研究》2020 年第 1 期，第 16～21 页。

[10] 姚文永：《浅析黄宗羲对学案体的设计——兼释〈明儒学案〉未列诸儒之原因》，《图书馆研究与工作》2014 年第 1 期，第 49～52 页。

[11] 姬建敏：《当代编辑学家学术思想研究》，北京：人民出版社，2022 年，第 176 页。

[12] 姬建敏：《当代编辑学家学术思想研究》，北京：人民出版社，2022 年，第 198 页。

[13] 王卫平、曹庆慧：《学科史、学术史的研究态势、基本问题和提升策略——以中国现当代文学 学科史、学术史为中心》，《山东师范大学学报（社会科学版）》2023 年第 4 期，第 35～45 页。

[14] 王卫平、曹庆慧：《学科史、学术史的研究态势、基本问题和提升策略——以中国现当代文学 学科史、学术史为中心》，《山东师范大学学报（社会科学版）》2023 年第 4 期，第 35～45 页。

[15] 陈平原：《“当代学术”如何成“史”》，《云梦学刊》2005 年第 4 期，第 8～9 页。

[16] 姬建敏：《当代编辑学家学术思想研究》，北京：人民出版社，2022 年，第 11～12 页。

[17]［英］彼得·伯克：《知识社会史（上卷）：从古登堡到狄德罗》，陈志宏、王婉旎译，杭州：浙江大学出版社，2016 年，第 11 页。

（李萌，华中师范大学文学院文化传播学 2024 级博士研究生）

文学传播研究

裴休存世著述梳理与考辨

狄蕊红

一、裴休著述存佚

裴休（791—864），字子美，河南济源（今河南省济源市）人，祖籍河东（山西省西南部），为河东东眷裴氏后裔，少年时在济源家中别墅读书，后经过科举入仕，历经诸藩回朝，治理盐铁漕运，后官至宰相，在唐大中年间辅佐唐宣宗李忱，治理盐铁与茶税，稳定了大中朝的财政，后代史官给予了极高评价。裴休一生虔诚信佛，留下数万字佛教撰述，与澄观、宗密、沩山灵祐、黄檗希运等高僧交往甚深，对他们著述的传播和历史地位的确定起了至关重要的作用，还参与了佛教典籍的撰写和理论的建设。

裴休传世的著述众多，但都分散在多处，还有部分散佚，通过整理他存世的著述才能对这位佛教史上的传奇人物深入了解。在《全唐文》中录有裴休文章八篇，依照所录顺序分别为《请革横税私贩奏》182 字，《大方广圆觉修多罗了义经略疏序》1202 字，《华严原人论序》618 字，《黄檗山断际禅师传心法要序》335 字，《释宗密禅源诸诠序》861 字，《注华严法界观门序》2094 字，《圭峰禅师碑铭（并序）》3759 字，《清凉国师碑铭》428 字，共计 9487 字[1]。大藏经中还存有裴休数篇诗文，《普劝僧俗广发菩提心文》5117 字[2]、《赞圆觉》624 字[3]、《黄檗希运禅师传心法要》4577 字[4]、《裴休相国传心偈》140 字[5]、《中华传心地禅门师资承袭图》6258 字[6]、《黄檗断际禅师宛陵录》5290 字[7]。碑刻中所存裴休诗文也有多篇，最知名者当属《唐故左街僧录内供奉三教谈论引驾大德安国寺上座赐紫方袍大达法师元秘塔碑铭（并序）》1402字[8]，在开封繁塔存《十善业道经要略》4797字[9]、裴休故居济源新出土《重建延庆化城寺碑》碑阴刻有裴休所撰两表两疏，分别为《奏建化城寺表》《谢置化城寺表》《疏文二道（一）》《疏文二道（二）·伏以家门重》四篇共840字[10]。裴休所存诗作约十首，但有些是否裴休本人所作仍有争议，在《全唐诗》中仅录有裴休诗作《题泐潭》[11]、《赠黄檗山僧希运》[12]两首，陈尚君先生在《全唐诗补编》中收录了散落于地方志等文献中的裴休诗作，《题铜官山庙》[13]、《太平兴龙寺诗（题拟）》[14]、《白鹿寺释迦瑞相诗》[15]、《颂黄陵断际禅师（题拟）》[16]、《延庆化城寺》[17]、《白鹿洞飞泉》[18]、《武林石桥亭》等[19]。裴休还参与了《穆宗实录》的撰写[20]，为多人合作，无法统计其工作。在《汝贴》中收录了裴休的《本寺贴》[21]，裴休遗失的著述还有《唐殿中侍御史韦翃墓志》[22]、《开业寺主崇绚法师碑》[23]、《裴休状》三卷[24]。

对以上裴休的著述，目前尚无系统研究，冉云华先生曾对裴休诗文作过梳理研究，但并未能囊括全部著述，冉先生整理时未包含新出土文献，对一些碑刻也未能纳入[25]。通过这些著述可以理清写作时间、版本概况、主要内容等，以下按照文体对裴休著述逐一整理考辨，因篇幅原因，除诗作外其余体裁著述均不出原文。

二、裴休著述分类及概况

（一）碑文

1. 清凉国师碑

《清凉国师碑》是清代董诰在编纂《全唐文》时所拟之名，文中内容其实为澄观法师的《妙觉塔碑》中的铭文，而非碑文。唐代《妙觉塔碑》全文已经不存，在高丽《义天录》中仅记载有：“清凉碑文一卷（与行状亦有不同待勘），裴休述。”[26]现在从元代重修《大元重修妙觉塔记》可知原碑情形，《大元重修妙觉塔记》完整名称为《大元华严寺重修大唐华严新旧两经疏主翻经大教授充上都僧统清凉国师妙觉塔记》，镰田茂雄在

《中国华厳思想史の研究》一书中根据结城令闻所藏《大元重修妙觉塔记》拓片刊录了原文，从塔记可知，该塔记为元代僧人龙川行育重建澄观塔时所刊立[27]。碑文中称，唐文宗命裴休撰碑，沈元吉塑像，塔谥妙觉。澄观去世于开成三年，宋《隆兴编年通论》[28]、《佛祖历代通载》[29]均记载“相国裴休奉敕撰碑”，其时裴休职位为绵州刺史，相国之记应为后人以其仕履所记之尊称。唐代《妙觉塔碑》虽然遗失，《大元重修妙觉塔记》是依据裴休《妙觉塔碑》改编，此外还有宋代的笑庵観复在《华厳经大疏玄文随流演义钞会解记》中也引用了唐《妙觉塔碑》[30]，元代普瑞《华严悬谈会玄记》引用了唐《妙觉塔碑》内容[31]，从以上可知裴休所撰《妙觉塔碑》是后世研究澄观生平与思想的重要文献，同时也说明裴休对澄观非常熟悉，《会玄记》中引用《妙觉塔碑》中一句，“余即虚心而来，实腹而去”[32]，说明裴休曾与澄观交往，听闻其讲道。

2. *玄秘塔碑*

《玄秘塔碑》全名为《唐故左街僧录内供奉三教谈论引驾大德安国寺上座赐紫方袍大达法师玄秘塔碑铭（并序）》，是端甫法师之碑，是裴休为端甫法师（770—836）之骨灰塔所撰之文，柳公权（778—865）正书，邵建和并弟邵建初刻字，此碑现存西安碑林博物馆。“玄”改“元”是避唐玄宗讳，碑文记载，开成元年六月端甫法师灭度后赐谥“大达”，建碑时间为会昌元年十二月二十八日，碑上裴休官职为：江南西道都团练观察处置等使朝散大夫兼御史中丞上柱国赐紫金鱼袋。但裴休撰文时间应在端甫刚去世时，而建碑时间则在端甫去世四年后，《隆兴编年通论》记：“开成元年。左街僧录内供奉三教谈论引驾大德安国寺上座赐紫大达法师端甫卒，史馆修撰裴休制碑曰……”[33]《佛祖统纪》[34]《佛祖历代通载》[35]所记略同，可知是裴休在充史馆修撰一职时所撰之文，建碑时裴休职位已至江南西道观察使。碑文中记：“承袭弟子自约、义正、正言等，克荷先业，虔守遗风。大惧徽猷有时堙没，而合门刘公，法缘最深，道契弥固，亦以为请，愿播清尘。休尝游其藩，备其事，随喜赞叹，盖无愧辞。”[36]从此段中能看出裴休与端甫法师也交往颇多，是在端甫去世后裴休受刘公之请而为端甫撰碑，以传播端甫之遗风。

3. 圭峰禅师碑

《圭峰禅师碑铭并序》全名为《唐故圭峰定慧禅师传法碑并序》，碑文保存了圭峰宗密的诸多生平信息，是历代研究宗密的基本史料，《宋高僧传·宗密传》也主要引用此碑文作传。此碑立建成于唐大中九年十月，裴休职位为“金紫光禄大夫守中书侍郎兼户部尚书同中书门下平章中充集贤殿大学士”，是裴休仕途巅峰期，冉云华先生认为此碑之建成是裴休暗中支持而成，因为碑文中记宗密去世前曾留下严格戒条“勿墓勿塔……违者非我弟子”，但裴休却认为：“今皇帝再阐真宗，追谥定慧禅师青莲之塔。则塔不可以不建，石不可以不凿；且使其教，自为一宗，而学者有所标仰也。”从前后关系来看，裴休认为唐宣宗弘扬佛教，追谥宗密为定慧禅师，其塔号“青莲”，所以必须建塔立石，使宗密之学说自成一宗，为后世标仰。更有意味的是，此碑正文与正书皆为裴休一人所为，柳公权仅撰额，足见裴休对此碑的重视程度，他对自己与宗密的关系也作了非常多元的界定：“休与大师于法为昆仲、于义为交友、于恩为善知识、于教为内外护，故得详而叙之，他人则不祥。”此碑是研究裴休的重要资料，也是考察他与宗密交往的重要资料。

4. 十善业道经要略碑

《十善业道经要略碑》为开封繁塔所存宋代大型石碑，为北宋太平兴国二年进士赵安仁所书，碑末记此碑为原碑重刻，在《十善业道经要略》后还刻有《请天问经》，全碑共六通，保存完好。《十善业道经》本为唐代实叉难陀所译，此经共三个异译本，在实叉难陀之前还有晋竺法护所译本《佛说海龙王经》，赵宋施护译本《佛为娑伽罗龙王所说大乘经》，实叉难陀本和施护本仅是《海龙王经·十德六度品》的部分异译，此外，清代蕅益也编订过《十善业道经节要》。《十善业道要略碑》是裴休对实叉难陀译本的节略，在节略中多处裴休添加了注。但唐代原碑已失，仅在史籍南宋陈思《宝刻丛编》[37]、南宋郑樵《通志》[38]、《墨池编》[39]中有记载，从中可知唐代《十善业道要略》碑在京兆和滑州各有一方，均为裴休所撰，京兆者为乾符四年所建，在裴休去世之后，滑州之碑情况不明，北宋赵安仁应是据滑州之碑所摹写，可见此碑在唐宋之际的流传与接受度。

（二）文论

1. 华严原人论序

《华严原人论序》收录于《全唐文》，《大正藏》的《华严原人论》中未录，宗密本人在《原人论》中另有自序，从裴休文中内容来看，未必是为《原人论》所作，文中云："其他原人道之根本，会禅教之异同，皆随扣而应，待问而答。或徒众远地……门弟子集而编之成十卷，昭昭然定慧之明镜也……于是粗举其大节，以冠于首，裴休序。"[40]从这段内容来看，裴休是为一本十卷本的宗密文集所作之序，其中包含的内容非常多，《原人论》是其首，之后还有问答、诗歌吟咏等内容，而裴休作序时间应该是在宗密去世之后，"昭昭然定慧之明镜也"一句中"定慧"是唐宣宗在大中九年为宗密《圭峰碑》时所赐，所以此序应作于大中九年之后，又裴休在文末未署官职，应是裴休大中十年罢相后所作。宋代僧人净源（1011—1088）在《原人论发微录》中认为："上皆法集序文，后人寡识，或安于《行愿钞》前，或冠于斯论之首，甚与论题相反（彼序法集，非原人论），今书之于此录中欲明论主之行业耳。"[41]冉云华通过对《裴休拾遗问》的研究认为，此序应该是宗密去世后其弟子所编《道俗酬答文集》之序，此处依冉云华先生的见解[42]。

2. 黄檗希运禅师传心法要

全文分为序与正文，成书于大中十一年，署名河东裴休。《全唐文》仅收录了《黄檗山断际禅师传心法要序》[43]，而未收录正文部分，目前《大正藏》中《传心法要》有两个版本，其一为《景德传灯录》卷九之宋本，名为《黄檗希运禅师传心法要》[44]，其二为《大正藏》第48册明本，名为《黄檗山断际此禅师传心法要》，据日本增上寺报恩藏明本录入，总题为《断际心要》，裴休序文为总序，后有《黄檗山断际禅师传心法要》《黄檗断际禅师宛陵录》两部分，《传心法要》编号No. 2012A，《宛陵录》编号No. 2012B[45]。这两个版本文字有较大出入，宋本4500余字，而明本

7600多字，差近3000字。《景德传灯录》宋本正文共三部分，记录了希运的三次说法，起始部分均为"某月某日师告休曰"，末尾有《裴休相国传心偈》，为宋代僧人天真增录，而明本没有。No. 2012A明本增加的部分均为问答体，有六段说法，与前文行文完全不同，应为正文撰写完后门人另行增加，非裴休手笔。在藏于日本的室町写本《传心法要》与明本内容基本相同[46]，日本驹泽大学藏《四家语录》所载《传心法要》比明本少最后一问[47]。《大正藏》所收明本中没有以上标记。印顺法师认为《景德传灯录》本为正本，《大正藏》第48册No. 2012明本有所增附，为别行本[48]。《传心法要》在《新唐书·艺文志》[49]《宋史·艺文志》[50]中均有记载，此文作于大中九年黄檗希运辞世之后，带有纪念性质。文章内容主要为裴休对黄檗希运在洪州钟陵隆兴寺所说之法的旨要，是研究禅宗史的重要资料。《大正藏》第48册增附部分或为黄檗门下僧人所整理，应非出自裴休手笔。

3. 黄檗山断际禅师宛陵录

《黄檗山断际禅师宛陵录》在《大正藏》第48册中为《断际心要》一部分，共一卷，无题记，唐宋正史均无记载，多见于明代典籍，最早见于宋代编纂的《古尊宿语录》，但此书明代刊印时多有增补，《宛陵录》不知是否为明代增补入书。正文为裴休与黄檗希运的问答，其中问答十五段，上堂语一段，共计十六段，主要内容为裴休请教希运在家修行的禅门要谛。《宛陵录》内容从行文来看也应为黄檗门下僧人所录，并非出自裴休手笔。

4. 注华严法界观门序

《注华严法界观门序》是裴休为宗密所撰《注华严法界观门》一文所作之序，而《华严法界观门》是华严初祖杜顺所作。裴休此文收录于《全唐文》《大正藏》，《大正藏》本署名"唐绵州刺史裴休述"[51]，可见应是裴休在绵州刺史任上所作，刻印于公元1152年的《注华严法界观门序》1909年出土于黑水城遗址，其中序言署名亦为"绵州刺史裴休撰"[52]，裴休任绵州刺史在开成二年至开成四年之间（详见裴休生平一节），所以此文应作于此段时间。此文内容主要是叙述宗密注杜顺《华严法界观门》的原因和意义，裴休在文首概括了自己对法界的知见，先指出华严学之难，继而在主体部分用设问的形式来阐述宗密注《华严法界观门》的原因和意义，逻辑严密、层层深入。这篇文章是裴休华严哲学功底的显现，也是他与宗密交往的见证。

5. 禅源诸诠集都序叙

此文在《全唐文》收录时拟题为《释宗密禅源诸诠序》，是裴休为宗密的《禅源诸诠集都序》所撰写的序，《禅源诸诠集都序》又是宗密为《禅源诸诠集》所撰写的总序，《禅源诸诠集》即《禅藏》，在敦煌写本《禅源诸诠集都序》发现后，目前学界已经有诸多研究成果，基本确定是宗密晚年时所著之书，但对《禅藏》的卷数、撰写时间等尚有异议。《禅源诸诠集都序》有多个版本，镰田茂雄、冉云华、邱高兴等先后做过研究。依据前人研究成果，目前《禅源诸诠集都序》可知的版本有 11 种。

第一，辽道宗清宁八年刊本，在明藏本中，贾汝州序言中提到以此为对校本。不存。第二，元大德七年雪堂普仁刊行本，收于明《嘉兴藏》，称《明藏本》。《大正藏》以此为底本。第三，明代重刊本：以雪堂本为底本，临济宗僧人玄极居顶的重刊本，续藏经源自此本。清光绪十八年金陵刻经处本也以此为底本。第四，清康熙三年刊行本，藏于东京大学东洋文化研究所，为霖道霈的合校本。第五，明永乐北藏刊本（刊于 1402 年），中华大藏经所收为此本。第六，西夏文本 1909 年出土于内蒙古额济纳旗黑水城遗址，藏于俄罗斯东方文献研究所，所据的翻译底本比现存所有的本子都要古老，可用于汉译本的校勘。第七，明弘治六年刊本，文后有宋版后记，并大叟的后跋，刊刻的时间地点记为“弘治六年癸丑七月有日”，全罗道高山地佛名山花岩寺重刻，收录于柳田圣山《禅学丛书》[53]。第八，明万历四年刊本，日本东洋文库收，共两卷，为朝鲜据宋钱塘严氏刊本俗离山观音寺重刊。第九，清崇祯元年刊本，有两种，皆收于日本东洋文库。第十，日本 1358 年五山版，为延文三年本。第十一，五代后周广顺二年敦煌残卷，为最早写本[54]。

邱高兴将诸多版本《禅源诸诠集都序》分为两个版本系统，一是来自宋代刊本为底本的朝鲜高丽重刊本系统，文末有宋版后记：

> 唐大中十一年丁丑岁，裴相亲笔写本，付与金州武当山太一延昌寺老宿，得五十年收掌。大梁壬申，老宿授与唯劲禅师，归湖南。又经廿三年至甲午，禅师授与契玄归闽。又经廿年至甲寅乙卯，赍入吴越，书写施行矣。
>
> 福州沙门契玄录
>
> 大宋钱塘严明男 严楷勾当雕开板

另一个系统是源于元大德七年雪堂普仁刊行本，此系统正文前有惟大、邓文原、甲汝舟等三位所撰写的序，但是没有宋版后记，中国刊本和日本五山本都属于这一系统[55]，邓文原序文如下：

> 唐大中时，裴相国休为之叙，复手书是图。付金州延昌寺，后传唯劲师，再传玄契师，而图行闽湘吴越间。国朝至元十二年，世祖御广寒殿，愿问禅教要义。帝师及诸耆德，以禅源诠对，上意悦命板行于世。后二十有九年为大德癸卯，嗣法雪堂仁禅师，奉旨之五台，回途过大同，得金时潜菴觉公禅师所书图，益加考订，锦粹以传诸远。[56]

从邓文原的序中可知，宋本系统和元本系统有非常密切的关系，元本是在裴休所传宋本刊行后，对照雪堂禅师所得金本考订后所刻。但在这两个版本系统中，裴休的《禅源诸诠集都序叙》也分为两个系统，宋本系统裴休署名为“绵州刺史裴休述”，元本系统署名为“洪州刺史兼御史中丞裴休述”。除了署名不同之外，其余字句都相同。除了这两个系统外，目前还有西夏文本《禅源诸诠集都序》，是西夏国在宋初根据宋本刻印，正文字句也相同，裴休署名为“绵州刺史裴休述”。综上版本分析之后，则裴休的《禅源诸诠集都序叙》也可划分为两个系统，一个为宋本系统，即裴休署名“绵州刺史”的系统，西夏本也可归入宋本系统；另一个为元本系统，即裴休署名“洪州刺史兼御史中丞”的系统。从以上论述可知，《叙》最初应写于绵州刺史任内，即开成二年至开成四年之间，第二次写于洪州刺史任内，即会昌元年至会昌三年，为元本系统源头，第三次写于大中十一年，即后来流传的宋本系统之源头。《叙》主要内容是对宗密撰写《禅藏》原因的论述，其中包含了裴休对宗密思想的接受与理解，也包含了裴休的禅宗史观。《叙》是研究宗密思想的重要资料，也透露出裴休的佛教思想。裴休三次写《叙》均有不同的时代背景，绵州任上初写是受宗密所托，洪州任上再写应是在宗密去世后的怀念，大中十一年三写是出于对宗密的怀念，应该还有为宗密传播、保存著述的用心。

6. 中华传心地禅门师资承袭图

《中华传心地禅门师资承袭图》收录于《卍新续藏》中[57]，原名《裴休拾遗问》，曾在《宋史》中有记载，但国内典籍不存[58]。对此文的研究学界已经有较为丰富的成果，日本学者起步较早，宇井伯寿[59]、镰田茂雄[60]、石井修道[61]等在是20世纪下半叶先后发现，《承袭图》就是《裴休拾遗问》的异本，后冉云华先生也作了开拓性的贡献，证实裴休曾任拾遗一职，且《拾遗问》曾收入宗密的《道俗酬答文集》，从而证实了宗密《道俗酬答文集》十卷本的存在[62]，《承袭图》也出现在黑水城出土的汉文文献中[63]，杨增文的研究[64]，近年马格侠还对《承袭图》的西夏本作了研究[65]。通过以上研究可知，《中华传心地禅门师资承袭图》原名《裴休拾遗问》，在国内早已佚失。日本学者先发现了名古屋真福寺宋刊本的写本，其中有尾题“裴休拾遗问”，得知宗密回答裴休等四人就佛法的提问，其中裴休提问回答篇幅最长，而《中华传心地禅门师资承袭图》的名称是借《裴休拾遗问》达摩至菏泽宗历代祖师传承图而得，后《承袭图》标点校订本编入《中国佛教思想资料选编》[66]。通过学界以往研究可知，《裴休拾遗问》原是宗密去世后门人所编的《道俗酬答文集》中的一部分，主要内容是裴休就禅门各宗要旨问宗密，宗密分析了禅门源流与各宗要旨，裴休提问部分应为他个人所撰：

禅法大行，宗徒各异，互相诋訿，莫肯会同。切要辨其源流，知其深浅。比虽留意，未得分明，撰录时，恐有差错。伏望略为条流分别，三五纸示及。大抵到北宗、南宗。南宗中荷泽宗、洪州、石头等宗，具言其浅深顿渐得失之要，便为终身龟镜也。休再拜。

提问宗密时裴休职位为拾遗，时间应在大和二年至大和四年，这段文字已经被陈尚君先生冠以《与沙门宗密帖（题拟）》收入《全唐文补编》[67]，在提问中可见裴休对中晚唐时禅宗的态度。因此，《承袭图》除提问部分外，均为宗密门下整理的宗密回答内容，并非全部为裴休著述，但却是研究裴休信仰及与宗密交往的重要资料，目前对《承袭图》的研究多注意其中禅门源流与要旨，但对裴休与宗密的互动少有人关注。

7. 大方广圆觉修罗了义经略疏序

《全唐文》收录此文名为《大方广圆觉修罗了义经略疏序》，《大藏经》中共收录了两个版本，一是《卍续藏》中宗密的《圆觉经大疏》之前，裴休署名“唐江西道观察使洪州刺史兼御史大夫”[68]，另一是《大正藏》中宗密《大方广圆觉修多罗了义经略疏》之前，裴休署名“金紫光禄大夫守中书侍郎尚书门下平章事充集贤殿大学士裴休”[69]，但是两篇文章的内容并没有差别，应该是裴休在江西观察使与宰相期间各写了一遍，江西观察使期间（841—843）裴休应是应宗密之邀撰写，裴休充集贤殿大学士在大中九年九月，所以第二篇应作于大中九年九月至大中十年罢相之间，因裴休在大中九年至十年间还曾为宗密《道俗酬答文集》等作序，可能是同一段时间内所作。从裴休此文的主要内容看，应当是对宗密所撰《圆觉经》注疏全部著述的总序，首先，宗密对《圆觉经》非常重视，多有撰述，裴休在文中写道：“凡大疏三卷、大钞十三卷、略疏两卷、小钞六卷、道场修证仪 十八卷，并行于世。”在裴休撰写此文时宗密的《大疏》《大钞》《略疏》《小钞》等均已流传于世，单独为一部著述作序并无必要。其二，从后世流传的《大疏》《略疏》版本来看，均以此文作为序，虽然裴休署名不同，但文章并无字句差别，估计为流传版本散佚所致。第三，裴休在文章最后写道："休常游禅师之阃域，受禅师之显诀，无以自效，辄直赞其法，而普告大众耳。其他备乎本序云。"这段话是裴休撰写此文的原因直抒，并未提及具体为哪部著作而撰写，可理解为《圆觉经》的同一类著述而作。从思想来看，这篇文章也反映了裴休对宗密思想的理解与把握，以及他自身的佛教哲学功底。

8. 劝发菩提心文

全名为《普劝僧俗发菩提心文》，是一篇佛教发愿文，也是裴休最长的一篇文章，题下署名为"唐相国裴休述"，文末署名为"开成三年六月二十日緜州刺史裴休记"[70]，前者应为后人所加，文末应为裴休署名，可见此文的撰写时间。此文近年发现西夏文本，也题有"绵州刺史裴休集"字样[71]。宗密为此文作序，言及他与裴休的交往以及发菩提心之重要性及难度。裴休将正文分为17个部分，从菩提心的名义解释到如何发愿的步骤和如何实现而不退转都进行了论述，逻辑顺序是由浅及深，由外及内，结构完整。唐代慧沼法师（651—714）辑有《劝发菩提心集》三卷[72]，法藏（643—712）著有《华严劝发菩提心章》一卷[73]，相比之下，裴休的《劝发菩提心文》更倾向于在家信佛者，更为简洁明了。发菩提心在唐代佛教信仰中具有非常重要的作用，裴休作为在家信佛的高层官员在佛教愿文作者中是极为少见的，所以此文具有典型性，既反映了裴休系统的佛教理论，也是裴休佛教信仰修行层面的体现。

（三）诗歌

1. 题沕潭

沕潭形胜地，祖塔在云湄。
浩劫有穷日，真风无坠时。
岁华空自老，消息竟谁知。
到此轻尘虑，功名自可遗。

泐潭位于洪州，在今江西省高安市，祖塔为马祖道一之塔，马祖道一在去世后“即迁于塔”[74]，所以此塔应建于元和九年，权德舆作塔铭曰：“马祖终于开元寺，荼毗于石门而建塔也”，会昌法难沙汰沙门后，至大中四年七月，唐宣宗敕江西观察使裴休重建马祖塔与寺，并赐额宝峰[75]。根据地方志记载，宝峰寺在洪安县北石门山之麓，初名泐潭寺，寺中有权德舆碑，志中录有裴休此诗[76]。裴休于会昌元年至会昌三年任江南西道观察使兼洪州刺史，所以若此塔重修在大中四年时，裴休已回长安任职，那此诗作于何时？诗中有“浩劫有穷日，真风无坠时”一句，可以判断应在会昌法难之后所作，故此诗作于大中四年[77]。冉云华则认为，裴休之所以称马祖道一的大辩觉塔为祖塔，是因为裴休受法于黄檗希运，而黄檗希运为马祖道一法嗣。从整首诗的内容看，是裴休建造好马祖大辩觉塔与宝峰寺之后对世事风云变化与个人仕途的感叹，尤其是“到此轻尘濾，功名自可遗”一句表达了在远离尘世干扰、清心自得的心情。

2. 赠黄檗山僧希运

曾传达士心中印，额有圆珠七尺身。
挂锡十年栖蜀水，浮杯今日渡漳滨。
一千龙象随高步，万里香华结胜因。
拟欲事师为弟子，不知将法付何人？[78]

此诗较早见于《宋高僧传·唐洪州黄檗山希运传》中，赞宁记载此诗为黄檗希运回洪州后，居住于黄檗精舍时，升平相国裴休前往拜谒，以此诗为赠，赞宁由此认为裴休得法“出运之门”[79]。但是冉云华先生对此诗是否为裴休所作提出了质疑，因为在早于《宋高僧传》数十年的《祖堂集》中也有此诗的记载，但作者另有其人[80]。《祖堂集·黄檗和尚希运》记：

（黄檗）后居黄檗山，玄徒竞凑，法鼓震于寰中，缁素奔风。

智炬扬于海内。高安县令见已，方乃稽首泯伏，而有诗赞曰：曾传达士心中印……[81]

此处记作者为高安县令，从此诗内容分析，为作者初次见黄檗希运，希望希运能收其为弟子，但裴休曾受法于宗密，此处情境不符合裴休身份与经历。裴休与黄檗希运相识早在会昌二年裴休在江南西道观察使洪州刺史期间，在《黄檗山断际禅师传心法要》中裴休记："予会昌二年廉于钟陵，自山迎至州，憩龙兴寺，旦夕问道。大中二年廉于宛陵，复去礼迎至所部，安居开元寺，旦夕受法，退而纪之。"[82]从裴休这段记叙中可知他与黄檗希运的交往开始于会昌二年他任江南西道观察使洪州刺史期间，大中二年，会昌法难之后，他在宣歙观察使任上也曾礼迎希运到开元寺。

3. 白鹿山释迦瑞相诗

无相无亏有相圆，多生檀越种因缘。
三千境见阎浮土，丈六身留兜率天。
绀目辉腾沧海月，玉毫光射宝炉烟。
道人参到非非处，不是丹霞破佛禅。[83]

此诗也见于地方志中[84]，诗中所写白鹿寺在湖南益阳市白鹿山麓，地方志中记裴休元和年间曾在此谈禅，有白鹿衔花而出[85]，白鹿山上还有裴休相关遗迹，如裴休亭，后建为裴休读书处[86]，裴休于会昌三年至大中元年任湖南观察使兼潭州刺史，裴休在湖南期间与沩山灵祐交往甚密，沩山距离白鹿山不远，有可能裴休也经常在白鹿山一带活动，所以此诗创作时间应在湖南观察使任内，元和年间裴休应未到过此地。

4. 太平兴龙寺诗

麟台朝士辞书府，凤阙禅宗出帝京。

归到双林亲惠远，行过五老访渊明。

白衣居士轻班爵，败衲高僧薄世情。

引得病夫无外想，一身师事竺先生。[87]

陈尚君先生将此诗拟名为《太平兴龙寺诗》，诗作同时收于裴休与裴坦两人名下，诗原名为《予自右辖出镇锺陵秘监家兄不忍远别亟见宰坐求替遂得同赴江西时也荐福大德显公禅门上首言归东林亦获结侣道路陪游每承清论今过寺因留题诗一首》[88]，但此诗应非裴休之作，岑仲勉先生认为此诗为裴坦之作，因为裴坦之兄名裴谟，裴休之兄为裴俦，且裴休出镇钟陵并非从“右辖”上任，而是从中书舍人迁江南西道观察使兼洪州刺史[89]。冉云华认为此诗为裴休所作，或为误[90]。

5. 题铜官山庙

浔阳贤太守，遗庙古溪边。

树影入流水，石门当洞天。

幡花凝宝座，香案俨炉烟。

若到千年后，重修事宛然。

此处铜官山庙指灵祐王祠，据《池州府志》记载：“灵祐王祠在县铜官，山神姓张名宽，为浔阳郡守、扬州长史自萧齐时庙食兹土，唐中和间阴有战功，江东观察使裴休奏封保胜侯，乾真三年加公，宋绍兴九年赐庙额曰昭惠，咸淳八年封灵祐王，其庙屡毁，元邑人陈振新之。”[91]从志中可知，裴休曾奏请将铜官山供奉的灵祐王封保胜侯，裴休于大中二年至大中三年任宣歙观察使兼宣州刺史，奏封保胜侯应在此任期。从诗的具体内容来看，是对铜官山庙景物的描摹，最后一句提到千年后重修之事，可见当时保胜侯庙确为新建。冉云华先生怀疑此为地方民间神祇，而裴休信仰佛教，所以怀疑此诗非裴休所作。从地方志记载来看，是裴休在任内治理，当与他个人信仰无关。

6. 题延庆化城寺诗

平生志在野云深，建立精蓝大用心。
须达买园充圣地，祇陁施树不收金。
鸣钟尚息刀轮苦，下击三涂地狱音。
为报往来游玩者，园林常住勿相侵。[92]

萧应植乾隆二十六年《济源县志 》中此诗名为《书留化城寺壁》，并记载化城寺在枋口内三里，即唐相裴休读书处，唐咸通四年奉敕建[93]。2008年《重修延庆化城寺碑》的出土佐证了县志所记，延庆化城寺确为咸通四年裴休奉敕所建[94]。《河内县志》记载延庆化城寺有后唐所刻裴休诗句，正书书长兴四年共十行，行七字高一尺一寸，化城寺“主僧惠□立石”，县志作者怀疑此诗非裴休所作，原因是化城寺在裴休济源故居附近，但“此诗殊不似唐人作，凝即梵徒托名伪为也”[95]。陈尚君在《全唐诗补编》中收录此时对此并不认同。根据《重修延庆化城寺碑》中所记内容，化城寺即为裴休济源故居舍宅所建，又隋开皇三年罢河内郡为怀州，河内郡曾辖济源县[96]，县志作者对地域的怀疑并不成立。诗作内容与《重修延庆化城寺碑》所记基本相符，此诗应为裴休晚年舍宅为寺过程中所作，而裴休去世于咸通五年末，所以此诗应作于咸通四年至咸通五年末。

7. 颂黄檗断际禅师（题拟）

尘劳迥脱事非常，紧把绳头系一场。
不是一番寒彻骨，争得梅花扑鼻香。[97]

此诗最早见于《黄陵断际禅师宛陵录》[98]，后被陈尚君先生收录于《全唐诗补编》，认为是裴休之作，拟题为《颂黄檗断际禅师》。《黄陵断际禅师宛陵录》从文字内容看是裴休与黄檗希运问答记录，裴休问，黄檗答，此诗出现在文末，黄檗希运答完裴休最后一问后，有两段上堂开示，这首诗在开示语末尾，是一段赞颂。此诗应非裴休之作，其一，依照《黄陵断际禅师宛陵录》的文字内容来看，此文并非裴休所书，应为黄檗希运门下僧人所录，所以最后这首讽诵诗也不应为裴休所作；其二，裴休位高爵显，所作之诗文皆有官衔署名，此诗并没有；其三，这首讽颂诗在后世佛典中也多次被引用，应该是禅门中广泛流传的讽颂之诗，若非希运所作，则难以考辨作者。

8. 赞圆觉

金紫光禄大夫守中书侍郎兼户部尚书同中书门下平章事集贤殿大学士　裴休　撰

众生诸佛尘沙德，同蕴光明大藏中。
觉心平等遍十方，迷人颠倒生分别。
法王有法名圆觉，流出真如及涅槃。
无明无体如空华，觉心既显无明灭。
黄朝境寂身心净，初结菩提广大缘。
须依圆照廓情尘，方是如来本因地。
是故众等汝当知，随顺文殊因地法。
一切众生虚妄境，皆生圆觉妙心中。
如彼空华实不生，从空有故从空灭。
翳除华灭空元净，知显尘消觉圆□。
幻心只向觉心生，莫于觉外求离幻。
日轮当午群阴灭，觉体今明众幻除。
幻除觉满觉非空，莫疑是幻还修幻。
是故众等汝当知，随顺普贤修幻法。
如来净觉离纷染，求证先依戒定门。
妄身无体妄心空，幻心灭故幻尘灭。
镜磨垢尽青黄显，智照情空物我融。
唯有圆明大觉心，根尘器界皆清净。

虞泉日没山阿暗，灵腑心昏梦幻劳。
深观人法二俱空，悟取众生本成佛。
是故众等汝当知，依此修持免迷闷。
如来妙觉圆明体，烦恼真如本不分。
始终生灭若循环，皆是轮回妄中见。
岸移月运俱旋复，矿尽金成矿不生。
浮心巧见执疑情，终不能游寂灭海。
黄朝净念如来境，先断轮回根本心。
若将圆觉妄中观，觉随妄转何由辨。
是故众等汝当知，莫于圆觉生三或。
一切众生无始际，皆因淫欲受诸身。
将知累劫久轮回，只缘贪爱为根本。
纷纷欲境多违顺，杳杳迷途厌死生。
若除渴爱断轮回，便于圆觉能开悟。
日光虽盛浮云蔽，觉性常圆二部昏。
若欲安心妙觉城，依愿修行断诸障。
是故众等汝当知，常将慧日为心镜。
大觉圆明离诸相，无有轮回及圣凡。
众生菩萨二皆空，功用妄中显差别。
净心起解凡中信，觉体生心圣外贤。
照觉双忘十地人，真妄俱融始成佛。
黄昏境物皆虚寂，正是收心在观时。
若希观世证菩提，一切境中离虚妄。
是故众等汝当知，早超凡位成真智。[99]

此诗共84句，是裴休现存最长的一首诗，也是一首佛教赞颂诗，保存于《圆觉经道场修证仪》末尾，这首诗是作为结尾赞颂《圆觉经道场修证仪》，不见于其他史籍。对佛教的赞颂诗，无著菩萨造、玄奘译《显扬圣教论》卷第六云：“应颂者，谓诸经中，或于中间，或于最后，以颂重显，及诸经中不了义说，是为应颂……讽颂者，谓诸经中非 长行直说，然以句结成，或二句或三句或四句或五句或六句，是为讽颂。”[100]裴休的署名为“金紫光禄大夫守中书侍郎兼户部尚书同中书门下平章事集贤殿大学士”，《唐大诏令集》中《魏謩监修国史等制》中记：“金紫光禄大夫中书侍郎兼户部尚书食邑五百户裴休……休可本官充集贤殿大学士……大中九年七月七日。”[101]此可明确裴休充集贤殿大学士时间为大中九年七月七日，而裴休罢相是在大中十年十月，所以此诗应写于大中九年七月后，大中十年十月之前，为裴休中晚年时期。冉云华先生认为是比较稀有的样本，反映了裴休对佛教的信仰不限于义理和历史，还包括了宗教仪式等宗教内容，也是对两唐书所记裴休中晚年“梵呗为乐”的一种呼应。这首赞偈诗也是裴休在宗密去世后对宗密怀念的见证。

9. 裴休相国传心偈

予于宛陵钟陵皆得亲黄檗希运禅师，尽传心要。乃作传心偈尔。

心不可传，以契为传。心不可见，以无为见。契亦无契，无亦无无。化城不住，迷额有珠。珠是强名，城岂有形。即心即佛，佛即无生。直下便是，勿求勿营。使佛觅佛，倍费功程。随法生解，即落魔界。凡圣不分，乃离见闻。无心似镜，与物无竞。无念似空，无物不容。三乘外法，历劫希逢。若能如是，是出世雄。[102]

此偈在《黄檗希运禅师传心法要》末尾，《传心法要》作于大中十一年[103]，此偈也应作于大中十一年或之后，彼时裴休已经罢相，所以署名为河东裴休，内容主要是对《传心法要》的概括，总结了黄檗希运“即心是佛”的主要思想。但是在《大正藏》第 4 册 No. 2012A《黄檗山断际禅师传心法要》末尾并无此偈，在偈后有南宗字天真的僧人题记：“尝闻，河东大士亲见高安导师传心要，于当年着偈章而示后，顿开聋瞽，焕若丹青。予惜其所遗，缀于本录云尔。”[104]可见此偈曾遗失过，庆历八年南禅宗僧人天真发现后并校订后缀于《传心法要》之后，《裴休相国传心偈》之名应为天真法师所拟，而在其他版本的《传心法要》末尾并未有此偈。

（四）裴休所撰表疏

1. 请革横税私贩奏

此奏表除收录于《全唐文》外，还见于《旧唐书·食货志》，据其记载，大中五年二月，裴休以户部侍郎充盐铁转运使，此道奏书是裴休大中六年正月所奏，要求唐宣宗革除茶商的拓地钱等横税，以安商旅，同时保护正税茶商，打击未纳税的私贩，私贩照章纳税后货物方可流通。裴休条流茶法的举措得到了唐宣宗的支持，大中六年四月淮南及天平军节度使并浙西观察使因为军费不足，奏请使用原税法征收，遭到唐宣宗拒绝，认为裴休新茶税刚刚设置，各地理应统一[105]。条流茶税是裴休宰辅期的主要功绩之一，但据《旧唐书·食货志》记载，大中六年五月裴休治理茶税共立法十二条，事极精详，《旧唐书·裴休传》记裴休共立茶税法二十条，可能为六年五月之后又立若干。郑樵《通志·艺文略》记载有《裴休状》三卷[106]，应为裴休任职期间奏表等，可惜已不存。裴休治理盐铁漕运茶税为稳定大中政局起到关键作用，裴休相关奏表是研究中晚唐经济的重要资料，但仅留下这一篇奏表，实为遗憾。

2. 化城寺表疏

化城寺表疏共四篇，刻于《重建延庆化城寺碑》碑阴，均为裴休撰写，分别为《奏置化城寺表》《谢置化城寺表》《疏文二道（之一）（题拟）》《疏文二道（之二）·伏以家门重》，这四篇表疏以建化城寺为中心，《奏置化城寺表》作于咸通四年十二月二十三日，是上奏唐懿宗将裴休济源别墅新建成房屋舍宅为化城寺，其中简略介绍了个人经历和原化城寺概况，并请唐懿宗赐号《延庆化城寺》、请南禅宗僧人十七人住持寺院，裴休官职为荆南节度使。《谢置化城寺表》是在懿宗准奏后之谢表，作于咸通五年正月，裴休官职为荆南节度使，内容表达对圣旨的感谢之情。《疏文二道（之一）（题拟）》根据上下文意思，应作于咸通五年十一月二十七日，裴休官职为荆南节度使，内容为交代寺院管理、田产管理。《疏文二道之二·伏以家门重》无年份，仅有日期，依据上下文意思，应作于咸通五年十一月二十九日，无署名，内容为交代家规与寺院管理原则，尤其是寺院下院的管理问题。两封奏表与两道疏文为裴休去世前所作，能反映出中晚唐士大夫佛教信仰中诸多问题，对此详见第二章分析，兹不赘述。

（五）裴休所撰史书

裴休所撰史书仅《穆宗实录》，《穆宗实录》共二十卷，于唐文宗大和七年开始修撰[107]，大和七年路随表上完成的《穆宗实录》记录的是元和十五年正月至长庆四年十一月的穆宗实事[108]，裴休以右补阙并充史馆修撰在大和六年七月四日："谏议大夫王彦威、户部郎中杨汉公、祠部员外郎苏涤、右补阙裴休，并充史馆修撰。"[109]对此《册府元龟》《唐会要》等所述略同。但是在两唐书的裴休本传中均未记载裴休参与编撰《穆宗实录》之事，但《新唐书·艺文志》记《穆宗实录》为苏景胤、王彦威、杨汉公、苏涤、裴休撰，路随监修[110]。裴休应该在史馆修撰期间参与了路随监修的二十卷《穆宗实录》的编修工作[111]，从他入职到大和六年至大和七年《穆宗实录》完成，约一年时间，可能因为参与的时间较短、工作量较小，所以裴休的名字被排在最后。

三、裴休撰述的问题分析

从对作品的逐一梳理能够看出来，裴休现存著述存在以下几个问题。

（一）分散无序

经过对裴休现存著述的梳理可以发现，裴休现存的著述非常杂乱。《全唐文》中所录八篇遗漏颇多，有多篇存世作品没有录入，且已录的《黄檗山断际禅师传心法要序》《清凉国师碑铭》两篇录入的作品也只是裴休原作一部分。《大藏经》中所存的一些裴休之作并非为裴休本人所撰，如《黄檗山断际禅师宛陵录》、《大正藏》版《黄檗希运禅师传心法要》、《中华传心地禅门师资承袭图》等；而且同一著述各版本之间也存在诸多差异，如《传心法要》《禅源诸诠集都序叙》《大方广圆觉修罗了义经略疏序》裴休在不同版本的署名都不同。裴休的诗作则更为分散，《全唐诗》中所录两首诗中，《赠黄檗山僧希运》并非裴休所作，收录于《全唐诗补编》的《太平兴隆寺诗》也非裴休所作，《大藏经》中的《裴休相国传心偈》则可能是黄檗希运的作品。

（二）佛教著述占主体

现在能够确定为裴休所撰写的作品约 27000 字，大部分是与佛教相关内容，除了《题铜官山庙》《请革横税私贩奏》《穆宗实录》外，全部为佛教著述，共 26000 多字，占裴休所存作品数量的 90%以上份额。而且，这些作品得以保存至今，也主要依赖于佛教界内部的流传，也可以说这些作品的流传得益于佛教界的保存。从作品形式与内容来看，这些与佛教相关的作品包括了诗歌、碑铭、论述、愿文等多种形式，其中也包含了裴休个人的佛教思想、佛教修行等多种问题。

目前对裴休作品的研究学界的研究并非不多，但前人的研究主要围绕佛教史上高僧的研究，而且裴休作品的研究并非以裴休本人为中心，多是以裴休作品展开对禅宗史上一些高僧如宗密、黄檗希运的研究。而裴休作品中所反映的裴休本人的信仰问题及与高僧交往等问题等则关注较少。

表 1　裴休著述表

类型	名称	撰写年代
碑文	清凉国师碑	开成三年
	玄秘塔碑	开成元年—会昌元年
	圭峰禅师碑	大中九年—大中十年
	十善业道要略碑	大中九年—大中十年

续表

类型	名称	撰写年代
文论	华严原人论序	大中十年—咸通五年
	黄檗希运禅师传心法要	大中十一年
	注华严法界观门序	开成二年—开成四年
	禅源诸诠集都序叙	开成二年—开成四年，会昌元年—会昌三年，大中十一年
	中华传心地禅门师资承袭图（问）	大和二年—大和四年
	大方广圆觉修罗了义经略疏序	会昌元年—会昌三年，大中九年—大中十年
	劝发菩提心文	开成二年—开成四年
诗作	题泐潭	大中四年
	白鹿山释迦瑞相诗	会昌三年—大中元年
	题铜官山庙	大中二年—大中三年
	题延庆化城寺诗	咸通四年—咸通五年
	赞圆觉	大中九年—大中十年
	裴休相国传心偈	大中十一年—咸通五年
表疏	请革横税私贩奏	大中六年
	奏置化城寺表	咸通四年
	谢置化城寺表	咸通五年
	疏文二道（之一）	咸通五年
	疏文二道（之二）·伏以家门重	咸通五年
史书	穆宗实录	大和六年—大和七年

* 本文系国家社科基金项目“裴休著述整理及其佛教思想研究”（23XZJ010）的阶段性成果。

注释:

[1]（清）董诰:《全唐文》卷七百四十三，上海：上海古籍出版社，1990年，第3406～3410页。

[2]（唐）裴休:《普劝僧俗广发菩提心文》，见［日］高楠顺次郎监修:《卍新续藏》第五十八册，台北：新文丰出版公司，1983年，第486页上～489页中。

[3]（唐）裴休:《赞圆觉》，收入（唐）宗密:《圆觉经道场修证仪》卷十八，见［日］高楠顺次郎监修:《卍新续藏》第七十四册，台北：新文丰出版公司，1983年，第510页中～511页上。

[4]（唐）裴休:《黄檗希运禅师传心法要》，见［日］高楠顺次郎监修:《大正新修大藏经》第四十八册，台北：新文丰出版公司，1983年，第379页中～384页上。

[5]（唐）裴休:《传心偈》，收入（宋）道原:《景德传灯录》卷九，见［日］高楠顺次郎监修:《大正新修大藏经》第五十一册，台北：新文丰出版公司，1983年，第273页。

[6]（唐）裴休:《中华传心地禅门师资承袭图》，见高楠顺次郎监修:《卍新续藏》第六十三册，台北：新文丰出版公司，1983年，第31页上～36页上。

[7]（唐）裴休:《黄檗断际禅师宛陵录》，见高楠顺次郎监修:《大正新修大藏经》第四十八册，台北：新文丰出版公司，1983年，第384页上～387页中。

[8]（唐）裴休:《唐故左街僧录内供奉三教谈论引驾大德安国寺上座赐紫方袍大达法师元秘塔碑铭》，见（清）董诰等编:《全唐文》卷七百四十三，北京：中华书局，1983年，第7694～7695页。

[9]开封繁塔存宋代《十善业道经要略》碑刻六方，文字为笔者据京都大学藏《十善业道经》拓片整理，国家图书馆也藏有该碑拓片。

[10]陈良军:《河南发现重修延庆化城寺碑考释》，《文博》2011年第6期，第56～60页。

[11]（唐）裴休：《题汾潭》，见（清）彭定求等编：《全唐诗》卷五百六十三，北京：中华书局，1960年，第6530页。

[12]（唐）裴休：《赠黄檗山僧希运》，见（清）彭定求等编：《全唐诗》卷五百六十三，北京：中华书局，1960年，第6530页。

[13]（唐）裴休：《题铜官山庙》，见陈尚君辑校：《全唐诗补编外编第三编·全唐诗续补遗》卷七，北京：中华书局，1992年，第417页。

[14]陈尚君辑校：《全唐诗补编》卷十二，北京：中华书局，1992年，第232页。

[15]（唐）裴休：《白鹿寺释迦瑞相诗》，见陈尚君辑校：《全唐诗补编》卷七，北京：中华书局，1992年，第417～418页。

[16]（唐）裴休：《颂黄陵断际禅师（题拟）》，见陈尚君辑校：《全唐诗补编·续拾》卷三十，北京：中华书局，1992年，第1125页。

[17]（唐）裴休：《延庆化城寺》，见陈尚君辑校：《全唐诗补编·续拾》卷三十，北京：中华书局，1992年，第1124页。

[18]（唐）裴休：《白水洞飞泉》，见陈尚君辑校：《全唐诗补编·续拾》卷三十，北京：中华书局，1992年，第1125页。

[19]（唐）裴休：《武林石桥亭》，见陈尚君辑校：《全唐诗补编·续拾》卷三十，北京：中华书局，1992年，第1125页。

[20]《新唐书》卷五十八《艺文》，北京：中华书局，1975年，第1472页。

[21]启功主编：《中国法贴全集·宋·汝帖》第4册，武汉：湖北美术出版社，2002年，第31页。

[22]（宋）赵明诚著，刘晓东、崔燕南点校：《金石录》卷十，济南：齐鲁书社，2009年，第88页。

[23]（宋）佚名：《宝刻类编》，北京：中华书局，1985年，第353页。

[24]（宋）郑樵：《通志略》卷七十，上海：上海古籍出版社，1990年，第716页。

[25] 冉云华：《裴休诗文研究》，见《周绍良先生欣开九秩庆寿文集》，北京：中华书局，1997 年，第 343～352 页。

[26]《新编诸宗教藏总录》记载："清凉碑文一卷（与行状亦有不同待勘），裴休述……"参见［高丽］义天录：《新编诸宗教藏总录》卷一，见［日］高楠顺次郎监修：《大正新修大藏经》第五十五册，台北：新文丰出版公司，1983 年，第 1168 页上。

[27]《大元华严寺重修大唐华严新旧两经疏主翻经大教授充上都僧统清凉国师妙觉塔记》，见［日］镰田茂雄：《中国华厳思想史の研究》，东京：东京大学出版社，1964 年，第 157～158 页。

[28]（宋）祖琇：《隆兴编年通论》卷二十五，见［日］高楠顺次郎监修：《卍新续藏》第四十九册，台北：新文丰出版公司，1983 年，第 233 页上。

[29]（元）念常：《佛祖历代通载》卷十六，［日］高楠顺次郎监修：《大正新修大藏经》第四十九册，台北：新文丰出版公司，1983 年，第 634 页。

[30]［日］笑庵観复：《华厳经大疏玄文随流演义钞会解记》，［日］纳富常天校注，《金沢文库研究纪要（5）》，横滨：神奈川県立金沢文库，1968 年。

[31]（元）普瑞：《华严悬谈会玄记》卷一，见［日］高楠顺次郎监修：《卍续藏》第八册，台北：新文丰出版公司，1983 年，第 90～96 页。

[32]（元）普瑞：《华严悬谈会玄记》卷一，见［日］高楠顺次郎监修：《卍续藏》第八册，台北：新文丰出版公司，1983 年，第 94 页。

[33]（宋）祖琇：《隆兴编年通论》卷二十五《唐》，见［日］高楠顺次郎监修：《卍新续藏》第七十五册，台北：新文丰出版公司，1983 年，第 232 页上。

[34]（宋）志磐：《佛祖统纪》卷四十二，见［日］高楠顺次郎监修：《大正新修大藏经》第四十九册，台北：新文丰出版公司，1983 年，第 385 页中。

[35]（元）念常：《佛祖历代通载》卷十六，见［日］高楠顺次郎监修：《大正新修大藏经》第四十九册，台北：新文丰出版公司，1983 年，第 633 页下。

[36] 文字为本人根据国图网站拓片整理，并对照日本京都大学所藏同一碑拓片校对而成。缺字对照《大正新修大藏经》原文作了脚注，文字依照拓片空行分段。

[37]（南宋）陈思《宝刻丛编》卷八引《京兆金石录》记载："唐十善业道要略碑，唐裴休撰，李郁篆额，乾符四年。"

[38]（宋）郑樵：《通志》卷七十三《金石略》记载："唐《十善业道经要略》碑。"

[39]《墨池编》卷六"唐碑"记："唐十善业道经要略，裴休书，在滑州。"

[40]（唐）裴休：《华严原人论序》，见《全唐文》卷七百四十三，上海：上海古籍出版社，1990 年，第 340 页。

[41]（宋）净源述：《原人论发微录》，见［日］高楠顺次郎监修：《卍新续藏》第五十八册，台北：新文丰出版公司，1983 年，第 719 页。

[42] 冉云华：《裴休诗文研究》，见《周绍良先生欣开九秩庆寿文集》，北京：中华书局，1997 年，第 343～352 页。

[43]（清）董诰：《全唐文》卷七百四十三，上海：上海古籍出版社，1990 年，第 3406～3410 页。

[44]（唐）裴休：《黄檗山断际禅师传心法要》，收入《景德传灯录》卷九，见［日］高楠顺次郎监修：《大正新修大藏经》第五十一册，台北：新文丰出版公司，1983 年，第 270 页上～273 页上。

[45]（唐）裴休撰：《黄檗山断际禅师传心法要》，见［日］高楠顺次郎监修：《大正新修大藏经》第四十八册，台北：新文丰出版公司，1983 年，第 379 中～384 页上。

[46]（唐）裴休：《黄檗山断际禅师传心法要》，日本内阁文库藏写本，番号（汉）3314，函号 311-14，第 1 册，第 25 页。

[47]（唐）裴休：《黄檗山断际禅师传心法要》，见《四家语录》卷四，日本驹泽大学藏刊本，番号 188.84，函号 882-2，第 19 页。

[48]《中国禅宗史》："裴休《黄檗希运禅师传心法要》《传灯录》本为正。《大正新修大藏经》四八的别行本，已有所增附。"参见释印顺：《中国禅宗史》，见《印顺法师佛学著作集》第 40 册，第 336 页。

[49]（宋）欧阳修：《新唐书》卷五十九，北京：中华书局，1975 年，第 1530 页。

[50]（元）脱脱等：《宋史》卷二百零五，北京：中华书局，1985 年，第 5186 页。

[51]（唐）裴休：《注华严法界观门序》，见［日］高楠顺次郎监修：《大正新修大藏经》第四十五册，台北：新文丰出版公司，1983 年，第 683 页。

[52] 俄罗斯科学院东方研究所圣彼得分所、中国社会科学院民族研究所等编：《俄藏敦煌黑水城文献》卷 4，上海，上海古籍出版社，1997 年，第 250 页。

[53]［日］柳田圣山：《禅学丛书》卷二，《禅门撮要》，东京：中文出版社，1974 年。

[54] 冉云华：《〈禅源诸诠集都序〉最早印本的发现和证实》，初刊于《东方杂志》，1976 年，第 37～40 页，后收入《中国佛教文化研究论集》，台北：东初出版社，第 96 页。

[55] 邱高兴：《〈禅源诸诠集都序〉序言》，见（唐）宗密著，邱高兴校注：《禅源诸诠集都序》，郑州：中州古籍出版社，2008 年。

[56]《重刻禅源序》，收入（唐）宗密：《禅源诸诠集都序》卷一，见［日］高楠顺次郎监修：《大正新修大藏经》第四十八册，台北：新文丰出版公司，1983 年，第 397 页。

[57]（唐）裴休：《中华传心地禅门师资承袭图》，见［日］高楠顺次郎监修：《卍新续藏》第 六十三册，台北：新文丰出版公司，1983 年，第 31 页上～36 页上。

[58]（元）脱脱等：《宋史》卷二百零五，北京：中华书局，1985年，第5184页。

[59]［日］宇井伯寿：《禅源诸诠集都序》，东京：岩波书店，1939年。

[60]［日］镰田茂雄：《宗密教学の思想史的研究》，东京：东京大学出版社，1975年，第293～311页。

[61]［日］石井修道：《洪州宗について-真福寺文库所蔵の〈裴休拾遺问〉と〈六祖坛経〉の绍介に因んて》，《印度学佛教学研究》1979年第28卷，第377～381页；《顿悟渐修について-〈裴休拾遗问〉を中心として-》，《印度学佛教学研究》1981年第29卷，第104～109页；《大英図书馆所蔵の五山版〈禅源诸诠集都序〉について》，《印度学佛教学研究》1996年第88卷，第117～124页。

[62]冉云华：《宗密著〈道俗酬答文集〉的研究》，初本刊于《华岗佛学学报》1980年第4期，后收入冉云华：《中国佛教文化研究论集》，台北：东初出版社，1990年，第116页；又收入《中国敦煌学百年文库·宗教卷》，2014年，第55～77页。

[63]《承袭图》收入《俄藏黑水城文献》，参见《俄藏黑水城文献》，上海：上海古籍出版社，1996年，第323页。孟列夫曾对黑水城出土《承袭图》有过介绍，为木刻本，蝴蝶装，俄罗斯原藏录号TK—254，参见［俄］孟列夫：《黑城出土汉文遗书叙录》，王克孝译，银川：宁夏人民出版社，1994年，第186～193页。另孟列夫有俄文版说明，参见Меньшиков Л. Н. Описание китайской части коллекции из Хара-Хото（фонд П. К. Козлова）. М.《Наука》，ГРВЛ，1984，pp. 267-268.

[64]杨曾文：《唐五代禅宗史》，北京：中国社会科学出版社，1999年，第399页；另见《唐代宗密及其阐教会通论》，《中华佛学学报》1999年第12期。

[65]马格侠：《西夏地区流传宗密著述及其影响初探》，《宁夏社会科学》2007年第3期，第99～103页。

[66] 石峻等编：《中国佛教思想资料选编》第2卷第2册，北京：中华书局，1981年，第459页。

[67]《与沙门宗密帖（题拟）》，见陈尚君辑校：《全唐文补编》卷四，北京：中华书局，2005年，第2140页。

[68]（唐）宗密：《圆觉经大疏》卷一，见［日］高楠顺次郎监修：《卍新续藏》第九册，台北：新文丰出版公司，1983年，第323页。

[69]（唐）宗密：《大方广圆觉修多罗了义经略疏》，见［日］高楠顺次郎监修：《大正新修大藏经》第三十九册，台北：新文丰出版公司，1983年，第523页。

[70]（唐）裴休：《劝发菩提心文》，见［日］高楠顺次郎监修：《卍新续藏》第五十八册，台北：新文丰出版公司，1983年，第486页上。

[71] 孙伯君：《裴休〈发菩提心文〉的西夏译本考释》，《宁夏社会科学》2017年第4期，第186～193页。

[72]（唐）慧沼：《劝发菩提心集》，见［日］高楠顺次郎监修：《大正新修大藏经》第四十五册，台北：新文丰出版公司，1983年，第375页上。

[73]（唐）法藏：《华严发菩提心章》，见［日］高楠顺次郎监修：《大正新修大藏经》第四十五册，台北：新文丰出版公司，1983年，第650～656页。

[74]（宋）赞宁：《宋高僧传》卷十《唐洪州开元寺道一传》，北京：中华书局，1987年，第221～223页。

[75]（宋）道原：《景德传灯录》卷六，见［日］高楠顺次郎监修：《大正新修大藏经》第五十一册，台北：新文丰出版公司，1983年，第246页。

[76]《（同治）南昌府志》卷十四，清同治十二年刻本，第1461页。

[77]（唐）裴休：《题泐潭》，见（清）彭定求等编：《全唐诗》卷五百六十三，北京：中华书局，1960年，第6530页。

[78]（唐）裴休：《赠黄檗山僧希运》，见（清）彭定求等编：《全唐诗》卷五百六十三，北京：中华书局，1960年，第6530页。

[79]《唐洪州黄檗山希运传》，见（宋）赞宁：《宋高僧传》卷二十，北京，中华书局，1987年，第528页。

[80]冉云华：《裴休诗文研究》，见白化文编：《周绍良先生欣开九秩庆寿文集》，北京：中华书局，1997年，第343～352页。

[81]（南唐）静、筠二禅师编撰，孙昌武、[日]衣川贤次、[日]西口芳男点校：《祖堂集》卷十六，北京：中华书局，2007年，第729～730页。

[82]（唐）裴休：《黄檗希运禅师传心法要》，[日]高楠顺次郎监修：《大正新修大藏经》第四十八册，台北：新文丰出版公司，1983年，第379页下。

[83]（唐）裴休：《白鹿寺释迦瑞相诗》，见陈尚君辑校：《全唐诗补编》卷七，北京：中华书局，1992年，第417～418页。

[84]《（光绪）湖南通志》卷二百三十八，清光绪十一年刻本，第18769～18770页。

[85]《（同治）益阳县志》卷二十四，清同治十三年刻本，第2530～2531页。

[86]《（同治）益阳县志》卷二十四，清同治十三年刻本，第2447页。

[87]（唐）裴休：《太平兴龙寺诗》，见《全唐诗补编》卷十二，北京：中华书局，1992年，第232页。

[88]（唐）裴坦：《予自右辖出镇锺陵秘监家兄不忍远别亟见宰坐求替遂得同赴江西时也荐福大德显公禅门上首言归东林亦获结侣道路陪游每承清论今过寺因留题诗一首》，见陈尚君：《全唐诗补编·续拾》卷三十二，北京：中华书局，1992年，第1157页。

[89]“休自中舍除江西，有张又新《建碑记》及杜牧《代让平章事表》可证，非自右丞（右辖）出，休兄亦不名谟，唯《新表》中眷裴，僖宗相裴坦之兄名谟，乃知诗实坦作，后人误书坦为休也。”参见岑仲勉：《唐方镇年表正补》，《台湾“中央研究院”历史语言研究所集刊》1948年第15期，第349页。

[90] 冉云华：《裴休诗文研究》，见白化文编：《周绍良先生欣开九秩庆寿文集》，北京：中华书局，1997 年，第 343～352 页。

[91]《（嘉靖）池州府志》卷五，明嘉靖刻本，第 216 页。

[92]（唐）裴休：《延庆化城寺》，见陈尚君辑校：《全唐诗补编·续拾》卷三十，北京：中华书局，1992 年，第 1124 页。

[93]（唐）裴休：《书留化城寺壁》，见（清）萧应植纂修：《济源县志》卷十六，台北：成文出版社，1976 年，第 846 页。

[94] 陈良军：《河南发现重修延庆化城寺碑考释》，《文博》2011 年第 6 期，第 56～60 页。

[95]《（道光）河内县志》卷二十，清道光五年刊本，第 764 页。

[96]（唐）李吉甫：《元和郡县图志》卷十六，北京：中华书局，1983 年，第 443～446 页。

[97]（唐）裴休：《颂黄陵断际禅师（题拟）》，见陈尚君辑校：《全唐诗补编·续拾》卷三十，北京：中华书局，1992 年，第 1125 页。

[98]《黄檗断际禅师宛陵录》：“颂曰：尘劳迥脱事非常。紧把绳头做一场。不是一番寒彻骨。争得梅花扑鼻香。”参见［日］高楠顺次郎监修：《大正新修大藏经》第四十八册，台北：新文丰出版公司，1983 年，第 387 页。

[99]（唐）裴休：《赞圆觉》，收入（唐）宗密：《圆觉经道场修证仪》卷十八，见［日］高楠顺次郎监修：《卍新续藏》第七十四册，台北：新文丰出版公司，1983 年，第 510 中～511 页上。

[100]（唐）玄奘译：《显扬圣教论》卷六，［日］高楠顺次郎监修：《大正新修大藏经》第三十一册，台北：新文丰出版公司，1983 年，第 509 页上。

[101]《唐大诏令集》卷五十一《馆职》，北京：商务印书馆，1959 年，第 265 页。

[102]（唐）裴休：《传心偈》，收入（宋）道原：《景德传灯录》卷九，［日］高楠顺次郎监修：《大正新修大藏经》第五十一册，台北：新文丰出版公司，1983 年，第 273 页上。

[103]（唐）裴休：《传心偈》，收入（宋）道原：《景德传灯录》卷九，[日]高楠顺次郎监修：《大正新修大藏经》第五十一册，台北：新文丰出版公司，1983年，第271页。

[104]（唐）裴休：《传心偈》，收入（宋）道原：《景德传灯录》卷九，[日]高楠顺次郎监修：《大正新修大藏经》第五十一册，台北：新文丰出版公司，1983年，第273页上。

[105]（后晋）刘昫：《旧唐书》卷四十九《食货》，北京：中华书局，1975年，第2130页。

[106]（宋）郑樵：《通志略》卷七十，上海：上海古籍出版社，1990年，第716页。

[107]文宗太和四年，路随以监修的身份表《宪宗实录》，于太和七年表《穆宗实录》。参见（宋）王钦若等编，周勋初等校订：《册府元龟》卷五百五十六《采撰》，南京：凤凰出版社，2006年，第6379页。

[108]（宋）王钦若等编，周勋初等校订：《册府元龟》卷五百五十六《采撰》，南京：凤凰出版社，2006年，第6379页。

[109]《旧唐书》卷十七《文宗》，北京：中华书局，1975年，第546页。

[110]《新唐书》卷五十八《艺文二》，北京：中华书局，1975年，第1472页。

[111]《新唐书》卷五十八《艺文》，北京：中华书局，1975年，第1472页。

（狄蕊红，南方出版传媒股份有限公司、华中师范大学联合培养博士后，西北政法大学马克思主义宗教研究中心副教授）

20世纪美国诗歌出版研究鸟瞰

彭　颖

一、引言

20世纪以来，美国诗歌逐渐摆脱对欧洲尤其是英国传统的依赖性走向独立，现代工业社会的快速发展、文化的多元开放、诗人的逆反心理等因素共同造就了美国诗歌百花齐放、日新月异的局面。诗歌的繁荣固然有赖于诗人笔耕不辍的创作与创新求变的意识，但要获得文坛、读者、市场的承认，就离不开出版这一中间环节。

从出版的视角关照20世纪美国诗歌，意味着研究者需要跳出文本的藩篱，从更广阔的视野来审视诗歌这一主体，需要考虑的问题包括但不限于诗歌的发表渠道、诗人的发掘与评价体制、诗集的装帧印刷、市场反响、诗人与编辑的交往甚至自身的编辑经历等。而在以往的诗歌研究中，受文本中心主义的限制，研究者们更多地倾向于将精力放在揣摩诗人意图或文本内涵、形式方面，对这些外在于诗歌的“无关痛痒”的要素有所忽视。

事实上，20世纪美国诗歌之所以能长久地保持生命力，靠的不仅仅是诗歌流派、风格的自我更新，还与时代氛围、媒介技术等因素息息相关。从纸质出版到活动出版再到数字出版，不仅仅是诗歌的外在呈现形态在改变，诗人的创作也自觉或不自觉地受到媒介的制约，读者的接受也被纳入更为复杂的语境中。因而，研究20世纪以来的美国诗歌出版，不仅可以对诗歌的发展脉络获得一个较为宏观的认识，还有助于把握诗歌与技术、社会的关联。

二、美国诗歌出版研究的六个维度

就目前笔者搜集到的资料而言，与20世纪美国诗歌出版相关的研究成果大致可以从以下六个维度进行归类。

（一）诗歌的纸质出版与活动出版

杂志是美国诗歌传播最主要的渠道之一，而“刊期短、内容精、以小众品味引领大众口味”[1]的“小杂志”更是诗歌发表的重要园地。欲了解诗歌的杂志出版概况，以下三部文集不可错过，它们较为清晰地勾勒出美国现代主义诗歌发展至今的脉络，从较为宏观的层面呈现了诗歌杂志尤其是小杂志的出版图景。

首先是小杂志研究的开山之作，《小杂志：专门史和书目志》（*The Little Magazine：A History and Bibliography*）由弗雷德里克·J. 霍夫曼、查尔斯·艾伦、卡罗琳·乌尔里希主编，1946年由普林斯顿大学出版社推出，考察了现代主义萌芽时期至1911年《诗刊》（*Poetry*）建立这段时期内小杂志的生存境遇。延续这一关注的《美国小杂志：现代文献史》（*The Little Magazine in America：A Modern Documentary History*）最初发表于《三季刊》（*Triquarterly*），1980年由手推车出版社重新推出，扩充至750页，顺着时间线勾勒了二战末至20世纪70年代美国小杂志出版的脉络，其中包括很多重要诗歌杂志。2015年由伊安·莫里斯和乔安妮·迪亚兹主编的《当代美国的小杂志》（*The Little Magazine in Contemporary America*）出版，承接了这一小杂志研究传统，聚焦1980年以来35年间美国小杂志出版的新变化，是研究美国当代诗歌出版颇为重要的一本文集，前言部分关注到油印这一出版方式与杂志内容在美学观上的联动以及数字时代的来临对诗歌小杂志出版的冲击；第三部分着重呈现了先锋派文学期刊的创新品格与实验精神，其中语言派诗人的主阵地《语言》（*L=A=N=G=U=A=G=E*）赫然在列，第五部分则集中探讨了小杂志的现状与未来，其中既有对刊载诗歌的21世纪网络文学杂志 *Memorious* 的关注，也有对网络诗歌出版中的“把关人”制度的思考[2]。以上三部文集收录了出版人访谈、博客文章等一手材料，对深入把握美国诗歌的出版传播现场及历史演变具有重要价值。

诗选是诗歌的另一重要发表渠道，若作品被有影响力的选集诗丛收录，则意味着作者在诗坛受到了一定的认可。周伟驰在《美国当代诗坛》一文中便考察了《最佳美国诗选》编选过程中的一桩公案，自 1988 年起，诗选的编辑戴维·莱曼每年都会邀请名诗人担任客座编辑进行选择并陈明标准，到第 10 年，则请著名评论家布鲁姆进行二度筛选用以编辑《十年最佳诗选》，诗学观念的差异使得布鲁姆对诗人里奇的选诗品味不以为然，因而该年度作品均未入选。而里奇则不满当时诗坛状况，认为无论是刊物编辑还是颁奖者、获奖者，抑或是诗歌协会成员，都以白种男人居多，因此诗选并不能反映美国诗歌现状。这桩公案看似反映的是布鲁姆与里奇二人的冲突，实际上却反映出当时的诗歌出版体制的缺陷。这一点在 2000 年该诗丛再次发起“世纪最佳诗人”评选时也有所体现。因此，当我们关注诗选时，不应仅关注其中的文本，还应意识到其背后错综复杂的编辑观念与权力关系的冲突。

同样关注到诗选的学者史蒂芬·尤金·格雷格（Steven Eugene Gregg）将 18 世纪末至 19 世纪上半叶的美国诗歌选集出版作为研究对象，通过这篇论文提供了 1793—1848 年在美国出版的美国诗歌选集的批判性历史。文章指出，这一时期在北美出版的英美诗歌选集将爱默生和爱伦·坡这类几乎被遗忘的诗人经典化，编辑根据各自背景、社团和个人的诗学主张对不同的诗学流派风格加以强调。而对于出版商而言，选集是一种高性价比的出版物，选集中诗歌作品的择定和安排、前言、批注、编辑信件往来以及书评都证明着编辑和出版商工作的文化价值。同时，诗歌选集所具有的意识形态性也意味着在收录某些诗作的同时，某些不符合现有社会秩序的声音必然被有意或无意地边缘化[3]。由此可见，选集出版绝不仅仅是一门生意，它身上的文化价值还有待深入挖掘。尽管这篇论文所关注的时期并非 20 世纪，但其独特的研究视角和研究对象都极具启发性，值得特别关注。

《现代主义：一部文化史》的第三章试图从经济学的视角来关注现代主义的自我营销，小杂志就是论者的考察对象之一。文中指出，“用反驳了的炫耀性消费理论来分析，现代主义不过是一种奢侈商品”[4]，这种奢侈品靠广告宣传来维持经营，靠佶屈聱牙的风格与规范的阅读方式来区分读者中的内行和外行，靠赞助制度来创造一种独立的文化空间以拒绝大众市场等。由此可见，现代主义本质上与大众文化、市场的关系是极其暧昧的，一方面，它要标榜清高；但一方面，它又要争取读者，这种文化研究的视角对于研究美国诗歌与大众市场、公共领域的互动具有相当的启发性。

亦有研究者致力于诗歌杂志的微观研究，如苏珊妮·W. 丘吉尔（Suzanne W. Churchill）的《小杂志〈其他〉与现代美国诗歌的革新》（“The Little Magazine Others and the Renovation of Modern American Poetry”）。作为现代主义诗歌的实验场，《其他》这本小杂志是玛丽安·摩尔和威廉·卡洛斯·威廉斯等著名诗人的创作事业起点，但却常常为学界所忽视。透过这本杂志的出版，苏珊妮否定了认为现代主义意味着美学上的自我孤立和脱离社会这一观点，追溯了美国现代主义诗歌中形式创新与社会变革之间的对应关系[5]，以文化研究的视角来观照诗歌杂志与诗歌创作，值得借鉴与拓展。

国内学者如刘红丽借用卡林内斯库的审美现代性学说，分析了哈丽特·门罗所创的《诗刊》在现代主义诗歌形成中扮演的重要角色[6]，鉴真也指出诸如《诗刊》这样的“小杂志”虽然商业效益不强，但在文学史上却有着自己独特的能量[7]。董洪川、王庆则从哈贝马斯的“公共领域”视角探讨以《诗刊》、《自我主义者》（*The Egoist*）为代表的刊物对于形成现代主义文学公共领域的重要意义，探讨英美现代主义运动发生的另一种解释[8]。二人还共同合作了一篇以《诗刊》作为专门研究对象的论文，文章考察了门罗创刊时特殊的历史语境与办刊策略，指出其“在美学追求与商品市场之间艰难博弈，反映了艺术在特定的历史转型时期的深层困境”[9]。

学者蒋岩关注到20世纪中叶以纽约派诗歌为代表的诗歌新形态并将其命名为“活动诗歌”(performed poetry)。活动诗歌是“一种在时空中呈现为行为动作与流动之态的诗歌”[10]，朗诵诗、表演诗以及诗歌与戏剧、音乐、电影等艺术形式的融合都属于这一范畴之内。以诗人读诗这种具有展演风格的诗歌呈现形式为例，论者指出，在这一过程中，“文学的发生跳出了‘文本创作—出版流通—读者购买阅读’的历时模式，转变为‘朗读诗歌—诗歌呈现—观众接受’的共时模式”[11]。这实际上意味着，纽约派诗人的诗学创新不仅体现在诗艺风格上，还表现在跳脱出了纸质出版的框架，借论者的概念，我们或许可以将这种尝试称为“活动出版”。而随着网络数字技术的发展，这种出版形式在如今又有了新的变化，值得继续深入探讨。

(二) 编辑/出版人研究

美国诗歌能够在20世纪蓬勃发展，固然与诗人的天赋才情与时代文化氛围息息相关，但总归离不开编辑/出版人的挖掘、推介和扶持。优秀的诗歌出版人往往能主动肩负起发现、传播、留传经典诗作的使命。《诗刊》创始人哈丽特·门罗就是这样一位卓尔不群的编辑。《一个诗人的一生：变化世界中的七十年》(*A Poet's Life: Seventy Years in A Changing World*)是门罗的自传，书中详细记述了作为一名诗人兼出版人的门罗的成长历程[12]，其中包括《诗刊》草创时期的门罗所做出的独特贡献，涉及其与诗人与其他诗歌出版人的互动，是研究该刊物不可绕过的一手资料。

洛娜·克伦(Rona Cran)的《占领空间：女性诗人/编辑与上世纪中叶的纽约市油印革命》(*Space Occupied: Women Poet-Editors and the Mimeograph Revolution in Mid-Century New York City*)[13]一文认为女性诗人/编辑曾在20世纪中叶纽约市油印革命的物质和知识文化生产中发挥过重要而持久的作用，但这些贡献一直以来却为研究者们所忽视和低估。论文指出，尽管女性诗人在文学和社会团体中因性别而被边缘化，但借助小杂志编辑这一身份，她们却能赢得物质、文本和隐喻的话语空间，研究视角独特，值得关注借鉴。

由于不少文学杂志的编辑同时也致力于诗歌创作且诗名颇盛，其编辑出版经历往往被置于研究背景的地位，如玛丽安·摩尔曾于1925年至1929年间担任杂志《日晷》（*The Dial*）的编辑[14]。摩尔早前借助《诗刊》《自我主义者》《其他》等小杂志立足诗歌界，进入先锋派艺术和现代主义文学圈子，而担任《日晷》的主编，则让其得到充分施展编辑才华和评论家眼光的机会，进一步与欧美重要作家诗人结缘，进而扩大了其国际知名度。无论是摩尔的编辑思想还是与其他出版人、作家的交往，都值得深挖，遗憾的是，论者只是在介绍摩尔其人其诗时简要提及。事实上，这也是国内外国诗歌诗人研究的一种趋向。目前国内相关研究成果大多分散地存在于各版美国文学/诗歌史与专门的诗人研究中，如张子清的三卷本《20世纪美国诗歌史》中在介绍诗人及其流派时就提供了不少其与出版人交往甚至自己担任编辑或创立期刊的史料，但由于这并非论者落笔的重点，故仍需集中的文献与逻辑梳理。

庞德与小杂志的渊源也颇为深厚，寄寓伦敦时，他最早便是因作品被福特·马多克斯·福特（Ford Madox Ford）所编的一本名为《英语评论》（*The English Review*）收录而受到激励，而后继续在多本类似的小杂志上露脸甚至参与到杂志创建的过程中去。文中还介绍了庞德作为《诗刊》“海外通讯编辑”这一身份与哈丽特·门罗的交往，二者既合作又存在分歧，共同推介了泰戈尔、叶芝、杜立特尔、弗罗斯特等诗人的作品，并发起了轰轰烈烈的“意象主义”运动[15]。论者敏锐地认识到，在印刷资本主义的冲刷之下，读者文化程度提高的同时，人们的阅读需求大大提升，因而小杂志本身就是一个典型的现代主义文本，值得进一步探究。

（三）出版印刷与装帧设计研究

印刷和装帧一直以来都是出版学研究的重要组成部分，在美国诗歌出版研究中，也有学者关注到这两大领域，并产出了令人惊喜的成果。20世纪的美国诗歌可以说充满了庞德所激赏的“日日新”（《大学》）的风起云涌，这不仅要归功于诗人们迸溅的灵感火花，还与印刷机的机械火花息息相关，这从庞德的《诗章》的盗版风波便可窥见一斑。

1967年，《诗章》的最后一卷由爱德华·桑德斯抢先盗版油印并装订成册推向市场，而新方向出版社的商业版和石墙出版社的手印版直到1968年才面世。尽管这桩公案反响颇大，但研究者们却往往因为桑德斯版本的非法性而对其的影响和价值有所忽视。事实上，三个版本都各自提供了将《诗章》的“手稿和断章”（*Drafts & Fragments of Cantos CX – CXVII*）投向市场和将其经典化的方式，值得同等的关注。此外，还需特别注意的是，桑德斯版本将庞德置于20世纪60年代的油印革命语境中，为下一代实验诗人提供了改造和回应现代主义的途径——不仅倡导诗学上的革新，还可以改变诗歌印刷生产的方式[16]。这一研究的价值在于，将媒介视为文学运动的动力之一，将研究视角从出版物的内容转换到出版物本身上来，转换到对媒介自身的研究上来，展开了文学与传播学的跨学科研究。

“类文本”（paratext），也译“副文本”，这一概念由法国叙事学家热拉尔·热奈特提出，意指“一本书除了（主）文本之外的其他要素，包括：出版商的信息、署名、书名、献辞、前言、后记、插图、目录页、版权页、封面及其介绍、附录、注释、索引、访谈、作品评介等”[17]。使文本成其为书的要素，研究在场的类文本要素的形式及其功能，可以帮助读者和研究者更好地解读作者乃至出版者的意图以及文本（叙事）本身的意义。由此可见，一部诗集的装帧排版与美术设计也属于副文本的范畴内，是理解诗歌的重要门槛。

在既往的诗歌研究中，副文本常常担当着研究中的配角甚至被完全忽视，学者黄潇却敏锐地意识到，20世纪五六十年代，诗集副文本成为美国后现代主义诗人进行文本实验的重要着力点，其中代表如垮掉派诗人理查德·布劳提根（Richard Brautigan）将诗集规模、发声材料以至于传播行为都拓展为副文本形式，使正文本的功能和地位遭到极大挑战。布劳提根奇观式的后现代诗集形态实验，刷新了副文本参与诗意生成的深度和广度，极大深化了美国诗集副文本的后现代变局中体现的语言与形式的双重变革[18]。

（四）独立书店与独立出版

在当代美国诗歌发展历程中，书店绝不仅仅是书籍的交易所，而是一种类似沙龙的综合文化机构，在构建公共文化场域中扮演着重要角色。“垮掉的一代”研究者文楚安实地探访并撰文介绍了旧金山城市之光书店，这家书店同时也是一家独立出版社，曾是“垮掉的一代”诗人的大本营，尤其与垮掉派领头羊金斯堡渊源颇深。文中不仅介绍了书店售书与出书并行的经营模式与出版策略，更提及诗人兼书店主理人劳伦斯·弗林格蒂对于美国诗歌新声音的推介贡献[19]。

同样关注到城市之光书店的还有钟书玲的《书店风景》，书中图文并茂地介绍了该书店的发展历程与文化品格，尤其值得关注的是弗林格蒂与金斯堡的交往及其出版《嚎叫及其他诗》（*Howl and Other Poems*）的曲折经历，关于该书店的“后续笔记”部分也分别于 2002 年和 2007 年补充更新了城市之光书店及弗林格蒂的与美国诗歌互动的最新资料。

独立出版人或出版机构与官方主流出版机构的主要区别在于，其出版物更多地反映主理人的政治倾向与美学追求等个人化特征，且体量小，资金往往不充足，常常与地下出版、审查制度等关键词捆绑在一处，因而在美国诗歌史和出版史上留下了不少公案。如金斯堡的《嚎叫及其他诗》1956 年出版后，出版人弗林格蒂以出版、贩卖猥亵书籍的罪名受到指控，并遭到逮捕，最终在群众的抗争下经过冗长的审判后被无罪开释[20]。经此一役，其他出版社在遭遇相似指控时也能援引此例为自己的出版物进行辩护，美国出版自由得到进一步解放。

（五）重要诗歌奖项与出版社研究

美国诗歌的发展与重要诗歌奖项的激励作用是分不开的，作为诗歌体制中的重要一环，诗歌奖能够直接介入诗歌现场、引导创作风向，为诗歌创作、出版搭建优质平台。因此，诗歌奖也与出版社联系紧密，在评判一个出版社或图书出版品牌影响力的强弱时，重大文学奖项的获奖数量也是一个重要的指标，这关乎着出版社的经济效益和社会效益。

后宗瑶在其硕士学位论文《美国图书出版品牌研究》中分析五大出版集团影响时，便将普利策奖和美国国家图书奖这两大奖项的获奖作为衡量标准之一。以普利策诗歌奖为例，论者在收集数据分别整理出了“五大出版集团获奖作品年代占比统计表”“五大出版集团获奖作品数量统计表”“五大出版集团获奖出版社年代占比统计表”“五大出版集团获奖出版社数量统计表”[21]，这对于还原美国诗歌纸质出版现场具有重要参考价值。

(六）大众媒介与诗歌的暧昧互动

随着电视、电脑、手机等媒介的推广与普及，大众文化方兴未艾，而诗歌的热度却逐渐下降，最终不得不返回象牙塔和文学圈，这是不争的事实。但从印刷时代走向数字时代，人们的审美情趣发生了巨大转变，诗歌的存在方式也随之而变，诗歌期刊的网络出版、诗人的线上朗诵、视频诗与表演诗等诗歌活动新形态也应运而生。人们开始在社交平台如博客、Instagram 上发布诗歌并展开交流，甚至结集出版[22]。2016 年，音乐人鲍勃·迪伦（Bob Dylan）被授予诺贝尔文学奖，也在社交媒体上引发了大众对诗歌的再讨论。如此种种，无不显示出诗歌与媒介的复杂关系。

约翰·斯伯丁（John Spaulding）也观察到了新媒体时代诗歌的生存困境，按时间脉络，依次以不同媒体为主体，结合大量出版史料数据梳理了美国诗歌在不同时期的发展状况，通过对比可以明显看出新媒体对诗歌造成了巨大冲击，但作者清醒地认识到，“媒介不仅反映着大众文化的走向和趣味，也能创造并形塑大众文化”[23]，在这个时代，诗歌要扭转局面，走出困境，不能不依赖于媒体的倾斜与扶持。

玛乔瑞·帕洛夫（Marjorie Perloff）的《激进策略：传媒时代的诗歌创作》则更多地对媒介与诗歌的关系持乐观态度。在她看来，在这个传媒时代，将电子视频、计算机、终端机等电子传媒纳入影响诗歌发展和演化的思考范畴是最明智的选择[24]。帕洛夫还注意到，不同字体形式会产生不同阅读效果，这可称为一种噪声。“人们阅读传统印刷书籍不会感到字符的视觉美感，只能感受文字表达的思想美感。”[25]但现代传媒时代主流的图文阅读却使得诗歌的审美体验趋于平面化，自带一种视觉冲击。同时，电子排版的开放性使得无论是作者和读者都可以参与到诗歌的意义建构中去。在帕洛夫眼中，媒介与诗歌显然不再是载体与内容的关系，媒介不仅影响着诗人的创作心理，还影响着读者的接受过程，媒介与诗歌在矛盾中竭力寻求着平衡，这种暧昧的互动值得深入考察。

三、美国诗歌出版研究的未来进路

（一）诗歌出版生活史研究

出版生活史是日常生活史在出版史领域的实践，范军认为，“出版生活史是指一切与出版生活有关的历史，它的核心是出版从业人员以及与出版关系密切的人群的日常生活史，主要研究出版人的衣食住行等物质生活、休闲娱乐等精神生活以及人际交往生活”[26]。

目前的诗歌出版研究已经对重要的诗歌编辑/出版人有所关注，但深挖的程度还远远不够。诗歌出版人的在特定时期的经济状况如何、和出版圈、文学圈及其他圈子的成员如何展开交往，这些交往对于美国现代诗歌又有何促进，出版人的休闲娱乐的背后反映出当时怎样的文化氛围，这些话题都还有待继续探讨。

（二）重要诗歌期刊研究

美国诗歌的发展与诗歌期刊，尤其是那些具有独立文化品格的“小杂志”密切相关。尽管“小杂志”较短的生存周期使得诗人不得不频繁更换阵地，但从积极的方面来看，也让诗人有机会接触到不同的读者群体，经历更多元的风格碰撞、更激进的形式实验[27]，进而使 20 世纪诗歌始终处于一种“日日新”的充满活力的状态，而非被学界所谓的“现代主义风格”固化而停滞不前。

由此可见，诗歌期刊不仅是文本的载体，作为媒介，它也在文化生产中发挥着积极的能动作用，扩展着人们的感知与体验。期刊研究要更进一步，一方面要转换视角，不再以“以内容为内容、以文本证效果，而应切入报刊的‘交转性’之作为，关注‘公共交谈’的运作和方式，并从这样的逻辑中揭示内容和文本的形成及其带来的后果”[28]。同时，关注“媒介圈”的动态变化，以媒介逻辑透视诗歌生产。另一方面，期刊研究还应建立在更精确的量化分析之上，20 世纪美国诗歌发表在哪些刊物（包括国内刊物与国外刊物）上，这些期刊的影响力该如何衡量，刊物的经济运营状况等，都还需要大量的数据支撑。

(三) 媒介变革视野下的活动出版

按照文学史的分期，20 世纪美国诗歌史可分为三个阶段：第一阶段是现代派诗歌滥觞期（19 世纪 90 年代至 20 世纪 20 年代），第二阶段是现代派诗歌盛期（20 世纪 20 年代至 50 年代中期），第三阶段是后现代派诗歌时期（20 世纪 50 年代中期至世纪末）[29]。然而，在媒介变革的视野下，对于分期可能会产生不同的认识，从纸质出版（正式出版与地下油印出版）到音像出版再到如今的网络数字出版，出版媒介的变革也在无形中影响、塑造着诗歌与诗学。

在自由的跨媒介合作中，美国后现代诗歌向传统、权威发起挑战，大力开拓全新的诗意空间，探索全新的沉浸式的诗歌审美体验。针对这些高度实验性的活动诗歌，若仅以固化的印刷文本为研究对象，其独特的诗学意义和艺术价值就会大打折扣。

因此，以“活动性＋出版”相结合的视角对这些诗歌进行考察或许是新的研究增长点。随着音像技术的进步和数字时代的来临，诗人的朗诵音、视频，诗人与画家、导演的合作成果得以被整理、保存，直播平台的出现使得诗歌的活动出版得以跨越时空……新的出版形态变化将会引领诗歌走向何方？这一问题亟须更多关注和思考。

注释：

[1] 林晓筱：《庞德与“小杂志”》，《书城》2021 年第 9 期，第 80～89 页。

[2] I. Morris, J. Diaz, eds., *The Little Magazine in Contemporary America*, Chicago: The University of Chicago Press, 2015.

[3] S. E. Gregg, *Making American Books: Competing Poetics in National Poetry Anthologies*, 1793-1848, Washington State University, 1997.

[4] [英] 蒂姆·阿姆斯特朗：《现代主义：一部文化史》，孙生茂译，南京：南京大学出版社，2014 年，第 107 页。

[5] S. W. Churchill, *The Little Magazine Others and the Renovation of Modern American Poetry*, London: Routledge, 2006.

[6] 刘红丽:《试论〈诗刊:一本诗文杂志〉的审美现代性》,《北方文学》2018 年第 18 期,第 54~55 页。

[7] 鉴真:《美国的"小杂志"》,《书城》1999 年第 1 期,第 41 页。

[8] 董洪川、王庆:《"公共领域"与 20 世纪英美诗歌的"根本性转移"——关于英美现代主义诗歌运动发生的另一种阐释》,《外国文学研究》2011 年第 5 期,第 158~166 页。

[9] 王庆、董洪川:《20 世纪初的英美诗歌:美学追求和商业市场之间的博弈与协调——从芝加哥〈诗刊〉草创时期办刊策略说起》,《外国文学研究》2017 年第 6 期,第 73~84 页。

[10] 蒋岩:《论活动诗歌:20 世纪中期纽约派诗歌研究》,北京:社会科学出版社,2022 年,第 19 页。

[11] 蒋岩:《论活动诗歌:20 世纪中期纽约派诗歌研究》,北京:社会科学出版社,2022 年,第 72 页。

[12] H. Monroe, *A Poet's Life: Seventy Years in A Changing World*, New York: The Macmillan Company, 1938.

[13] R. Cran, "Space Occupied: Women Poet-Editors and the Mimeograph Revolution in Mid-Century New York City", *Journal of American Studies*, 2021, 55 (2), pp. 474-501.

[14] 何庆机:《形式与伦理的对话:玛丽安·摩尔诗歌研究》,武汉:华中师范大学博士学位论文,2017 年。

[15] 林晓筱:《庞德与"小杂志"》,《书城》2021 年第 9 期,第 80~89 页。

[16] C. Jennings, " Pirating Pound: Drafts & Fragments in 1960s Mimeograph Culture ", *Journal of Modern Literature*, 2016, 40 (1), pp. 88-108.

[17] 许德金、蒋竹怡:《西方文论关键词:类文本》,《外国文学》

2016 年第 6 期，第 112～121 页。

[18] 黄潇：《论美国诗集副文本的后现代变局与诗意生成——兼论布劳提根的诗集形态实验》，《中山大学学报（社会科学版）》2022 年第 4 期，第 76～85 页。

[19] 文楚安：《城市之光书店与“垮掉一代”》，《出版广角》1999 年第 9 期，第 67～68 页。

[20] 钟芳玲编著：《书店风景》，北京：中央编译出版社，2009 年。

[21] 后宗瑶：《美国图书出版品牌研究》，北京：北京印刷学院硕士学位论文，2018 年。

[22] 练小川：《美国社交媒体带动诗歌出版》，[2018 年 4 月 7 日] https：//mp. weixin. qq. com/s/eQ4iQem5jk3peBFSgK-wXA.

[23] J. Spaulding，“ Poetry and the Media：The Decline of Popular Poetry”，*Journal of Popular Culture*，1999，33（2）.

[24] P . Marjorie，*Radical Artifice ：Writing Poetry in the Age of Media*，Chicago and London：University of Chicago Press，1991.

[25] 张鑫、聂珍钊：《玛乔瑞·帕洛夫诗学批评研究》，北京：商务印书馆，2015 年，第 137 页。

[26] 范军、欧阳敏：《出版生活史：出版史学研究新视阈》，《现代出版》2017 年第 2 期，第 60～73 页。

[27] P. Reyolds，“Modernist Periodicals”，in A. Davis，L. M. Jenkins，eds. ，*A History of Modern Poetry*，New York：Cambridge Univewrsity Press，2015，p. 119.

[28] 黄旦：《理解媒介的威力——重识媒介与历史》，《探索与争鸣》2022 年第 1 期，第 142～148、180 页。

[29] 张子清：《20 世纪美国诗歌史（全三卷)》，天津：南开大学出版社，2018 年。

（彭颖，华中师范大学文学院文化传播学 2021 级博士研究生）

对抗“教训”：夏译《爱的教育》与近代儿童文学译作观念嬗变

朱田子

中国的儿童文学走了一条先有外国儿童文学译作，然后才有自己的儿童文学创作之路，特定时期的儿童文学翻译的整体态势与这一时期的儿童观、儿童文学观呈现出一致性。对抗“教训”的翻译观、儿童观、教育观对夏译版《爱的教育》的译介、出版、传播及接收过程的影响主要体现为教训的删除。在具体的翻译策略选择上，则表现为自然主义译介理念下教训的变异，具体体现在语言、题材、语境语感等方面的影响上。以夏译版《爱的教育》作为参照，考察译者是如何处理和转化儿童文学翻译中的教训成分，可以完善近代儿童文学的发展历程研究，而研究经典儿童文学的翻译出版，对于当代儿童文学的经典化和主流化具有现代启示意义。

一、前言

梁启超的《变法通议·幼学》预示着清末有识之士开始认识到“记诵”“经训”等传统蒙学教育对孩童成长的束缚和不利之处，开始将启蒙教育与“新学”概念联系起来。在西学影响之下，“识字、读书、作文”成为教育变革的重点，20世纪20年代初，晚清教育改革在教育体制和教育目标上还没有完成向现代教育的过渡，1912年12月1日，中华民国成立，南京临时政府猛烈抨击尊孔读经的封建教育，并颁布了壬子癸丑学制，标志着中国现代教育的正式确立。但随后袁世凯等人复辟帝制，复古思潮给教育界带来了一片混乱。而后各路军阀混战，给中国社会带来深重灾难，冲击了中国近代教育的变革历程。另外，这也促使知识分子的广泛觉醒以及中国人摄取知识的方式发生重大变革，在教育变革方面则体现在突出教育的“文化选择”与“文化创造”功能上，为近代教育转型提供了先决条件。

五四新文化运动吹响了中国社会变革的号角。出版界、教育与文化界、翻译界的先进知识分子积极投身于各类知识生产活动中。夏丏尊作为其中一员，意识到教育对儿童的形塑会迅速改变中国的未来。夏丏尊在《教育的背景》一文主张教育要“以境遇和时代为背景，与时俱进”，并说明“时代和境遇所要求的知识才是有用的知识”，主张人们张开眼来看看世界大势。针对当时老师只知教、学生只知接受的机器式教学，夏丏尊批评道：“现在大多的教育者，无非将体操当作体操教，将算术当作算术教，将手工当作手工教罢了，这种无背景的教育，就是再办几十年也没有什么效果。所以教育上的第一件事是要以人为背景。”结合近代中国儿童“被发现”成为重要“未来国民之力”，（评判实用主义而不是以人为背景）针对“儿童问题”，夏丏尊曾在《近代文学与儿童问题》一文中，对“儿童是人类保存和进化的唯一手段说、儿童是性的更新产果说”等五种学说进行了阐述。他在《生殖的节制》一文中认为，虽然“种族保存是人类的本能”，但是“自觉地节制生育是把人类引向幸福的途径”。可见，夏丏尊自觉将教育要“以人为背景”聚焦到“儿童问题”上。将儿童问题与种族观念、近代文学结合起来考量，将儿童问题的解决放到了“人类走向幸福的途径”的高度之上。于是夏丏尊积极投入新式古文教育改革，来发展这种新被发现的“未来国民之力”。

中国传统的蒙学教育讲究“文章从学问、宗教、文学、思想、艺术诸方面说明中国民族的一切都以实用实利为目的”，在夏丏尊看来这种“实用实利主义足以扑杀一切文明的进化”（夏丏尊《中国的实用主义》）。以“记诵”“经训”为主要内容的“实用、实利”的传统儿童文学读物，远离生活经验和儿童的阅读兴趣，在师生关系上呈现出一种“教师只能教、学生只能听”的灌输式教育模式。夏丏尊敏锐意识到这种灌输式的传统儿童读物没有认识到儿童和成人的心理、生理上的巨大差异，只是把儿童当作

“成人的预备”和“缩小的成人”。

外国儿童文学出版物汲取了西方优秀教育理论成果和经典文学创作经验，通过译介的方式从西方优秀的文学作品中吸取营养，成为夏丏尊等新型知识分子改革新式国文教育的战略选择，而对抗“教训”则成为其革新的突破口，同时也体现出近代教育转型和知识分子的觉醒。本文所讨论的教训的删除与变异则是这个突破口的支点和切入点，是近代知识分子儿童观、儿童文学观、儿童教育观在翻译过程和教育过程中的具体实践。从这个意义上来说翻译活动成为翻译工作者的一种教育行为，译作在传播过程当中，能够积极进行文化选择和文化创造。激发读者对于新思想、新文化的内容产生选择偏好，使读者在潜移默化中完成其现代化形塑。

教训性也被称为教育性，娱乐性也被称为游戏性，这是儿童文学中很重要的两个方面。纵观世界儿童文学的发展，各国都经历了一个从教训到反教训的过程，在儿童文学萌芽的初期，教训都是占主导地位的，有学者也将此称为儿童文学的史前期或者黑暗时期。特定时期的儿童文学翻译的整体态势与这一时期的儿童观、儿童文学观呈现出一致性。对抗“教训”的翻译观、儿童观、教育观对《爱的教育》的生成与接收都产生了重要影响。在具体的翻译策略上，则体现为教训的删除与变异。

邹振环曾在《影响中国近代社会的一百种译作》将《爱的教育》誉为孩子的“圣经”，其原著*Cuore*是世界公认的最富有爱心和教育意义的儿童文学经典，曾被法国《读书》周刊评为“人类有史以来最佳读物”的第三名，至今被译成几百种文字，销量远达1.5亿册，同时被改编为动画电影、连环画等不同的艺术形式。全书共有100篇，描写了一位意大利小学生的一学年的故事。该书最早的译者为包天笑，早在1902—1905年间，包天笑就翻译了其中最长的一则“每月故事”，译名为《儿童修身之感情》，包天笑的翻译可以看作这篇意大利小说*Cuore*在中国汉译的开端。但是广为人知的经典译本还是夏丏尊汉译的《爱的教育》。吴耀尊将意大利小说*Cuore*的汉译分为三个阶段，其中夏丏尊汉译的《爱的教育》的出现处于其汉译的繁盛期[1]。夏版中的多篇故事被选入小学语文课本和读物，影响巨大。

1949年以后夏版《爱的教育》被多次再版重印，创下了80多种的出版记录。到现在依然畅销，并且推出了多种版本。*Cuore* 最初是以“原创性写作”的面目被引进中国，即当时的读者并不知道那是翻译版本，而且把它当作创作。1909年8月26日，胡适在《安徽白话报》当中发表的爱国小说《国殇》中的故事就来源于 *Cuore* 的英译本。这也被认为是 *Cuore* 在中国最早的白话译本。同样的故事在《馨儿就学记》没有片名，在夏译版中则译成《少年侦探》，该故事的英译本还被改编后选入20世纪八九十年代的人民教育出版社的高中英语课本第一册，片名为 *A Little Hero*[2]。夏丏尊则将其译为少年侦探，体现出了儿童本位的翻译观。包天笑用文言文翻译，没有体现出少儿的概念，只是为了实现辅助训诫的目的，而夏丏尊的处理方式则是直接将儿童作为故事的主人公，突出儿童的社会作用。

总体而言，夏丏尊的经典儿童文学译作《爱的教育》，是对“五四”时期所倡导的“童心”以及“儿童本位”的礼赞和崇拜。译者有意通过对抗“教训”来摆脱“文以载道”的传统文学观念，并顺应近代教育变革的现实需要。

二、“教训”的删除：以童心来取代教训的核心地位

（一）生成过程：情感选择与改革契机

人是一切社会关系的总和，而“情”是人最根本的自我属性。群体是人实现社会化的重要变量，家庭、亲友等初级社会群体不仅影响夏丏尊的认知与学习过程，同时对他的社会角色选择产生影响。夏丏尊“对抗教训”翻译观的生成，经历了从小爱到大爱的过程，家庭、亲友等初级社会群体对夏丏尊情感教育思想的形成奠定了情感基调。

夏丏尊的人生经历，是典型的从清末秀才到教育家的发展之路。夏丏尊出身于中国传统家庭的典型亲人群体之中。夏丏尊祖上世代经商，据说因为其八字是兄弟五人中最适合读书的，于是家庭给他的预备是将来做读书人以光大门楣。1902年，在整个“中学为体，西学为用”的近代教育拉开帷幕之际，母亲变卖首饰凑了一学期的学费，送16岁的夏丏尊去上海中

学书院学习，接受了史拜言、谢鸿赉等传教士的教习，并积累了一定的英文能力。1905年亲戚从日本归来，向夏丏尊父母描述留学日本的好处与便利，使夏丏尊对于留学日本心生向往，并向亲友借贷银洋500元才得以负笈东瀛。在中国儿童文学翻译早期，很多译作都是从日文转译而来。比如包天笑的《馨儿就学记》《苦儿流浪记》等都是由日本转译而来的。此外，一些儿童文学的译作也是从日本发行的。这与当时1895年清政府在甲午海战中的失败有关，此后掀起的留日学日高潮，对清末民初的中国儿童翻译文学影响很大。两年多的留日岁月，使夏丏尊受到了近代文明的熏陶，打开了其现代性的知识结构，拓展了其开放眼光和包容胸怀，为他日后的教学、译介和创作都奠定了基础。夏丏尊在1920年接触到日语版的*Cuore*之后，就立志将其翻译成中文以便语文教学改革之用。1923年，夏丏尊在白马湖中学开始翻译日本学者三浦修吾的1912年日译版*Cuore*，日译本的书名译为两种：一是《爱的学校》，二是《真心》。夏丏尊认为书中的故事兼顾学校生活与感情教育，所以原本想用《感情教育》作为书名。但是又担心与法国小说《感情教育》混同，于是就创造性地译为《爱的教育》。此后*Cuore*的汉译基本沿用了"爱的教育"这一书名。夏丏尊深刻认识到，教师必须思考如何将自己真挚的情感融入教学活动。把相当的"热心和知力提供于学校或学生的教师，必然能得学校的信任，受学生的敬爱"；否则，"在学生眼里是不堪的"[3]。因此，"由情而发，因爱而译"奠定了这篇经典儿童文学译作的情感基调。

夏丏尊结束在日本的留学生涯后，1908年回国任浙江省两级师范学堂助教，后任国文教员。该学校是五四运动南方新思潮的重要发源地，鲁迅、许涛堂曾在此任教。鲁迅曾赠《域外小说集》于夏丏尊，他自称是受鲁迅启蒙的一个人，这或许对他翻译小说体儿童文学有一定的启发作用。他们曾共同助力学潮，反对文以载道的传统教学观念。1913年，民国二年，夏丏尊积极提倡人格教育和情感教育。他对学生既严格要求又关怀备至，被学生称为"妈妈的爱"，也是中国最早提倡语文教学革新的教育家之一。1914年3月，夏丏尊积极主张废除经书、闭门造车、尊孔崇古等陋习，意识到增加世界新知识内容的教材的重要性。西书承载了西方先进的教育思想，夏丏尊最早的译作是卢梭的《爱弥儿》，这既是一部哲理小说，又是一部教育论著，它的副标题就是《论教育》，可见当时夏丏尊已经开始通过翻译西方教育书籍以积极“介绍世界教育潮流、批评中国教育弊端，讨论新教育建设”，以推进本国教育革新之用。

夏丏尊在《教育潮》第一卷第一、二期上连载了《教育的背景》一文。文中主张教学内容要“以境遇和时代为背景，与时俱进”，并说明“时代和境遇所要求的知识才是有用的知识”。反对“老师只知灌输，学生只知接收的机器式教学”。强调“教育上的第一件事就是要以人为背景”，结合当时“儿童被发现”的背景，如何践行“把儿童当做儿童”的教育，夏丏尊认识到教育者与被教育者之间不能仅有机械式的知识传导，还需要有人格的接触，他认为“知识不过是人格的一部分，不是人格的全体”。所以“以言教者讼，以身教者从”，夏丏尊想要把人格强大的感化作用纳入教育者和被教育者的知识接受过程，从这个意义上来看，中国传统师生之间机械式的“教训”被认为是毫无人格接触的“学店的教育”。要反抗这种毫无人格接触的机械“教训”首先就要求“教员自己进取修养，使够得上‘师’的称呼……”毛泽东曾在兼任国文教员时与夏丏尊共事，北伐时曾对朋友说：“丏尊先生不了解政治，但对他的人格很崇敬”，可见夏丏尊重视自身人格的修养。1921 年，五四新文化运动中，他与陈望道、刘大白、李次九等三人积极推行革新语文教育，被称为“四大金刚”，在五四运动的影响下，经亨颐、刘大白、陈望道、夏丏尊等上街演讲，被杭州报刊称为“五四浙江四杰”。但受到当局和守旧派的攻击，相继离校，但这反而更加激发了他教育改革的热情。1921 年，民国十年，夏丏尊受聘返乡于春晖中学探索自己的理想教育，从《春晖的使命》可以看出夏丏尊设定的春晖的办学方向是大众教育、民众教育，从办学方向可以看出夏丏尊的教育改革的根本就是要提高国民素质。

春晖中学的老师大部分都是人脉丰沛的夏丏尊邀请而来，其中相当一部分是夏丏尊在浙一师和湖南一师的同事或学生，如王任叔、刘熏宇、丰子恺、朱光潜、张孟闻、张同光、杨贤江、刘淑琴等。他在白马湖营造了一个宽松的教育环境，并翻译了《爱的教育》，成书后在上海《东方杂志》上连载。

纵观夏丏尊个人的求学、留学经历以及教学、教育实践，反对教训式的监督及对人格、情感教育的崇尚以及教育革新的时代要求在夏丏尊翻译《爱的教育》过程中突出体现为对教训的对抗，即以“童心”取代“教训”，以“游戏性”取代“严肃性”。从“四大金刚”“五四浙江四杰”到春晖中学的教育团队，这群志同道合的朋友使夏丏尊更加坚定自己的教育革新之路，同时自觉肩负起扩大所属社会群体话语权威的责任。办学校、教育出版等社会活动就是其扩大其所属社会群体教育革新话语权的实践形式之一。

综上，在时代主题、家庭支持、教育平民化的社会责任、献身教育的英雄主义理想、牺牲小爱成就大爱的感情基调等因素的共同作用下，夏丏尊在翻译外国儿童文学作品时，自觉形成了必要的童心、爱心，同时还积累了多方面的儿童文学出版、教育出版的审美判断和审美选择能力。

（二）赞助者：从商务到开明

知识的生产是出版推动的结果，有了出版的发生才有了写作的发生。儿童翻译出版推动了儿童文学写作的发生。教育出版为儿童文学翻译出版提供了系统、选题、平台和认证的功能。赞助者是指可以促进和妨碍文学的阅读、写作和重写力量的。它可能是个人，也可能是一群人、宗教团体、政治党派、出版机构或是大众传媒，而开明书店对夏译版《爱的教育》的一版再版则是其商业机制中的儿童本位导向的成功实践。

夏译版《爱的教育》之所以能够吸引广大的读者，固然由于内容动人，但从它的初版本不受注意到以后变为畅销的过程，可以看出宣传的重要性。这也从一个侧面说明，儿童文学翻译作品的接受同样要受到很多因素的制约和影响。从商务到开明，广告书评与宣传大大强调和宣传了《爱的教育》里面阅读内容的生动有趣。广告内容的宣传也会影响读者的阅读选择和阅读接受。从出版商来说，他们的广告推销书单中也有效弱化了教训的刻板印象，这主要体现在广告对于《爱的教育》的宣传内容上，广告中强调其阅读内容的生动有趣，与教训内容的呆板无趣形成对比。教训的变异就包括将原本的这种无趣的教育内容转化为有趣交际过程。除了开明书店的版本之外，不同出版机构的加持也是这本书成为畅销书的重要原因，多家出版社的出版发行也是对《爱的教育》平实、流畅感人的语言风格的认可，这背后其实是对“以爱为核心”对抗“教训”的儿童文学观的加强。这一点从包括开明书店在内的各大书店的出版内容和出版风格的转换中可见一斑。夏丏尊是对照日、英二种译本的基础上完成翻译的。译文先于1923年在《东方杂志》上连载，1926年3月由上海开明书店初版，截至1935年11月，已经出到第20版。1938年9月修正2版，至1949年3月出版至修正第19版。这还只是开明书店的出版情况，开明从1926年3月初版到1949年3月的23年间，至少共计出版了39版。从这些基本的出版信息来看，《爱的教育》在20世纪二三十年代年间的确非常畅销。

综上，“爱的教育”的持续畅销和再版的背后其实是对“以爱为核心”对抗“教训”的儿童文学作观的认可和加强。以上受菲弗尔三因素的概念启发，本文从诗学、赞助者、译者性情等三个方面来考察夏译版《爱的教育》的翻译生成过程。接下来接受美学和比较文学接受研究对读者的重视和强调，为本文分析《爱的教育》在中国的接受提供了一个切入点。从读者接受的角度出发，探讨《爱的教育》在中国文化中被翻译和接受的情形以及其受欢迎的原因。

三、“教训”的变异：题材、语言和内容

（一）题材的广泛性与忠实性

近代儿童文学翻译出版在内容与形式方面的创新，将新的文学形式与教育变革密切结合，从而有利于近代中国的儿童文学走出“中体西用”的窠臼，促使儿童小说与童话一起成为儿童文学的重要形式，并促进文学阅读成为学生课外活动的重要组成部分。

儿童是儿童文学比较明确的目标读者。作家在创作的时候，也会有较

为明确的读者定位。《爱的教育》的读者群扩展到父母和教师群体，体现出其题材的广泛性。《爱的教育》里面的目标群体是写给谁的？夏丏尊在《爱的教育》序言中讲道："这书一般被认为是有名的儿童读物，但我认为不但儿童应读，实可作普通的读物。特别地敢介绍给与儿童有直接关系的父母教师们，叫大家流些惭愧或感激之泪。"[4]而时任开明书店经理的章锡琛在书末的《校毕赘言》结尾处也这样写道："我希望这书可以早一点到一般为子弟为父师者的面前，给他们能够像夏先生的多流一点眼泪。"[5]从这段文字可以看出译者所期待的主要读者有三大类：儿童、父母及教师。而从陈伯吹、叶至善等人的相关回忆性的文字中，我们也可以看出，它的主要阅读对象是教师和学生。

20世纪20年代在中国的日本文学翻译或根据日文转译的其他语种的文学作品中，不忠实的翻译普遍存在。鲁迅在1934年写的《集外集·序言》中反省似的说："……那时我初学日文，文法并未了然，就急于看书，看书并不很懂，就急于翻译，所以那内容也就可疑得很。……但这是当时的风气……"[6]可见，在20世纪20年代中国的翻译大背景是比较混乱的，译者往往是边学边译，在译书过程中，自己看不懂的则不译，或不符合国情的也不译，只拣原著中的主干部分译，像夏丏尊这样重视对细节的翻译极其少见。由此可见，作者在译书的过程中始终以情感为主线，秉持着力求将原著中教育者对受教育者实施情感教育的内容展现在读者面前的原则。《馨儿就学记》和底本《学童日志》相比较，存在大篇幅的改写和省略，在专有名词中国化、人物形象美化、主题政治化、情感伦理化、新旧事物对立化五个方面独树一帜。或多或少地带有明确的教育性目的，而夏丏尊如实地翻译了原著中的教育思想和教育理念，忠实地再现了底本，与包译《馨儿就学记》的翻译策略截然不同。忠实再现的翻译策略如实呈现了原著中的教育思想和教育理念，不是非以某种教化而译，就不自觉地规避了中国化人物形象、主题政治化、情感伦理化、新旧事物对立化等"教训"内容。

（二）语境与内容

翻译儿童文学给近代儿童文学创作提供了新的语境参考与内容创新经

验，夏丏尊的教育实践，为开创中国特色儿童文学创作、教育观念、童书出版之路提供了借鉴。

语体是指“同一语言品种（含标准语、方言、社会方言等）的使用者在不同的场合所典型使用的该语言的变体”[7]。现在文体学认为语体取决于语境，而语境又包括领域、格调和方式三个方面。有翻译交际理论认为翻译就是交际，翻译文本和儿童读者构成了一个译者通过译作给儿童讲故事的这样一个特定的语境。在《爱的教育》的语境当中，“领域”通过各种角色“讲故事”的形式形成；作者和读者之间通过译者译作，完成讲述；组成临时的听与讲的关系，这构成了《爱的教育》这本书的整体格调。而译者的这种讲述实际上是由读者的阅读来实现的。

在这个过程当中，儿童文学的翻译者选择儿童可接受的表达方式和词汇层级。实际上同时充当了信息研发者的角色，这要求译者在翻译时要考量儿童的心理和年龄特征。与读者保持一种类似熟人的亲密关系，在这语境下所采用的语体带有浅显的要求。系统特征表现为浅显和随意，多使用口语化的表达。通过明白如画、生动风趣的语言，使译者和儿童读者之间形成一种稳定的共享关系。以保证这一特定活动空间的交际达成，比如《爱的教育》语体有着浅显易懂的要求，浅显是与“教训”相对抗的特征元素之一，因为“教训”显得严格死板，而这种爱的讲述方式显得生动活泼。具体体现在：一是它不再是文绉绉的成人的叙述口吻，而是提高儿童读者对于译文的可接受性。二是采用简单的词汇，口语化的表达，可以传达同样的语意。儿童实际上对语言十分敏感，生僻的词或者是含混不明的语体印象，都会使儿童的阅读兴趣减弱。而《爱的教育》里的这种语体选择，有利于为解决当下儿童文学成人化的语体失当问题提供范例。结合《爱的教育》的语体内容来看，《爱的教育》里面对“爱”的探索，打破了老师、父母与孩子之间教与训的关系，有利于读者的积极参与与反应。“爱”的教育艺术的接受过程，是父母和教师接受此书的一个缩影，它成为一个教育孩子和学生的样板书。这当中很重要的一点就是教训的删除拉近了成人读者与儿童读者间的距离。夏丏尊在译书过程中，力求将原著中体现情感教育的部分毫无遗漏地展现在读者面前。作品以宣扬博爱精神，提倡平民教育为其宗旨。例如，《爱的教育》在十二月十七日《女教师》那一篇日记里讲述了学校里几位温柔的女教师，通过对她们穿着、举止以及学生们的态度等细节描写的翻译，体现她们作为教育者对受教育者的情感熏陶以及由此对学生心灵产生的影响。再例如："有一位女先生。她自己很快活，学生也被她教得很快活。……小孩从学校回去的时候，她也小孩似的跳着出来，替他们整顿行列，帮他们戴好帽子，外套的扣子不扣的代他们扣好，使他们不至于伤风；还怕他们路上争吵，一直送他们出了街道。见了小孩的父亲，教他们在家里不要打小孩；见小孩咳嗽，就把药送他们，伤风了，把手套借给他们。年幼的小孩们缠牢了他，或要他接吻，或去抓她的面罩，拉她的外套，吵得她很苦。她永不禁止，总是微笑着一一地去吻他们。"[8]"期待视野"（horizon of expectation）指的是在文学阅读之先及阅读过程中，作为接受主体的读者，基于个人和社会的复杂原因，心理上往往会有一个既成的结构图式。从当时的社会文化背景来看，五四运动和新文化运动，促进了人的发现、妇女的发现和儿童的发现。伴随着儿童的发现，"五四"文坛，不管是从创作而言，还是从翻译而言，都出现了一个讴歌儿童、赞美童心的热潮，这与以往"言之者无罪，闻之者足以戒"的"文以载道"的"教训"是相对抗的。正是有了这样的一些"先在的了解"，一种新的以"爱的教育"为核心的教育方法才能够为当时受过新文化洗礼的教育者和父母所接纳。这些父母和教育者不满于当时的教育状况，认识到儿童作为儿童本身的重要意义，但一时还无法找到合适的教育儿童的方法。于是《爱的教育》就好比一张蓝图，为教育工作者和父母们提供了一本好的教材和具体可行的操作方法。这样《爱的教育》既呼应了他们以往对儿童发现方面的知识，同时又超越了他们的所知。在具体的翻译策略上，则体现为教训的变异，其目的是以"游戏精神"来转化"文以载道"的传统文学观念。儿童文学作品中的反教训的倾向，不仅体现在翻译选材上，还体现在对教训内容的具体处理上。

综上所述，《爱的教育》作为经典儿童文学译作，在中国的文化接受受到多种因素的制约和影响。其译者夏丏尊在具体翻译过程中对教训的删除与变异，是这一经典儿童文学译作风靡流行并产生重大影响的关键因素。而对抗“教训”的翻译观、儿童观、教育观对《爱的教育》的生成与接受都产生了重要影响。教训的删除是以童心来取代教训的核心地位，教训的变异是以游戏精神来转化“文以载道”的传统文学观念。这种教训的删除与变异给予了读者和出版商以较大的解读空间，促进了异文化小说的中国化，提高了异语文化在中国的可接受性和可选择性。同时也将外国儿童文学语境中文化接受的重点由训诫转化到爱的教育和美的教育上来。此外，重述当代儿童文学的经典性需要结合童书出版与全民阅读进行考量，需要充分发挥经典翻译儿童文学作品的引领性作用，夏译版《爱的教育》的翻译出版，既是夏丏尊“对抗教训”儿童文学翻译观、情感教育以及教育出版的成功实践，也是老一辈先进知识分子积极发挥童书出版经典性和主导性功能的时代缩影，儿童翻译出版需要突出儿童文学的文学价值和社会价值，出版符合新时代儿童心理成长需要，匹配学校、家庭情感教育需要的儿童读物。对比当下童书出版市场娱乐偏废和无序问题，先辈们对于儿童文学翻译出版的探索，对于匡正童书出版价值取向具有反思与借鉴意义。

注释：

[1] 张建青、吴耀武：《从〈儿童修身之情感〉到〈爱的教育〉——意大利小说 *Cuore* 中国百年（1905—2015）汉译简史》，《中国翻译》2015 年第 3 期，第 48～52 页。

[2] 夏丏尊：《夏丏尊文集·平屋之辑》，杭州：浙江人民出版社，1983 年，第 33～36 页。

[3] 书讯：《〈爱的教育〉（*Cuore*）——中国百年（1905—2015）汉译简史》出版，《东方翻译》2017 年第 2 期，第 93 页。

[4] 夏丏尊：《夏丏尊文集·平屋之辑》，杭州：浙江人民出版社，

1983年，第1～6页。

[5] 夏丏尊：《夏丏尊文集·平屋之辑》，杭州：浙江人民出版社，1983年，第44～45页。

[6] 王向远：《二十世纪中国的日本翻译文学史》，北京：北京师范大学出版社，2001年，第2～3页。

[7] 方开瑞：《叙述学和文体学在小说翻译研究中的应用》，《中国翻译》2007年第4期，第58～61、95页。

[8] 夏丏尊：《夏丏尊文集·译文之辑》，杭州：浙江人民出版社，1983年，第141～146页。

（朱田子，华中师范大学文学院文化传播学2022级博士研究生）

在历史的回眸中寻觅未来

——清末民国科幻小说研究综述

钟准健

中国科幻小说起源于清末时期的翻译引介与本土创作，至今已有百余年的发展史，从百年中国科幻小说发展史的角度来看，清末民国时期的科幻小说译介与创作处于发展的萌芽阶段，虽囿于时代局限，清末民国科幻小说的发展态势曲折乏力，但是相关译著者毕竟站在了时代高处，进行了开拓性的探索，推动了这种新兴小说文类在国内的成型与传播。作为一种舶来品，这一时期的科幻小说经过中西文化大熔炉的作用，兼具传统因素与现代意识，蕴含了奇异的未来想象，一度成为受知识分子与广大群众追捧的文学作品，因而围绕其翻译创作及传播发展进行研究，对丰富中国近代小说研究来说具有重要意义。

中国近代小说研究成果早已硕果累累，但是具体到清末民国科幻小说研究上，却显得较为薄弱。有关清末民国科幻小说的研究，20 世纪初期和中期的工作创获不多，直至 20 世纪 80 年代，经过学者们的不懈努力，研究才得以不断推进。有鉴于此，在查阅相关文献后，本文拟对 20 世纪 80 年代以来的清末民国科幻小说研究进行梳理评述，总结研究者在概念辨析、发展探究、价值探讨、功能反思、时空观考察、跨学科研究等方面的进展与深入。不过目前清末民国科幻小说研究仍存在广阔深耕、完善推进的空间，在前人研究的基础上，本文试图提出拓展文学传播研究、深化史料挖掘及加强编著出版的思路，为从事相关研究的学者们提供参照。

一、研究概况

“科幻小说”[1]（Science Fiction）的概念形成过程较为混杂，自儒勒·凡尔纳的小说《海底两万里》被梁启超翻译至国内以来，指代这种科学幻想性质的小说门类的名词概念层出不穷，国内学界与社会界曾使用“科学小说”“科普小说”“未来小说”“理想小说”等词进行创译论述与发行出版。直至20世纪中叶后，随着苏联科幻小说在国内的大量译介，俄文“Научно-фантастическийРасскаэ”一词才逐渐演变为国内约定俗成的“科幻小说”概念[2]。有关晚清民国的科幻小说研究，在20世纪前期时，虽然阿英的《晚清小说史》（商务印书馆，1937）进行了初步的整理工作，但是在此后的几十年间，一直罕见以科学小说或科幻小说为对象的专题研究，导致文本分析缺乏，文学价值讨论停滞，如此冷清的研究状况直至20世纪后期才得到改善。

进入20世纪80年代后，得益于国内学者叶永烈[3]，日本学者武田雅哉[4]、林久之等人对晚清科幻小说的发掘性研究，《月球殖民地小说》《新法螺先生谭》等小说得以从故纸堆中重见世人，他们的研究发现实在具有里程碑式意义。此后，清末民国的科幻小说逐渐受到学者们的重视，开始步入正轨，其中陈平原、夏晓虹编撰的《二十世纪中国小说理论资料·第一卷》（北京大学出版社，1989），收录了清末民初有关科学小说的诸多论文、序跋、杂评、报刊发刊词等历史材料，为晚清科幻小说研究者提供了重要的理论资料支持。与此同时，一批视野开阔、角度新颖的研究文章和论著开始出现，对晚清民国的科幻小说展开了多维探讨。如南敏洙[5]、陈平原[6]从小说个案和文本事象出发，进行了有益的理论探索。王燕[7]、康文[8]围绕近代科幻小说的文类观念、创作模式、主要题材、文体特点、式微原因做了全景式的阐述。吴岩、董仁威等学者持续性地耕耘在科幻文学领域，编纂出版了长时段科幻小说史研究著作《中国百年科幻史话》（清华大学出版社，2017）、《20世纪中国科幻小说史》（北京大学出版社，2022），成为近些年科幻小说史研究的亮点。

宏观来看，20世纪80年代以来，通过学者们的不断努力，晚清民国小说研究在规模、观点、史料上都取得了令人瞩目的成绩。围绕近些年不断涌现的研究成果，虽然刘振[9]已于2011年对近百年中国科学小说的相关研究做了丰富扎实的综述工作，但是围绕学者们关于概念辨析、功能反思、跨学科研究等方面的成果尚没有展开评述，并且十余年又出现不少新史料及重要论著，研究的热点、视域、问题也有所变迁，故而本文意在一方面接续刘振的研究，另一方面以不同的视角进行补充评述。

二、概念辨析与发展探究

围绕科学小说或科幻小说的概念辨析研究，前些年并不受重视，而在近年来随着研究的深入，由概念混淆所引发的问题逐渐引起学者的注意。如上文所述，清末民国科幻小说所指涉的小说门类颇多，除科学小说外，还有理想、政治、军事、冒险等类型的部分小说，由于时人创译的随意与模糊，使晚清民国关于科幻小说的概念指涉混杂难辨，概念不清的问题直接影响小说的价值分析与文本甄别等研究的推进，因此对科幻小说的词源考察、概念界定、样态分析成为亟须讨论的问题。王燕[10]指出，近代科学小说之所以存在多种称谓，是受西方创作的杂糅与本土不固定的创作模式的影响。贾立元[11]通过考察晚清科学小说、理想小说、哲理小说、政治小说等标签的使用情况，认为这些标签虽然与真正的“科幻小说”概念仍有不同，但是在冗杂混乱的背后，彼此之间的交叉与互动，已然成为中国本土科幻的指涉。任冬梅[12]考察了“科学小说”的由来，并探讨了“科学小说”作为一种以科学为名的外来小说的读者接受度问题。综合来看，研究者虽然对清末民国科幻小说或科学小说的概念进行了充分的历史考察与外延阐述，为研究的深入打下了基础，但是关于使用“科幻小说”还是“科学小说”进行指代的问题至今仍莫衷一是，如部分学者认为在研究近代科幻小说时，应尊重时代语境，用“科学小说”一词更为贴切[13]。

在清末民国科幻文学的发展探究方面，学者们近年来的研究成果可归纳为两类，一类是作历史性梳理，将清末民国科幻小说置于历史演变的维度下，进行视域开阔的考察，在这方面成果突出的有叶永烈的《中国科幻小说概述》[14]，此文对中国科幻小说发展史进行了全景扫描，堪称科幻小说史研究工作的典范。除此之外还有武田雅哉、林久之合著的《中国科学幻想文学史》（浙江大学出版社，2017）、汤哲声的《20 世纪中国科幻小说创作发展史论》[15]，以及吴岩主编的《20 世纪中国科幻小说史》（北京大学出版社，2022），此书承接作者的博士学位论文，经各位学者的编写扩充而成，以凝练统一的叙述思路，较为整体地勾勒了 20 世纪中国科幻小说的发展状貌，此书的出版意味着对科幻小说的历史性研究渐成体系。科幻小说作为一种外来文类，它的发展史某种程度上也是翻译史，故而许多学者撰文从翻译史的角度进行历时性梳理，姜倩较早地对中国 20 世纪各时期科幻小说的译介过程中的译者背景、文本特征、关系角力展开了探讨[16]。此后，白艳丽[17]、任东升[18]等学者也对清末民国科幻小说的译介进行了详细的考察。在作家群体的历史研究上，董仁威根据时代特征、作家思想、作品类型的标准，将中国科幻群体分成了五代，并进行了群体特征归纳，其中晚清至 1949 年的群体被称为原生代[19]。通过以上研究者持续性、多方面的历史性梳理，清末民国科幻文学史呈现了较为清晰的发展图景。

发展探究主题的另一个研究热点是探讨清末民国科幻小说的发展走势。学界一般认为，晚清民初时期科幻小说表现出了强盛的发展态势，而在民国中后期时却迅速走向了落寞。刘媛对五四新文化运动之后科幻小说的创作与发表数量进行了统计，发现这时期的原创数量急剧减少，甚至不足 30 篇[20]。相关研究从翻译管理、文学特点等研究路径进行切入，探讨呈现这种发展趋势的原因。康文认为，译介、创作、出版的随意性与不规范，是导致近代科幻小说缺乏生命力、传播度不广的主要原因[21]。任东升通过定量分析方法，围绕原文本、译者群体、出版载体、翻译策略四个维度，认为以归化为主导的翻译策略是导致清末民初科幻小说无法在近代小说圈中突围的主要原因[22]。任冬梅指出，民国科学小说相较晚于清末科学小说，虽然“科普性”更加突出，但是“幻想性”特点则发生了退化，这一变化限制了科幻小说的发展[23]。吴岩[24]、于思见[25]认为，缺乏文学性与可读性是科学小说走向衰微的重要原因，相比同时期的侦探小说，清末民初科学小说的说教味过于浓重，脱离了通俗文学的趣味性。以上学者的归因研究多基于文本分析，较少从社会和历史语境进行剖析，而文学的发展离不开社会及历史的多维建构，正如有学者所指出的，“文学史并非文学经典史”，来自社会和历史的“思想负累”实际上深刻影响了近代科幻小说的创作发展[26]。因此，未来还需更多的学者结合文学发展的外部机制与内部机制，对清末民国科幻小说的发展走势进行更加系统的研究。

三、价值探讨与功能反思

即使清末民国科幻小说从兴盛到沉寂只经历了短暂的时间，但是它在文体革新、科学启蒙、民族忧患、社会展望等方面具有开拓意义。近年来，众多学者围绕这一时期科幻小说的价值进行了多维探讨，并且对小说中的功利化创译理念、伪科学内容、科学哲学思想相杂糅等复杂面貌进行了新揭示与反思。

在中国近代史上，民族振兴与科学发展是紧密联系的。以小说之名，倡科学之风，行民族救亡之事，这是清末民国时期许多科幻小说倡导者的美好愿景。王德威将晚清科幻小说称为“科幻奇谭”，认为其是“最能代表中国人乌托邦欲求与现实焦虑”的文类[27]。早期，学者们主要关注小说的科学启蒙功能，如吴岩对《月球殖民地小说》与《新法螺先生谭》展开了详细的科学叙事分析[28]。近年来，学者们进行了更多维度的小说价值阐析。任冬梅引入科学哲学的视角，丰富了梁启超在科幻小说译作中的科学观[29]。马龙对梁启超、鲁迅、包天笑、徐念慈的科学小说进行了细致考察，总结出晚清科学小说的“科学启蒙”“科学与思想”“科学与人情”三类理论表述[30]。孙尧天认为鲁迅在科学小说翻译中所增饰的回目、散场诗与译文择删，表现了他的尚武精神、反乌托邦浪漫色彩以及民族主义思想[31]。朱梦梦以高行健的科幻文学创作为研究对象，发现其将中国古典文学、戏剧等传统形式与西方现代科学话语进行了创作尝试，成为民国时期科幻创作的新特征[32]。贾立元对梁启超的《新中国未来记》进行了新阐述，认为其蕴含的“未来主义”话语为后人的未来小说创作提供了新方向[33]。

也有部分学者对清末民国科幻小说的科学启蒙功能进行了反思与批判，认为科幻小说实际上所起到的科普作用有限。陈翔灵以威尔斯在中国的译本《八十万年后之世界》为例，发现原作中的科学知识被译者进行了明显的删减，使得幻想缺失、科学不足，导致此译本在科普启蒙上所起到的作用有限[34]。方晓庆认为小说文本与科学名词之间的不和谐，造成了阅读的障碍，而缺乏充分科学素养的创译者对科学知识的含糊描述，表现了过分强调启蒙的急进心态，最终使科学小说发生了扭曲和错位[35]。陈薇认为，清末民初科学小说的译者和创作者误把科普作为自身的主要目的，这种对科普与科学小说的误读，虽是受社会需求与科技发展状况所决定，但是严重影响了20世纪中期和后期的科幻小说的发展态势[36]。和陈薇所持观点类似，不少学者同样认为，在科学土壤缺乏的环境中，过于功利化的追求只能使科幻小说的发展后劲不足。任冬梅指出，民国科学小说相比晚清小说，最突出的变化就是“科学”要素的愈发突出，科普性压倒了文学性[37]。汤哲声认为，长期以来，受中国科幻小说“工具论”观念的影响，科幻文学中的文学性被忽视，这种价值观念的模糊性间接影响了中国科幻小说的历史进程[38]。

晚清民国科幻小说中的文本面貌较为复杂，在与科学相排斥的伪科学与荒诞幻想中，潜藏着对科学与人类关系的宝贵思考。部分学者聚焦于此，展开了内涵丰富的阐发，其中王燕较早指出了民国科幻小说译介者对国外灾难类型科幻小说题材的引介，表现了当时人们对科学技术发展所带来的新社会问题的担忧[39]。柯璐以徐念慈的《新法螺先生谭》文本为例，分析其中所蕴含的具有怀疑科学、崇信宗教哲学等复杂型科学观，揭示了作者对科学技术的隐忧和警惕[40]。康文亦认为，在清末民国对科学技术近乎狂热的社会环境中，近代科学小说中对末日灾难的描写是难能可贵的冷思考，具有重要的前瞻性意义[41]。李艳丽通过分析梁启超与包天笑的两篇同名短篇小说，考察了“世纪末”思潮的“欧洲—日本—中国”的传播顺序，认为其不仅有着科学、哲学、佛教之间的关联，而且在看似颓废的表意下，蕴含了从旧传统跨步至新时代的进化论预告[42]。以上学者用富含人文反思色彩的辩证研究，充实了清末民国科幻小说研究的内涵，他们的观点及视野对近代、现当代科幻文学研究具备重要参考意义。

四、时空观考察与跨学科研究

科幻文学作品的时空观，衔接了历史、文化、经济、政治、社会等要素，是构成近代科幻文学史范式的新转换线索。清末民国处于东西文明交汇、传统现代融合冲突中，人们的时空观念也随之发生巨变，对这种变化所产生的困惑与憧憬，突出地显示在科幻小说中。对时空观的考察，近来成为清末民国科幻小说的研究热点，如李欧梵所指出的，审阅晚清小说的重要文本时，离不开对时间与空间因素的讨论[43]。陈向红较早地揭示了晚清科学小说创作中的以“未来完成时”为代表的“未来叙事”[44]。曹四霞将时空观与现代性相结合，认为近代科学小说中所呈现的新的时间观、空间观、科技观，都源于社会环境嬗变所带来的现代性体验[45]。何敏通过对《月球殖民地小说》的分析，昭示了新的线性时间观念演变与更广阔的空间叙事格局，表现了彼时中国人时间经验与空间想象的改变[46]。段书晓以《电球游》为例，通过解析“梦”这一叙事媒介在文本中所隐含的三层时空结构，揭示了晚清时空观念的变革[47]。金博男从科技演变史的角度出发，认为自徐念慈的《新法螺先生谭》之后的科学小说中，中国人对时间的认知得以更新[48]。杨畅对晚清科幻小说的“域外观”的时间延展与空间重塑等维度亦进行了重要探讨[49]。

跨学科的研究视角成为近年清末民国科幻小说研究的新方向，不少研究在此方面具有突破性意义。张卫中采用结构语言学视角，发现清末民初的作家因为缺少科学素养，导致在科幻想象上不得不遵循词语先行的传播与创作模式，在对科技词语的改写过程中，造成了词与物的分离、能指与所指的分离[50]。吕婕基于布迪厄社会学理论，分析意识形态与文化因素如何影响科幻小说在国内的引介、创作以及接受，认为翻译的拙劣根本上是受社会政治经济因素的综合影响，在一定程度上还原了历史语境中的文学创作窘况[51]。刘军将中国近代文化知识型转变与晚清科学幻想小说相连接，探讨跨文化语境下的两者之间的共变关系[52]。李广益从史料学角度出发，通过爬梳史料，发现了尚未引起学界重视的史料，指出周作人关于科学小说论述的史料价值[53]。刘钊结合女性主义社会思潮，聚焦《时报》副刊《妇女周报》，以1920年陈撷芬著译的科学小说《人兽接脑记》作为媒介，考察陈撷芬作为近代女性的身份命运、文学的力量与妇女报刊发展如何交织[54]。刘钊的研究不仅是具有史料意义的重要探索，也为近代科幻小说研究在女性主义维度的展开上提供了新的视角。围绕清末民国科幻小说的跨学科研究即使还没有成为蔚为大观的研究动向，但仍不失为一种意义重大、前景开阔的视角。

五、研究不足与未来展望

综上可见，20世纪80年代以来，对清末民国科幻小说的研究总体呈现上升趋势，其中既有重要学术论著的出版，也有新视角、新方法、新成果的涌现，在研究视野的拓展和研究深度的钻研上都取得了较为瞩目的成绩。但从整体上看，研究还存在着一定不足，在文学传播研究、史料挖掘及编著出版方面仍有待学者们更进一步地探索。

目前围绕清末民国科幻小说的文化传播研究的工作尚且单薄，具体又表现在以下三个方面。第一，在历史语境下的文化传播研究上，童庆炳指出，要在具体的历史语境中揭示作家和作品[55]，科幻小说虽是幻想文学题材，但是它与社会动向、时代走向息息相关。在《电球游》《电冠》《秘密室》等科幻小说中，读心术、催眠术、心灵感应等“新科学”身影频繁出现，这些“新科学”自引介至中国后，迅速成为科幻文学创作素材，进而演化成为灵学、心灵学。目前只有较少学者对其与科幻小说的关系进行探讨，其中栾伟平的研究可称得上是有益的探索，栾伟平以《新法螺先生谭》为例，考察了西方心灵学著作和相关观念引入至国内后，与中国旧学的暗合关系[56]，以此作为范例，未来有待更多的学者以广阔的历史语境视野进行文学传播考察。第二，在跨文化传播研究上，清末民国时期，中日两国在科幻小说译作之间有着紧密联系，两国在时代背景、科学发展上既有共性也有特性，对两国在清末民国时期的科幻文学译介传播、内容关联、题材差异、创作思维、发展走向等方面进行考察，不失为在跨文化传播与比较文学的双重视野下，丰富清末民国科幻小说研究的可取路径。第三，在文学出版传播研究上，目前比较缺少围绕科幻小说的发行出版、受众阅读、理论批评、社会反响等多维度考察，应关注到作者、译者、读者、出版机构、科普文化机构之间的多层次的科幻小说出版关系，以此视角展开综合性探讨。以读者研究为例，在《科学趣味》第1卷第6期“读者通讯”栏目中，曾刊述了一位读者质疑批评顾均正科幻小说的科学性问题。若能丰富清末民国科幻小说的出版传播研究，将有助于完善这一时期科幻小说的价值认知体系，使研究内容更加全面深刻。

在清末民国科幻小说研究中，对史料的挖掘是最为紧要的问题，史料的多与少，将直接决定研究的深度与广度，清末民国科幻小说研究之所以不够厚实，主要原因在于相关史料发掘过少。为解决此问题，需要从以下两个方面尝试着手。第一，延伸史料挖掘视野。一方面，进行纵向挖掘，既往的研究主要侧重于晚清民初时期，对民国中期及后期的史料关注与发掘过少，导致学术成果产出不多，因此需要重点挖掘民中、后期的科幻小说史料，不断完善这一时期的研究；另一方面，进行横向挖掘，如李广益[57]所言，科幻小说史研究可以以科幻画报、科幻连环画等史料作为辅助以详加探讨。据笔者考证，在《中国漫画》中有许多对于未来世界设想的科幻图画创作，《点石斋画报》也刊述了时人对“飞艇”等未来武器的构想，这些科幻画报、科幻连环画反映了读者与文艺创作者对科学与科幻的接受态度与复杂认知，可以作为相关研究的重要补充。第二，加快史料的编著出版。相比侦探、言情等类型的通俗小说，中国近现代科幻小说在史料编著出版上仍存在较大差距，目前尚无专门的近代科幻小说书目或文选的出版成果，导致挖掘小说史料的路径受限，具体又表现为：一是通过小说总编寻找史料的效果不佳，如若在《新编增补清末民初小说目录》（齐鲁书社，2002）、《中国近代小说大系》（江西人民出版社，1988）、《晚清小说大系》（广雅出版有限公司，1984）、《清末民初小说书系：科学卷》（中国文联出版公司，1997）等各书、丛书中进行搜辑，会因成书久远、编者旨趣等原因，采择不到理想的科幻小说史料；二是在相关科幻史著作中进行爬梳的收获不多，如《中国科幻小说世纪回眸丛书·第1卷》（福建少年儿童出版社，1999）、《科幻文学论纲》（重庆出版社，2011）的附录中虽然罗列了许多近代科幻小说书目，但是总体而言仍是以经典作品为主，同样，《20世纪中国科幻小说史》（北京大学出版社，2022）亦只简要罗列介绍了一些经典文本，而《中国百年科幻史话》（清华大学出版社，2017）对当代科幻作家的评传内容居多，关于近代科幻小说史料的梳理较少；三是在报刊中进行史料钩沉的难度大，尽管如任冬梅所言，在鸳鸯蝴蝶派的一些杂志以及各种科普期刊中，存在许多民国科幻小说的身影，但是若要仅凭一人之力从海量报刊中去寻觅、梳理与考证，无疑是一项浩瀚工程。因此亟须对清末民国科幻小说史料进行有组织性和系统性的发掘、采择、甄别与考释，加快推动相关史料的编著出版，提供扎实的史料研究支撑。

以上是对20世纪80年代以来清末民国科幻小说研究所进行的一番粗略考察，总的来说，学界同仁打下了扎实的研究基础，但也存在广阔的深耕空间，未来有待更多的学者进行拓展与深入。本文所举之研究路径，希望能为学界同仁提供些许参考。文学的发展有其独特的发展脉络，清末民国的科幻小说带有独特的民族印记，寄托了救国启民的美好愿望，也蕴含了对未来的复杂想象，是近代思想演进与历史进步的张力所在。深化清末民国科幻小说研究内涵，有助于我们在历史的回眸中，寻觅历史与未来想象的微妙交织，并对当下及未来的中国科幻文学研究带来更多反思与启示。

注释：

[1] 本文之所以用“科幻小说”而不用“科学小说”之名进行评述，

原因在于若按目前学界广泛认同的科幻小说需兼具文学性、科学性、幻想性的三大特征来看，那么清末民国时期的一部分科学小说只能被称为科普小说，而不是科幻小说。虽然科学小说的确构成了科幻小说的绝大部分，但其他与科学小说并列的理想、政治、军事、冒险等类型小说，因含有明显的科幻小说特征，所以也能视作科幻小说，这些小说同样是科幻小说的重要组成部分。故而为求全面准确，本文用“科幻小说”一词指代具有此意义的所有种类小说，但在围绕相关学者的观点进行具体论述时，在尊重原文原意的前提下，尽量采用原作的说法。

[2] 詹玲：《“十七年”中国科幻小说的外来影响接受及概念建构》，《文学评论》2018 年第 1 期，第 202～211 页。

[3] 叶永烈：《我国科学幻想小说的先驱——徐念慈》，《文汇报》1981 年 12 月 21 日。

[4] [日] 武田雅哉、王国安：《东海觉我徐念慈〈新法螺先生谭〉小考——中国科学幻想小说史杂记》，《复旦学报（社会科学版）》1986 年第 6 期，第 40～44 页。

[5] [韩] 南敏洙：《新石头记》初探，《东岳论丛》1999 年第 1 期，第 89～91 页。

[6] 陈平原：《从科普读物到科学小说——以“飞车”为中心的考察》，《中国文化》1996 年第 13 期，第 114～131 页。

[7] 王燕：《近代科学小说论略》，《明清小说研究》1999 年第 4 期，第 216～224 页。

[8] 康文：《略论中国近代科学小说》，《东岳论丛》2003 年第 3 期，第 52～55 页。

[9] 刘振：《开启尘封的探寻——近百年中国近代科学小说研究综述》，《河南科技大学学报（社会科学版）》2011 年第 4 期，第 52～56 页。

[10] 王燕：《近代科学小说论略》，《明清小说研究》1999 年第 4 期，第 216～224 页。

[11] 贾立元：《晚清“科幻小说”概念辨析》，《中国现代文学研究丛

刊》2017年第8期，第62～77页。

[12] 任冬梅：《论晚清“科学小说”的定名及其影响》，《科普研究》2011年第6期，第73～79页。

[13] 刘振：《开启尘封的探寻——近百年中国近代科学小说研究综述》，《河南科技大学学报（社会科学版）》2011年第4期，第52～56页。

[14] 叶永烈：《中国科幻小说概述》，见《叶永烈文集》（第31卷），北京：人民日报出版社，1999年，第474～507页。

[15] 汤哲声：《20世纪中国科幻小说创作发展史论》，《文艺争鸣》2003年第6期，第63～67页。

[16] 姜倩：《幻想与现实：二十世纪科幻小说在中国的译介》，上海：复旦大学博士学位论文，2006年。

[17] 白艳丽、任朝迎：《国内科幻小说翻译研究综述》，《英语广场》2019年第3期，第51～53页。

[18] 任东升、袁枫：《清末民初（1891-1917）科幻小说翻译探究》，《上海翻译》2010年第4期，第72～76页。

[19] 董仁威、高彪泷：《中国科幻作家群体断代初探》，《科普研究》2017年第2期，第69～80页。

[20] 刘媛：《中国现当代科幻小说的发展历程、本土特点及大众传播》，苏州：苏州大学博士学位论文，2014年。

[21] 康文：《略论中国近代科学小说》，《东岳论丛》2003年第3期，第52～55页。

[22] 任东升、袁枫：《清末民初（1891—1917）科幻小说翻译探究》，《上海翻译》2010年第4期，第72～76页。

[23] 任冬梅：《民国“科学小说”初探》，《励耘学刊》2019年第2期，第278～291页。

[24] 吴岩、方晓庆：《中国早期科幻小说的科学观》，《自然辩证法研究》2008年第4期，第97～100页。

[25] 于思见：《清末民初科学与侦探短篇小说研究》，上海：上海师范

大学硕士学位论文，2009 年。

[26] 刘阳：《百年中国科幻小说的现代性书写》，《太原师范学院学报(社会科学版)》2008 年第 1 期，第 124～126 页。

[27] 王德威：《被压抑的现代性：晚清小说新论》，宋伟杰译，北京：北京大学出版社，2005 年，第 293 页。

[28] 吴岩、方晓庆：《中国早期科幻小说的科学观》，《自然辩证法研究》2008 年第 4 期，第 97～100 页。

[29] 任冬梅：《浅析梁启超眼中的科学小说》，《现代中国文化与文学》2011 年第 2 期，第 75～82 页。

[30] 马龙：《众声喧哗：论晚清科学小说的理论探讨——以梁启超、周树人等为个案》，《河南理工大学学报（社会科学版)》2022 年第 3 期，第 74～81 页。

[31] 孙尧天：《“科学”与“人情”的纠葛——论鲁迅的科学小说翻译》，《文艺研究》2017 年第 5 期，第 56～62 页。

[32] 朱梦梦：《“白话”科学及战时启蒙——以高行健（筱竹）的科普科幻创作为例（1935—1939)》，《科普创作评论》2022 年第 3 期，第 68～76 页。

[33] 贾立元：《向着“未来”前进——梁启超〈新中国未来记〉新解》，《文艺理论研究》2016 年第 4 期，第 69～75 页。

[34] 陈翔灵：《囿于现实的科学幻想——以〈八十万年后之世界〉为例》，《海外英语》2022 年第 19 期，第 23～24 页。

[35] 方晓庆：《晚清科学小说：急进的启蒙》，《科学文化评论》2011 年第 2 期，第 90～103 页。

[36] 陈薇：《清末民初科学小说的误读》，《长江大学学报（社会科学版)》2012 年第 2 期，第 19～20 页。

[37] 任冬梅：《民国“科学小说”初探》，《励耘学刊》2019 年第 2 期，第 278～291 页。

[38] 汤哲声：《20 世纪中国科幻小说创作发展史论》，《文艺争鸣》

2003 年第 6 期，第 63～67 页。

[39] 王燕：《近代科学小说论略》，《明清小说研究》1999 年第 4 期，第 216～224 页。

[40] 柯璐：《想象的悖论：晚清科学小说的科学观》，《科普创作评论》2022 年第 1 期，第 35～42 页。

[41] 康文：《略论中国近代科学小说》，《东岳论丛》2003 年第 3 期，第 52～55 页。

[42] 李艳丽：《清末科学小说与世纪末思潮——以两篇〈世界末日记〉为例》，《社会科学》2009 年第 2 期，第 157～167 页。

[43] 李欧梵：《西学东渐：晚清文学中的乌托邦想象——“中西文化关系与中国现代文学”系列演讲第二讲》，《关东学刊》2018 年第 2 期，第 51～70 页。

[44] 陈向红：《晚清时期科学小说在中国的译介》，《民族论坛》2010 年第 1 期，第 46～48 页。

[45] 曹四霞：《时间·空间·科技》，郑州：河南大学硕士学位论文，2013 年。

[46] 何敏、姚萧程：《中国科幻的异质性和民族性：论荒江钓叟对凡尔纳小说的吸纳与变异》，《燕山大学学报（哲学社会科学版）》2022 年第 5 期，第 37～45 页。

[47] 段书晓：《从“梦”到“梦想”——从晚清科学小说〈电球游〉看“梦”的近代意义的发生》，《文学与文化》2020 年第 1 期，第 66～74 页。

[48] 金博男：《秒针如何转动——从晚清科学小说看中国人对时间的全新认知》，《长江学术》2022 年第 1 期，第 37～49 页。

[49] 杨畅：《晚清科幻小说的“域外”想象》，杭州：浙江财经大学硕士学位论文，2022 年。

[50] 张卫中：《新词语与清末民初作家的科幻想象》，《华中师范大学学报（人文社会科学版）》2016 年第 6 期，第 103～109 页。

[51] 吕婕:《1900—1919 中国科幻小说翻译的社会学研究》，武汉：华中师范大学硕士学位论文，2014 年。

[52] 刘军:《晚清科学幻想小说与“知识型”转变》，北京：北京大学博士学位论文，2012 年。

[53] 李广益:《史料学视野中的中国科幻研究》，《清华大学学报（哲学社会科学版)》2015 年第 4 期，第 131～141 页。

[54] 刘钊、任春雨:《近代报纸“附张”的时代价值——基于〈时报〉与陈撷芬著译小说〈人兽接脑记〉的一次媒介考察》，《河南师范大学学报(哲学社会科学版)》2023 年第 5 期，第 123～129 页。

[55] 童庆炳:《文学研究如何深入历史语境——对当下文艺理论困局的反思》，《探索与争鸣》2012 年第 10 期，第 24～27 页。

[56] 栾伟平:《近代科学小说与灵魂——由〈新法螺先生谭〉说开去》，《中国现代文学研究丛刊》2006 年第 3 期，第 46～68 页。

[57] 李广益:《史料学视野中的中国科幻研究》，《清华大学学报（哲学社会科学版)》2015 年第 4 期，第 131～141 页。

（钟准健，华中师范大学文学院文化传播学 2023 级博士研究生）

中国传统艺术真实观在我国幻想文学现代艺术传播中的失语

张雪柯

一、中国传统审美范畴中的艺术真实观

真实性是进行文艺创作和文艺批评的重要原则，艺术真实作为文艺理论基本问题之一，长久以来在中西文艺理论研究中被不断讨论。相较于西方强调模仿、向外求真的艺术真实观，中国传统文化中的艺术真实观则重视“虚实相生”“真幻相即”审美范畴中的“实”与“真”，主张向内求真，在对外物的感应中达到至澄之境。在中国传统文化中，儒、释、道三家均主张“人生界与宇宙界合一、文化界与自然界合一”[1]的主客和合与天人合一。其中各家对于天人、主客的二元关系虽各有侧重，但总体而言中国传统文化中的和合观体现了追求天人合一中对于本心本性的回归。孟子言：“是故诚者，天之道也；思诚者，人之道也。”[2]主张在“思诚”中使人道符合天道，在拒绝外界的纷繁扰乱中注重自身主体的修炼提升，在至诚的追求中体悟回归本心本性的天人合一，与西方所追求的在对外物进行模仿中接近理念不同。

中国传统艺术创作重视对思想情感进行艺术表达，这点集中体现在诗歌、小说、戏曲等艺术体裁对“情真意切”“精诚所至”“以形传神”等思想情感主旨的表达中，对艺术创作思想情感中真善美的表达极为重视。中国古代艺术创作者在对生命的追问中融入对理想的追求，形成了“虚实”“真幻”和“形神”等中国传统审美范畴理论，表达了中国传统文艺创作艺术真实观对生命情调与理想圆融的追求，具有鲜明的民族特色。

对中国古代文艺理论中有关艺术真实的讨论进行探究，可以发现其有关艺术真实的讨论开始较早且内涵丰富。中国古代虽未形成体系完整的文艺理论架构，但从中国古代文论中可以总结出古代艺术创作审美范畴中的艺术真实观是随着人们对艺术创作的认识发展而不断发展的。从不同体裁来看，中国传统艺术真实观在诗赋、小说、戏剧等艺术创作中强调的审美范畴侧重不同。

（一）表现在中国古代诗赋理论中的艺术真实观

中国古代诗赋以言情为目的，讲求“趣味”“神思”“妙悟”的审美取向。其艺术真实观是一种历时的过程，需要在历史的运动发展中加以把握，大致可以分为两个时期。

宋代以前为第一个时期，由于人们对诗赋艺术创作中的艺术真实并没有形成深入的认识，这时期的诗赋创作的艺术真实以生活真实为导向，对诗赋创作中运用的夸张、比喻等艺术创作方式方法持批评态度。左思在《三都赋序》中对司马相如、扬雄、班固等人的诗赋作品中的“假称珍怪”“侈言无验”“虚而无征”进行批评，认为诗赋应注重对事实的体现，提出了“美物者，贵依其本；赞事者，宜本其实”[3]的艺术创作原则。直到宋代，这种以生活真实为导向的艺术真实观仍然影响着后人对诗赋的批评。

明清为第二个时期，在明清时期，艺术创作中“真”与“美”矛盾进一步凸显，使传统艺术真实观完成了向重视诗赋艺术创作中虚构描写的转向。重视诗赋艺术创作中审美虚构的观点，在明清以前虽已有萌芽，但直到明清时期才得以明晰丰富，成为人们的共识。在中国古代诗赋审美范畴中，诗赋之美不仅在于对自然之物的摹写，还在于艺术创作过程中的想象创造的“意象”之美。诗赋中的“意象”往往超脱于现实，具有“虚实相生”“真中有幻”的特点，对诗赋中“意象”之美的追求推动着艺术真实观由强调生活真实，向虚构的真实、想象的真实转变。类似的观点可见于《红楼梦》中曹雪芹借“香菱论诗”情节所表达的诗赋创作中的艺术真实是想象中的真实。刘熙载说：“诗可数年不作，不可一作不真。”[4]明清诗赋创作是在承认诗赋创作中虚构意象的重要性的基础上开展的，其艺术真实观仍然是建立在肯定意向“真”与“实”的审美基调上的。明清诗赋创作主张学习《诗经》抒情描写“皆其然而不必然”[5]的方法，处理现实真实与诗赋真实要“宜实而不泥乎实”[6]，对待诗赋中的“意象”拒绝执虚为实，认为应贴合诗赋创作的实际理解意象与现实物象。

中国古代诗赋创作中的艺术真实观因表情达意的需要创造出了带有民族特色的中国古代文论审美范畴，其具体内涵是随时代的发展、文艺理论的不断深入而逐渐明晰的。

（二）表现在中国古代小说戏剧中的艺术真实观

与诗赋以言情为目的不同，小说旨在描写故事、塑造人物形象。在中国古代文学发展中诗赋的发展成熟早于小说、戏剧，中国古代小说、戏剧的艺术创作相较于诗赋来说，其艺术真实观呈现出了基调相似但虚构特征更加明显的相异性。按对虚构的自觉使用与否大致可以分为两个时期。

唐以前中国古代小说艺术创作虚构尚未自觉，汉、魏晋南北朝、隋唐时期的小说创作受史学“实录”意识的影响，讲求对现实事实的遵守，虽出现了内容繁杂、形式多样的杂谈逸文、志怪传奇，但并未将虚构纳入艺术真实观；在此时期中国传统戏剧处于初步发展的雏形阶段，对艺术真实观的发展未产生规模影响。

宋是中国古代小说艺术观转向成熟的初步阶段，在此阶段人们意识到“小说多妄，其来久矣”[7]，小说中的真实与生活真实相去甚远，但并未对小说中的“虚实”“真幻”关系有深刻的讨论与认识，直至明清中国古代小说“虚中有实”“幻中有真”的艺术真实观才得以明晰，进入无意识的使用阶段。明清时期的文艺评论者重视小说中的虚幻成分，正如冯梦龙所指：“人不必有其事，事不必丽其人。”[8]“事赝而理亦真”[9]此处强调的“事”是基于现实生活逻辑而来的，此时小说艺术创作强调的真也不是对生活事实的照本宣科，而是经过小说创作艺术处理之后的艺术“逼真”，将现实世界中的人情世故借助虚幻的处理，使其既符合现实世界中人情世故的“真”又具有艺术创作特有“幻”的意味。明清小说创作的艺术真实在此原则下，显示出了与生活真实“实者虚之故不系，虚者实之故不脱。不脱不系”[10]，“虚实而兼用焉"[11]的特点，是一种真幻相即的艺术真实。元代中国古代戏剧得到了繁荣发展，明清时期戏剧批评也随之得到了发展。戏剧艺术在人物塑造与社会故事讲述方面与小说创作具有相似性，小说艺术真实使戏剧艺术中的"虚实""真幻"特征得到了较为自觉的关注，此时期戏剧创作的艺术真实观呈现出与小说艺术真实认识同步深化的特征。

作为文学理论的基本问题，中国传统艺术真实观的理解过程与中国古代文学的发展轨迹高度一致。中国古代诗赋、小说、戏剧中的艺术真实观在长久与推崇生活真实指导艺术创作的传统观点的斗争中不断发展，在时代进程中得到深入理解。总体看来，中国传统艺术真实观显示为在"虚实""真幻"的对立统一中追求生命的情调与理想的圆融[12]，呈现出与西方艺术真实观不同的鲜明民族特色。

近代以来，西学东渐影响了中国文艺理论研究，西方艺术真实观极大影响了当代中国文艺创作。科学技术的发展在给文艺创作的方式途径带来便捷的同时，也带来了诸如虚构与现实之界愈加模糊、影像视觉技术冲击传统艺术创作等问题。在此语境下，中国传统艺术真实观在当下艺术创作中的话语权被削弱，在我国幻想文学现代艺术传播中的失语现象尤为明显。本文仅以我国幻想文学为范围讨论其传统艺术真实观在现代艺术传播中的失语现象。在此语境下，回归中国传统艺术真实观，对文学创作从现代艺术传播困境中破局有重要意义。

二、现代艺术传播中幻想文学的艺术真实观

（一）幻想文学的界定

汉语中的"幻想"一词在西方的来源经历了从希腊文"φανταζω"到拉丁文"phantasticus"再到英文"fantastic"，最终形成了英文中"Fantasy"一词，意为"显出（呈现出来）""弄清（弄明白）"。幻想一般指人们对在日常生活中看不见、摸不着的东西在想象中的现实化。《牛津英汉词典》将"Fantasy"译为"幻想出来的东西"或者"荒诞的或不现实的念头"。在心理学层面，路易斯将幻想表述为对于决不能发生的事情或

者超自然的一切进行的描述。荣格则认为人们为求得现实世界中主观与客观世界的统一，会借助于幻想。

实际上，关于何为幻想的讨论是将想象的虚幻性与幻想等同。从这点来看，人们想象力出口之一的文学创作中所生成的所有非写实文学作品可称为广义的幻想文学。近代以来，幻想文学是与纪实文学、写实文学相对的概念，以现实世界为基石，使用幻想为创作手段进行艺术构思，描写对象是非现实、超自然的不可实现世界的文学作品被称为狭义的幻想文学。幻想文学的定义宽泛，分支众多，当下常见的幻想文学有科幻文学、奇幻文学。

幻想文学自带的非写实特征，使其描写对象天然不同于现实真实。就其非写实特征来看，幻想文学是与中西神话联系在一起的，是一种古老文学传统[13]，但实际看来，幻想文学受重视程度不及写实文学，写实文学中抒情与浪漫文学的理论体系在历代发展中逐渐完备，但幻想文学却并未形成完整的理论框架。

当下讨论最广泛的幻想文学的概念与理论体系来自西方，从西方艺术真实观和中国传统艺术真实观中可以看出，在西方与中国古代文学艺术创作中早已出现使用幻想作为艺术创作手段的情况，但并未形成系统的理论体系。在西学东渐与传播媒介的发展影响下，当下我国幻想文学主要有奇幻、玄幻、科幻、魔幻等分类，并且呈现出不同于中国古代文学中的幻想文学创作的特点，当下幻想文学创作所秉持的艺术真实观相较于中国传统艺术真实观有较大出入。在此背景下对当下幻想文学进行定义界定，并讨论其艺术传播中体现的艺术真实观，有助于进一步考察中国传统艺术真实观对我国幻想文学现代艺术传播困境的破局意义。

为避免误解，本文对当下幻想文学生成的研究范围限于当下我国科幻文学、奇幻文学，并在此范围内对科技快速发展背景下幻想文学艺术传播中的艺术真实观进行探究。

（二）现代艺术传播中幻想文学的艺术真实观

在对自然尚未形成科学认识的时期，幻想在人类对自然现象进行解释的过程中发挥了重要作用。面对自然界中的真实现象，人类通过开展各种幻想为自然现象在另一世界找到了对应，此阶段在文学中体现为神话，尽管神话有具体类型与内容之分，但为早期人类认识世界提供了准则。借助神话这一传播手段，人类关于自然的幻想获得了社会的关注认可，取得了较高的传播效益。从这点上看，幻想文学不同于在表情达意上不强求传播效果的抒情文学，其生成自带有对社会影响和认可的追求，依赖传播进行创作。

数字技术的兴起与现代传播媒介的发展为当下幻想文学开拓了新的发展领域，在影响范围、速度、程度上为其艺术传播带来了便利。在自然科学启蒙与科技革命之后兴起的科幻文学天然带有人类对科技未知的好奇，与现代传媒技术紧密相关；相较于传统幻想文学仅靠联想想象进行阅读，当下奇幻、玄幻文学也因影视、特效等联觉技术的出现，在文学市场竞争中更抓人眼球。在互联网电子传媒技术影响人类生活方方面面的当下，幻想文学为实现其对社会影响力和认可的追求，在艺术传播新发展机遇中不断谋求新发展。

与此同时，在艺术真实对现实真实的解释中追求艺术创作者、传播者传播效益最大化的幻想文学，其艺术真实价值选择不可避免地出现了现代传播技术带来的诸如表达同质化、商品娱乐化、技术泛滥化、审美虚无化等问题：

幻想文学艺术传播所依赖的现代媒介平台，在当下数字资本主义经济的运行模式中，极大地受到了资本运作的影响。幻想文学利用幻想这一创作手段在现代媒介传播中对现实真实进行艺术改造，其艺术真实的价值表达也显示出资本的盘剥：创作者自进入当下幻想文学生成开始，就被当下精准的互联网技术计算控制着，其艺术创作需要完成任务、考核来换取平台扶持、酬劳结算，创作者的艺术表达在流水线式的生产中逐渐标准化、模式化，此类情况已成为普遍现象。当下这种“流水线式生产”中的幻想文学有关艺术真实的表达出现了严重的同质化问题。

当下幻想文学作品是作为商品在现代媒介平台中完成生成传播的，获得更高的经济效益逐渐成为当下幻想文学艺术传播更高的价值追求，创作者通过生成“商品”换取生存资本，“商品”在传播过程中如果获得广泛认可可以换来更多的经济效益，所获得的经济效益被投入下一轮的艺术生成。幻想文学在利用幻想对现实真实进行改造的过程中，通过迎合八卦逸闻、市场审美、猎奇博眼球等方式来达到“叫好又叫座”的目的，其展现的艺术真实出现了显著的商品娱乐化特征。

借助于现代传媒，幻想文学可以将幻想的内容真实呈现，在联觉中完成想象与现实的联系。当下科幻文学、奇幻文学、玄幻文学在与电影、电视、新媒体等传播技术的结合中获得了长足发展。在阅读体验上人们越来越追求幻想文学呈现“视听盛宴”所带来的娱乐享受。传播技术是当下幻想文学艺术传播的辅助手段，但当下科技更新迭代速度极快，技术泛滥问题导致幻想文学艺术传播中出现了盲目追求“特效炫技”等娱乐享受的问题，人们对技术的好奇与重视高于幻想文学本身的艺术魅力，技术所带来的感官体验“真实”遮蔽了艺术真实，技术泛滥成为当下幻想文学艺术传播中的突出表现。

现代传播媒介实质上限制了人们情感表达的多样性，对人们的艺术生活表现出一定的强制性，人们不得不在所谓的传播平台上完成艺术的审美体验，艺术的审美广度与深度被大大压缩。这种对人艺术生活体验的规定和塑造，带来了艺术体验的技术化、扁平化，久而久之人们习惯于被动接受传播媒介传递的信息，深刻影响了以幻想为主要创作手段的幻想文学生成。在此语境下，幻想创造者和接受者感知丰富程度大打折扣，具有开创意义的幻想文学精品创作难以为继，当下幻想文学的审美体验中呈现出了一种生命意义上的虚无。

三、回归至诚至明的艺术真实观

从中国古代志怪小说、神魔小说等初具雏形的幻想文学的形成发展中可以窥见，相较于其他文学形式，幻想文学的艺术真实观更加强调其在艺术传播中的传播效果。在历史背景、创作者价值选择等复杂因素的共同作用下，随着对文学逐渐深入的了解，中国古代幻想文学初具雏形，但始终未形成完备体系。中国古代幻想文学中体现的艺术真实观在对传播效果的追求中，呈现出以艺术真实指导现实真实的倾向，是一种现实与理想的圆融，是中国传统艺术真实观的重要组成部分。中国传统艺术真实观有相当丰富的内涵，蕴藏着值得幻想文学借鉴发扬的丰厚资源，现代艺术传播模式中的幻想文学需要直面当下面临的困境，明确艺术真实不应该外在于人的本心[14]，汲取本土资源中的养分推陈出新。

(一) 理论回归：挖掘新的视野

幻想文学在现代传播作用下表达的艺术真实在具有更大社会影响力的同时，也呈现出了商品娱乐化、技术泛滥化等特征，隐含有原创性不够、经典性不强等问题。现代传媒的长足进步使文学搭上了现代传播的快车再度繁荣起来，我们需要意识到当下我国幻想文学对幻想这一创作手段的认知仍停留在较为浅显的阶段，其艺术真实观受西方艺术真实服务于人们对外在世界的探索艺术真实观影响，表现为在幻想中探索世界，具有浓厚的西方特色，但缺乏向内精神内涵的挖掘。

中国传统艺术真实观在重视艺术真实与现实真实“真幻”“虚实”的对立统一中，追求生命的情调与理想的圆融。在此背景下回归追求至诚至明的中国传统艺术真实观，充分利用中国古代文论中的丰富理论资源，有利于当下我国幻想文学发现新的视野。有利于在向外寻求存在意义的现代艺术传播中，帮助当下幻想文学回归对艺术创作精神内核的探索，使幻想文学艺术创作的内在价值追求与外在影响追求相结合，突破当下我国幻想文学的发展瓶颈。

(二) 理论溯源：凸显民族特色

中国古代文学本身具有民族特色明显的幻想因素，自古以来中国神话、传说、民间故事等就对鬼神、妖魔、精怪等各种超出物外之物进行了丰富的描写，其塑造的艺术真实是对现实问题在艺术理想中的解决，体现出至诚至明的价值追求。在对外传播中，中国古代幻想作品以其特有的东方韵味受到外国文学创作的欢迎，侧面反映出中国古代幻想文学中有值得借鉴的部分，显示出中国式幻想的吸引力。

中国传统艺术真实观与当代艺术真实理论在理解中具有不一致性，当下幻想文学真实观在一定程度上脱离了中国传统艺术真实观的土壤，忽略了对自身理论传播发展全貌的梳理，忽视了传统幻想文学中具有的鲜明民族特色。当下我国幻想文学的发展，需要对传统艺术真实理论进行溯源勾勒，挖掘中国式幻想中特有的东方典型，结合现代传播技术打造在幻想中追求至诚至明价值、具有鲜明民族特色的幻想文学。

（三）理论译介：扩大影响范围

不可否认中国文学中具有丰富的幻想因素，受各种因素影响，中国古代幻想文学在古代文学中初具雏形，但始终未形成西方幻想文学那样的体系。近代以来，随着国际交流逐渐便捷、现代传媒促进知识信息传递，中国的文学作品越来越多地得到了外国的关注，“中国风”文化热潮在世界各地掀起，如具有东方韵味的《封神演义》《聊斋志异》等作品得到了外国读者的青睐，中国式幻想在现代艺术各个领域受到了广泛关注。

在世界深入交互的当下，在幻想文学创作中回归传统艺术真实观的价值选择，并对中国古代幻想文学经典作品、中国传统艺术真实理论进行译介传播，对讲好中国故事、构建中国艺术话语体系具有重要意义。

结语

中国古代文学审美范畴虽重视“真幻”“虚实”的对立统一，其传统艺术真实观蕴含的是一种至诚至性的艺术观念，强调在向内感应中对现实真实进行艺术处理，追求人生与理想圆融，具有浓厚的东方美学韵味，在中国古代初具雏形的幻想文学书写中有集中体现。当下幻想文学虽呈现出繁荣景象，但因近代以来受西学东渐和现代传播媒介的影响，其对艺术真实的把握带有商品娱乐化、价值选择虚无化等特点。纵观当下现代传播中的幻想文学发展困境，回归中国传统艺术真实观，明确通过幻想所塑造的艺术真实不应超出人本心的价值选择而存在，寻找至诚至性的艺术真实是当前我国幻想文学破局的必由之路。

注释：

[1] 钱穆：《中国思想史》，长沙：岳麓书社，2021年，第89页。

[2] 杨伯峻、杨逢彬：《孟子译注》，北京：中华书局，2008年，第

144 页。

[3]（晋）左思：《三都赋序》，见《中国历代赋选》，太原：山西人民出版社，1989 年，第 214 页。

[4]（清）刘熙载：《艺概》，上海：上海古籍出版社，1978 年，第 55 页。

[5]（明）陆时雍：《诗镜总论》，见《历代诗话续编》卷下，北京：中华书局，1983 年，第 1420 页。

[6]（明）谢榛：《四溟诗话》，见《四溟诗话》卷一，北京：中华书局，1983 年，第 1148 页。

[7]（宋）周必大：《二老堂诗话》，见《历代诗话》卷下，北京：中华书局，1985 年，第 657 页。

[8]（明）冯梦龙：《警世通言叙》，见《中国历代文论选》第 3 册，上海：上海古籍出版社，2001 年，第 227 页。

[9]（明）冯梦龙：《警世通言叙》，见《中国历代文论选》第 3 册，上海：上海古籍出版社，2001 年，第 228 页。

[10]（明）李日华：《广谐史序》，见《中国历代小说序跋辑录》上编，武汉：华中师范大学出版社，1989 年，第 346 页。

[11]（清）洪兴全：《中东大战演义自序》，见《中国历代文论选》第 4 册，上海：上海古籍出版社，2001 年，第 231 页。

[12] 王小宁：《中国古典艺术维度内的艺术真实——生命的情调与人格理想的圆融》，《乐山师范学院学报》2010 年第 9 期，第 8～10、28 页。

[13] 朱丛迁：《世界文学格局中的幻想文学及其艺术传播》，《南方文坛》2022 年第 6 期，第 71～75 页。

[14] 苏勇：《艺术真实的三重阐释路径与中国逻辑》，《江西社会科学》2023 年第 9 期，第 187～195 页。

（张雪柯，华中师范大学文学院文艺学 2022 级硕士研究生）

影视文化研究

梳理与疏离

——读《电影叙事学：理论和实例》

彭　涛

一

艾伦和戈梅里在他们的《电影史：理论和实例》中认为，电影“并不是注定要成为一种讲故事的媒介的”[1]，电影诞生后确实有一个时期纯粹以记录的媒介方式存在，但问题是，现在电影主要作为一种讲故事的媒介被人们所认知。这就带来另外的问题：电影是如何讲故事的？电影讲述故事的方式与以文字为媒介的小说讲述故事的方式有什么不同？

显然，电影叙事和文学叙事，受不同的语言媒介操纵，它们显在的区别是易见的。但是，它们潜在的叙事机制是怎样的？这正是电影叙事学要研究的。

我们同意这样一个观点，电影学作为一种学科，在理论及研究方法上一直受着文学理论，特别是小说理论的影响。但由此认为电影叙事学自产生到发展，从它的理论术语的建立到研究范畴的确定，一直受着文学叙事学的深刻影响却是不确切的。

“叙事呈现的是置于时间和空间中的一连串事件。叙事不仅存在于文学作品中，也存在于环绕我们的其他文化话语中。”[2]

从理论源流看，叙事学——无论是文学叙事还是电影叙事——都有两个共同理论先导：结构主义语言学——符号学理论和结构主义诗学——神话学理论，而他们彼此之间应该是一种平行的关系，而并无一定的源流关系，或至多说是平行发展中的相互关系。

从产生的时间看，电影叙事学研究的起点，现在公认的是法国著名符号学家克里斯汀·麦茨（Christian Metz）。他的论文《电影：语言还是言语?》发表于1964年。而结构主义和符号学巨擘罗兰·巴特的叙事学研究名篇《叙事作品结构分析导论》，以及格雷马斯《结构语义学》，见之于众则在两年之后。

从研究对象看，“在一般叙事学和符号学研究中都是既包括文学，也涉及电影，即使早期形式主义文论中都是包含有对电影理论的研究”[3]。作为结构主义思潮重要源头的俄国形式主义的形式研究中，电影是重要的研究对象之一。例如，尤里·梯尼亚诺夫在《论电影的原理》一文中，就曾经探讨过电影的实践问题，指出“‘电影时间’不是实际时值，而是约定性的建立在镜头或镜头中视觉因素相互关系之上的时值”[4]，指出电影通过镜头连接创造了独特的“电影时间”。

从关键概念看，麦茨基于电影叙事对时间处理的独特性而提出的概念“时间畸变”，曾被叙事学家热奈特在其文学叙事名作《叙事话语》中引证。

中国电影出版社2000年出版的李显杰《电影叙事学：理论和实例》一书，从理论辨析出发——这不是为了把电影叙事理论从小说叙事理论的荫庇下强拽出来，提升研究对象的分量，而是为了廓清一个理论事实。由此，我们也窥见作者在研究方法上，援用了常规的理论研究方法：梳理与疏离。

梳理，指的是对此前理论家的研究成果和心得，按照研究线索进行总结和归纳；疏离，是对既有观点进行辨析和修正。前者是学，是研究的起点；后者是识，是学者知性能力展露的舞台。

从20世纪80年代末开始，文学叙事学成为理论界研究的热点。一方面，国外主要叙事学著作先后被译介并在理论界产生较大反响，其中包括王泰来编译的《叙事美学》（重庆出版社，1987年）、张德寅编选的《叙述学研究》（中国社会科学出版社，1990年）、华莱士·马丁的《当代叙事学》(北京大学出版社，1990年)、热拉尔·热奈特的《叙事话语 新叙事话语》(中国社会科学出版社，1990年)、雷蒙·凯南的《叙事虚构作品：当代诗学》(厦门大学出版社，1991年)、米克·巴尔的《叙述学：叙事理论导论》(中国社会科学出版社，1995年)等。另一方面，国内学者的专著相继问世，其中重要著作包括胡亚敏的《叙事学》(华中师范大学出版社，1994年)、杨义的《中国叙事学》(人民出版社，1997年)等[5]。

而电影叙事学方面，无论译介还是国内学者的专著均还付诸阙如。译介方面，仅仅在为数不多的专业电影刊物如《世界电影》《电影艺术》上，零星地介绍过一些国外电影学叙事学家如麦茨、艾柯、波德维尔等人的一些观点，国内学者的研究，也仅仅散珠碎玉般分布在一些其他著作中，如姚晓濛普及性的理论小册子《电影美学》中有一章专谈电影叙事学，贾磊磊《电影语言学导论》中从语言学的角度旁及了一点叙事理论，李幼蒸《当代西方电影美学》中对电影符号学的介绍和对麦茨大组合段理论的推崇……显然，这些学者的兴趣还只局限于电影叙事理论的某个局部或侧面。从这个意义上看，李显杰的《电影叙事学：理论和实例》是国内第一部全面而系统的电影叙事学专著。

在这部洋洋三十万言的著作中，作者首先以宏观的视角把电影叙事理论划分为“既互相交叉，又有所不同”的几个“理论形态”或“理论指向”：

①麦茨为代表的以建构电影“句法学”或曰“大组合段”为主要研究特征的电影叙事理论——作者把它概括为“语言结构表意说”。

②以艾柯、沃伦为代表的主要着眼于电影影像符号学的电影叙事研究——作者概括为“影像符号编码说”。

③借用从弗洛伊德到拉康的精神分析理论，关注影片本文话语与意识形态、与观众心理的深层联系的“本文修辞策略说”，它大体包括了晚期的麦茨(《想象的能指》，1974年)，对博德里《基本电影机器的意识形态效果》，达杨的《经典电影的指导符

码》和劳拉·穆尔维的《视觉快感和叙事性电影》。

④以米特里、波德维尔维代表的带有综合色彩的电影叙事理论研究——“叙事美学与艺术说”。从这四个层面，作者高屋建瓴地概括了当代电影叙事理论的整体风貌。

但是，作者并不是在对这些理论家学说的梳理中，建构一部关于“电影叙事的理论史”，而是回到电影叙事学的一般对象，即“电影艺术的基本叙事元素及功能、本文建构的‘言说’机制、影像运作的话语特色、电影叙述人的类型与视点的功能和电影叙事的几种基本模式”，以此来“研究电影本文是怎样讲述故事的，它调用了哪些元素与功能，设计了什么样的布局结构，采用了哪些策略与手法，企图和可能达到何种叙事目的”[6]。于是，我们看到了本书的基本框架：第一章，电影叙事的概念与要素，主要从电影叙事的基本要素着眼，梳理和阐释了故事、情节、叙述三个基本概念的含义与特征，区分了故事与本文、故事与叙事、叙事与虚构、情节与叙述等几对概念；第二章，电影叙事中的时间，主要论述了“时间畸变”这个所有叙事体艺术中最重要的“言说”机制，及其在电影叙事中的具体表现形态，提出并阐释了电影叙事中存在着的三种基本时间形态——本事时间、本文时间和放映时间的基本特征和功能；第三章，电影叙事中的空间，着重阐述电影叙事空间的特殊意义和重要功能；第四章，谁是影片叙述人，集中探讨了电影叙事中影片叙事人的类型、特征与功能；第五章，电影叙事结构模式分析，着重对于电影叙事结构模式的分析和概括。

二

一门学科的独立性在于它能否建构自己独特的理论体系或范畴。电影叙事学之所以能独立于文学和小说叙事学而自成一格，亦在于此。

虽然，它的一些基本概念直接来自或挪用了文学叙事理论，但是，由于电影言说及接受的独特性，也由于影像叙事与文学叙事处于不同的符号系统，电影叙事与文学叙事存在着很大差异，这种差异甚至具有质的规定性。

从表象上看，影像叙事与小说叙事的区别在于：影像撤去了文字形式的屏障，一切变得直接生动起来。连最擅长描写的文学大师笔下的场景，也远远比不上镜头拉过的场景具体形象，历历可见，仿佛伸手可触，那些在文字流淌中形成的厚重的历史河床，在影像面前，全都化为现时的影像"空间"。

而深层的区别，却远非把文字符号变成具体的影像符号那么简单。仅仅从艾科对语言和影像的分节方式的比较，我们就可以说明了这一点。"通过历时性影像流程，在一幅单一照片中已经有一些动态图像的组合，通过这个镜头，很多符号构成组合段。这种组合方式的语境价值使电影成为一种比言语要丰富的传播方式……"[7]通过技术手段，把一幅幅呆照组成具有"语境价值"的故事，"电影叙事学……第一次将电影技术因素作为叙事因素来考虑，改变了传统的、只把主题和人物性格变化过程作为叙事因素来研究的做法，电影叙事学也进一步摆脱了过去那种作为一种靠主观想象和领悟的艺术和美学，而是一种进行深入细致的、更加精确的、繁琐的定量分析和研究"[8]。在电影叙事中，诸如场面调度、摄影、机位、景深、景别、灯光、音响等纯电影的技巧，在特定场合或语境下，都可能与叙事相关。再比如，电影中的闪回、闪前都是将时间顺序打乱进行叙述。这和文学中将时间顺序打乱进行叙述是不同的。"因为电影中时间长度的效应是由音乐、造型、场面、画外音、对话等造成的。比如在某些电影中，闪回在开始时往往先出画面，但声音还是现时的，或者先出旧时场面的声音，画面还是现时的。这种声画不对位所造成的在时间跨度上的、观念上的特点是只有电影才能做到的。"[9]这样，"电影叙事学研究虽然从根本上是理论问题，但它对创作所起的作用也是十分明显的"[10]，电影叙事学与电影创作之间的互动关系，也许比文学叙事学与文学创作的关系更为丰富和复杂。正因如此，在李显杰的电影叙事研究中，尽管研究范畴与文学叙事多有重合之处，但每一个点上，无论是对电影时间、空间的研究，还是对叙事人的研究，或者对结构模式的分析，他都试图厘清电影叙事和文学叙事的区别。在一些基本理论问题上，都有自己独到的心得。如对华莱士认为戏剧和电影“丧失了叙事优势”的三点诘难，体现了作者理论研究的创新冲动；对马尔丹把电影首先作为时间艺术的看法，作者也亮明了自己不同的见解[11]。类似这样在对前人理论的辨析中，发挥自己的独到见解，是这本著作的一大特色。

三

时间之流逝，使只言片语的文字连缀成篇章，使影像从一张张呆照，流淌成一道道赏心悦目的视觉之流。时间的绵延，直接的产物就是叙事。叙事，可以说是对一段时间的占有，是时间本身的秩序化、体制化。无论文学叙事学，还是电影叙事学都离不开对时间的关注。但是，他们在占有时间的方式上，却不尽相同。最外在的区别在于，文学叙事任何时候都必须冲破“自在”时间的约束，重新构筑“自为”的时间，才可能开始真正地“叙事”，而由于电影建立在摄影机上的客观物象记录性，可以完整“复制”一段“自在”时间。但是，只要把问题往深一点就会发现，对电影而言，这样的特性其实不具有什么实质意义。“在电影中，从一开始就把按正常自然顺序时间的描述排除在外。”[12]即使是纪录电影，也离不开对时间的重新组合和安排。电影在影像艺术中的宿命，不在于时间因素的存在，也不在于运动，而在于时间必须从“自在”走向“自为”，才可以获得叙事的自由。作者在这部著作中概括说：“时间畸变是一切虚构叙事，尤其是电影叙事的中心环节”，而且，作者进一步指明：“电影叙事的时间畸变由于空间因素的渗透而变得颇为复杂”，“电影要讲好一个故事，其中一个至关重要的环节就是如何控制时间流程，如何重构乃至‘雕塑’时间”，基于这样的理解，作者把电影叙事中的时间概括为三种形态：本事时间、本文时间、放映时间。虽然我们看到，前两种时间是所有虚构叙事文本共有的时间形态，它们也许可以分别对应于小说叙事中的故事时间和叙事时间，但作者以电影时间作为考察对象时，也发现了其细微区别；而后一种——放映时间，虽然小说叙事也有接受阶段的阅读时间问题，但阅读的随意性，使其对小说叙事本身并不具有特别意义。而"'放映'时间是电影叙事中的一个独特的时间元素"，它的确立，"建立在观众欣赏电影时的生理与心理机制上，同时也与电影要'讲述'复杂故事的要求分不开"[13]。

显然，这种区别是重要的。但作者不仅仅止于此，更有特色的是，他还从电影本体的角度探讨了电影时间的独特性。比如，他把声音元素进入电影，看作电影"时间的外化"，"在影片本文中，声音通过与画面的配置，分化与组合而拥有多样的叙事功能"，影片不仅可以利用画外音打破画框的狭小空间，延伸银幕空间，而且还可以叙述故事，揭示含义，甚至抒发情感，正是在这种意义上，巴赞在评论塔蒂的戏剧片《于洛先生的假期》时才说："声音部分为这部影片所造成的时间厚度比画面造成的更明显。"[14]

蒙太奇对电影艺术的作用，普多夫金把它看作电影艺术的基础，巴赞却对它痛恨无比，把它批得几乎体无完肤。但是，无论从哪种观点看，电影艺术都须臾离不开蒙太奇（广义的）。蒙太奇是无论哪种电影理论都无法回避的大课题。李显杰以"空间化的时间"的凝练地概括了蒙太奇强大的空间创造能力，指出从叙事角度"无论怎样去界定蒙太奇，或倡导何种特色的蒙太奇，都不能脱离蒙太奇的根本属性，即通过画面或声音乃至声画统一的分切与整合构筑起来电影叙事中的时间（包括空间）畸变"[15]，并从蒙太奇结构、句子和段落三方面，讨论了它们造成时间畸变的可能及其方式。这种可能和方式是电影所代表的影像艺术所独有，小说叙事所不具备的。这些见解是眼光独到的。

四

电影叙事区别于文学叙事最具有质的规定性方面，也许是电影空间的叙事性。"因为电影的空间性是弄清电影能否叙事和运用哪些元素与手段来叙事的一个焦点。"[16]莱辛把艺术分为时间艺术和空间艺术，小说、诗歌、音乐是时间的艺术，绘画、雕塑、戏剧是空间的艺术。而电影是时空艺术的复合体。空间艺术不擅长讲故事，"从叙事学的角度讲，电影叙事显然不能归属于空间艺术”[17]，但从电影最基本的空间形式——“画格空间”看，虽然它并不具有叙事含义，仅仅是具体事物或对象的呈示或展示，“但正是这些记录外部物象的‘无言说’的影像，提供了电影‘表意’体系构成的格式化基础——画格空间”，“当画格空间作为艾柯所说的‘离散单元’，即把运动分解为具有分值的照片时，它就已经为重新被纳入到时间序列镜头内的运动组合中做好了准备，而成为电影讲述故事的符码元素，并受编码规则的规范和支配”[18]，作者从空间形式的并置性、空间构图上的不稳定性、影像展示上的非故事性探讨了画格空间孕育和暗含的叙事的“潜在要求和态势”[19]。连最小视觉单元的画格空间都具有叙事的“潜在要求和态势”，那么，参与了时间和运动的镜头空间，带有影片总体构成性质的形象空间，其叙事性就由潜在而显在了。作者花费了较大篇幅，集中地阐释了自己对电影空间的叙事性的独到理解。

有的研究者认为，“电影叙事学是电影第一符号学的一种固执的发展，这就是说，它仍然没有解决或者说它根本不想解决电影的表意问题。它关注的仅仅是能指的组织结构，而把所指完全排除在外”[20]。但李显杰的看法却不尽相同。比如，他在讨论景别、景深的意指功能时，一方面，他认为“镜头画面中的影像虽然是直观性的空间展示，但却可以通过景别与景深的设置、调节与变化、模拟、演示、暗含或意指着一种‘讲述’的声音，传达出一种有别于自然原貌的‘特定’信息”[21]，这是电影依赖镜头叙事所建立的一套“符码”规则。另一方面，“景别、景深与叙述者要讲述什么以及‘讲多讲少’有着密切联系，不同的选择表明不同的‘意指性’”[22]。这就同时注意到了，景别、景深，不仅仅作为通用的“符码”而存在，在创作者的选择中，还有言说意义的“意指性”功能。不仅是景别、景深，作者还发现电影所使用的一些基本拍摄技巧——拍摄的方向、角度，基本元素——光影、色彩都与电影叙事的“表意”有内在关系。因此，至少在李显杰看来，电影叙事学并没有把“所指完全排除在外”。

作者还注意到，镜头或镜头的空间性，是一个整体性概念，它不仅包括画面构图的空间关系，而且涵盖声音，以及声画的多种组合关系，“镜头空间的这种多质性，带来了电影叙事中的种种悖反性”[23]。作者探讨镜头空间的基本特征及其与叙事性的关系时，充分考虑到了这种悖反性及其复杂性，他认为，通过镜头的空间叙事，“操纵与非操纵、叙事与非叙事、幻象与反幻象、话语与超话语的背反与融合、对立统一，构筑起电影叙事中的特殊叙事效果和‘呈现’魅力”[24]，因此，处于时间之流中的电影空间，既给电影叙事带来某些障碍，又为电影叙事提供了无限的活力与生机。

五

无论现代意义上的叙事学先驱、俄国形式主义者普洛普，还是结构主义叙事学家托多罗夫、格雷马斯，他们都有一个宏大的理论抱负，就是建构起一套具有普适性的叙事语法或叙事模式。普洛普对民间故事的31种叙事功能的研究，托多罗夫对《十日谈》叙事语法的研究，或者格雷马斯建立的“符号矩阵”，都希望发现在令人眼花缭乱的表层结构下，具有能动操纵能力的潜在结构，这种潜在结构具有皮亚杰所说的三种特性：整体性、转换性和自身的调整性[25]。它们类似数学模型，可以用来描述反复出现在人类的各种叙事中的一些基本的结构形态。这些结构形态不仅以频繁的频率召唤人们的指认，更重要的是潜在地操控或影响叙事发展的向度。

具体到电影的叙事结构，由于“电影叙事是一种具有更多元素参与因而较之其他叙事体也更为复杂的文本建构进程，需要有更为精细的‘事件的安排’和更为精巧的结构布局才能讲好一个故事”[26]，因此历来被研究者所重视。电影符号学家麦茨对电影叙事的八大组合段的概括，并非对某一部影片的具体结构关系的考察，而是对全部故事影片的基本结构单位的总体关照。因而，“在总体意义上，与普洛普对俄国童话故事所作的‘功能’研究的理论指向相接近”[27]，而另外一些理论家，如默里在《十部经典影片的回顾》中所作的叙事分析，则属于一种“带有个性化读解色彩的本文批评”，“不是对结构模式的规律性的探讨”，而《电影叙事学》的作者的叙事结构分析，既不是麦茨意义上的那种总体规律性法则的概括，也不是默里所作的个人化的文本结构分析，而是试图在纷繁的表象文本中，归纳和概括出几种带有规律性的本文架构方法或模式：以《玫瑰的名字》为代表的因果式线性结构、以《罗生门》为例的回环式套层结构、以《城南旧事》为代表的缀合式团块结构、以《海滩》为例的交织式对比结构、以《野草莓》为例的梦幻式复调结构。作者认为，这五种模式“远不是电影叙事结构的全部，但却代表了电影叙事中的五种基本结构的结构式类型”，其他模式则是这五种基本模式的变化或衍生。从作者试图以五种基本模式来穷尽电影叙事结构的所有类型看，我们看到了类似格雷马斯等人建立一种“叙事语法”的野心，同时我们也看到他在某些观点上的超越。在作者看来，他归纳和概括出的结构模式，“不只是论证一部影片采用了什么样的叙述方式讲述了一个什么样的故事，更主要的是要探讨这种叙述方式（结构模式）的叙述功能所体现的特定的美学——艺术呈现力”[28]。他把追求叙述模式的叙述功能与本文建构的美学——艺术指向的统一，当作分析和建构结构模式的理论支点。作者在分析《野草莓》时，认为其结构模式的美学——艺术指向“既不在于讲述一个完整动人的故事，也不是对外部世界的矛盾冲突的意向化思考，而着眼于人物的整体心理倾向的把握，着重于对人物的完整人格的心理开拓”。从这样的论述中我们不难看出，作者已经不是在电影叙事本文内进行的单纯的语言学研究，而是已经超越了传统文学和电影叙事理论，进入了泛文本层次，或者说进入了社会文化层次，在这一点上，他的理论视野又可以说连通了90年代后期叙事学理论的新发展。

后记

本文写于大约20年前。当时李显杰老师的《电影叙事学》出版后，引起较大反响。而我早在攻读硕士学位阶段，就对叙事学饶有兴趣。那时，导师周晓明老师要求我阅读他从国外带回的复印书籍，其中就有关于叙事学方面的。可惜我英文太烂，啃不动。好在，胡亚敏老师开设的硕士课程叙事学研究为我开启了一扇门。我的硕士毕业论文就是借鉴电影叙事学方法，研究中国现代电影文学的叙事潜结构。返回母校工作不久，欣读李老师的有关电影叙事学的专著，受益匪浅，所以写就这篇书评。这本著作出版了20多年，包括电影叙事理论在内的叙事学理论不断有新的论著问世，但本书至今还被北京电影学院、中国传媒大学等专业院校作为推荐阅读书籍，借此可掂量本书的学术价值。我的研究生读书会上，先后有陈月异等同学以本书为主题做过读书报告。借本次读书报告结集出版之际，将本文奉上，既是“凑数”，也算一次分享。

注释：

[1]［美］罗伯特·C. 艾伦、道格拉斯·戈梅里：《电影史：理论和实践》，李讯译，北京：中国电影出版社，1997年，第11页。

[2]［挪威］雅各布·卢特：《小说于电影中的叙事》，申丹译，北京：北京大学出版社，2015年，第3页。

[3] 李显杰：《电影叙事学：理论和实例》，北京：中国电影出版社，2000年，第13页。

[4]［俄］维克托·什克洛夫斯基等：《俄国形式主义文论选》，方姗等译，北京：生活·读书·新知三联书店，1989年，第65～66页。

[5] 因本文写作时间在20多年前，对国内叙事学研究的重要成果，如北京大学申丹教授等人的著作，在此未予介绍。

[6] 李显杰：《电影叙事学：理论和实例》，北京：中国电影出版社，2000年，第23页。

[7]［意］安伯托·艾柯：《电影符码的分节》，鲍玉珩译，见中国艺术研究院外国文艺研究所编：《世界艺术与美学》第七辑，转引自李显杰：《电影叙事学：理论和实例》，北京：中国电影出版社，2000年，第17页。

[8]［匈］贝拉·巴拉兹：《电影美学》，何力译，北京：中国电影出版社，2003年，第117页。

[9]［匈］贝拉·巴拉兹：《电影美学》，何力译，北京：中国电影出版社，2003年，第111页。

[10][匈] 贝拉·巴拉兹:《电影美学》，何力译，北京：中国电影出版社，2003 年，第 117 页。

[11] 李显杰:《电影叙事学：理论和实例》，北京：中国电影出版社，2000 年，第 65 页。

[12] 李显杰:《电影叙事学：理论和实例》，北京：中国电影出版社，2000 年，第 64 页。

[13] 李显杰:《电影叙事学：理论和实例》，北京：中国电影出版社，2000 年，第 80 页。

[14][法] 安德烈·巴赞:《电影是什么》，崔君衍译，北京：中国电影出版社，1987 年，第 74 页。

[15] 李显杰:《电影叙事学：理论和实例》，北京：中国电影出版社，2000 年，第 97 页。

[16] 李显杰:《电影叙事学：理论和实例》，北京：中国电影出版社，2000 年，第 223 页。

[17] 李显杰:《电影叙事学：理论和实例》，北京：中国电影出版社，2000 年，第 112 页。

[18] 李显杰:《电影叙事学：理论和实例》，北京：中国电影出版社，2000 年，第 118 页。

[19] 李显杰:《电影叙事学：理论和实例》，北京：中国电影出版社，2000 年，第 120 页。

[20][匈] 贝拉·巴拉兹:《电影美学》，何力译，北京：中国电影出版社，2003 年，第 117 页。

[21] 李显杰:《电影叙事学：理论和实例》，北京：中国电影出版社，2000 年，第 136 页。

[22] 李显杰:《电影叙事学：理论和实例》，北京：中国电影出版社，2000 年，第 136 页。

[23] 李显杰:《电影叙事学：理论和实例》，北京：中国电影出版社，2000 年，第 130 页。

[24] 李显杰：《电影叙事学：理论和实例》，北京：中国电影出版社，2000年，第222页。

[25]［瑞］皮亚杰：《结构主义》，倪连生译，北京：商务印书馆，1984年，第2页。

[26] 李显杰：《电影叙事学：理论和实例》，北京：中国电影出版社，2000年，第326页。

[27] 李显杰：《电影叙事学：理论和实例》，北京：中国电影出版社，2000年，第327页。

[28] 李显杰：《电影叙事学：理论和实例》，北京：中国电影出版社，2000年，第330页。

（彭涛，华中师范大学新闻传播学院教授）

从《电影艺术》的专栏和专题看我国当代电影观念演变

李燕群

20世纪50年代创刊的《电影艺术》期刊，是我国当代创刊时间最长、影响最大的综合性专业电影学术期刊。它几乎见证了当代中国电影的发展历史和社会政治变迁，是记录当代电影史、电影理论与批评的重要载体，是产生电影思潮、电影争鸣的重要阵地，也是镌刻我国当代电影观念变迁的重要媒介或载体。《电影艺术》发展至今，经历了以下几个重要时期：1956—1966年，是《电影艺术》及当代电影观念生成的早期阶段；1979—1989年，是《电影艺术》及当代电影观念的发展阶段；1990—1999年，是《电影艺术》及当代电影观念的相对平稳阶段；2000年后，是《电影艺术》及当代电影观念的繁荣阶段。梳理《电影艺术》专栏与专题的发展过程，可以清晰地呈现我国当代电影观念的演变以及两者相互影响的历程。

一、20世纪50—60年代：政治运动的晴雨表

1956—1966年，从创刊至因政治因素停刊，《电影艺术》经历了期刊发展的第一个阶段。《电影艺术》的前身《中国电影》期刊，创刊于1956年10月28日，是新中国成立后创办的第一份致力于研究中国电影史、电影理论与批评的专业学术影刊。1959年，《中国电影》和《国际电影》期刊合并后更名《电影艺术》，被定位为专业学术期刊，是电影工作者和电影爱好者“学习电影文化，研究、探讨当前电影艺术创作实践和理论问题的一个园地”[1]。但从其设置的专栏、专题和刊载的文章来看，具有明显的集纳性与综合性特征。以创刊号上设置的专栏为例，既有电影信息类专

栏如“国际影坛”“电影文摘”，也有电影评论短文如“短评”“随笔”“杂谈”专栏，还有电影文学剧本，其他如“读者论坛”重在读者反馈，“昨日银幕”属电影史范畴，“创作手记”与电影创作实践紧密相关，“电影艺术创作专论”则进行电影理论探讨。这一阶段，《电影艺术》基本遵循上述编辑体例，电影理论探讨、电影评论均与电影创作和社会政治意识形态紧密关联。与电影创作关联且相对固定的专栏有“短评”“影评”“新片笔谈”“创作手记”“电影艺术（创作）研究”“电影文学剧本”“电影剧作”等，“惊险影片讨论”“新闻纪录电影专辑”“电影喜剧问题”“农村故事片笔谈”“电影（风格）样式问题”“电影创作问题”“科学教育电影”“关于新闻纪录电影真实性问题的争论”“电影剧作特辑”“问题讨论”等专栏，则是根据需要而设置的相对机动灵活的非固定专题。

以编辑部名义邀请电影业界和学界知名人士就电影创作相关问题或影片进行座谈，也是《电影艺术》这一阶段的重要举措。除了1956年、1961年、1962年、1964年外，编辑部每年都举办不同形式的座谈会。十年间，《电影艺术》专门召开座谈会讨论的影片达20余部。其中，包括一部苏联影片（《在荒凉的河岸上》）、两部电影剧本座谈（《无产者》《雷锋》）、三部纪录片（《美国侵略者从越南滚出去》《在生产高潮中》《喜看新疆好风光》），其他均为故事片，如《长空比翼》《洞箫横吹》《党的女儿》《县委书记》《林则徐》《风暴》《万紫千红总是春》《金玉姬》《战火中的青春》《今天我休息》《以革命的名义》《聂耳》《女飞行员》《红色背篓》等。这些贴近电影创作实践的座谈会，反映了《电影艺术》在这一阶段有意识地承担起整合电影业界与学界力量共同探讨电影创作问题的任务。如1957年第1期，刊载了电影理论研究者、电影导演和电影制片厂三篇座谈会记录：《炉边夜话》《我们对导演为影片创作和生产的中心环节的看法》《对于“上影”分厂问题的几点意见》。《当前电影创作问题座谈会》《如何提高当前电影创作》《听听演员的心底话——电影演员座谈》《座谈纪录性艺术片》《“戏曲电影”座谈会》《座谈美术电影》等座谈会记录，是关于电影创作实践、电影表演问题以及不同电影类型的讨论。而《陈明恶劣无耻的反党面貌》则是反右扩大化影响下的产物。从上述专栏设置和座谈会记录，可以体现《电影艺术》对当时电影创作的关注。如对不同电影样式（惊险片、新闻纪录片、喜剧、农村片、科学教育片等）的关注，以及“短评”“影评”“新片笔谈”等专栏，都反映了电影创作发展趋势，具有很强的时效性。这些专栏文章也与政治意识形态紧密关联，使《电影艺术》成为这一时期我国政治运动的晴雨表。

1956年11月14日—12月22日，《文汇报》针对当时国产电影上座率普遍不高等现象，刊发了一系列以“为什么好的国产片这样少?”为主题的文章，引起了电影界的普遍讨论。其中，钟惦棐的《电影的锣鼓》一文，更是掀起了轩然大波[2]。这场由《文汇报》引起的文艺界思想论争，被称为“新中国电影史上的第一次改革思潮”[3]。《中国电影》也参与其中，并在电影的政治性批判中渐行渐远。1956年创刊伊始，《中国电影》就“国产电影质量”问题进行了一系列讨论，并声明“作为服务于电影事业的‘百家争鸣’的园地，本刊将尽力提供篇幅充分刊登各有关问题的探讨、争论与专题研究性质的文章”[4]，表现出编辑部在“双百”方针指导下有意识地选择刊登争鸣或专题研究文章的编辑思路，在这场思想论争初期与《文汇报》的立场保持一致，总体上倾向“改革”。但随着国内外舆论的发酵，《中国电影》的立场逐渐转向，从1957年开始趋于保守。1957年第1～6期，《中国电影》在“短评随笔”栏目和特设的“展开电影问题的论争”专题中，针对《文汇报》系列文章提出的国产影片质量问题以及钟惦棐的《电影的锣鼓》一文的观点，进行学术争鸣。1957年夏，大规模反右派运动开始，从1957年第7期至1958年第3期连续9期，《中国电影》则特设“粉碎资产阶级右派进攻”（或“电影战线上的反右斗争”）专题，电影学术探讨升级为政治上的反右斗争。1957年初直至1958年夏，反右派斗争严重扩大化。1958年的“大跃进”运动和人民公社运动，也不同程度上影响了电影理论与批评的发展。彼时前后，《中国电影》还针对《五更寒》《未完成的喜剧》《凤凰之歌》《情长谊深》《洞箫横吹》《球场风波》《青春的脚步》《杏花春雨江南》[5]等影片进行论辩与批判，正是上述政治运动的余响。对于这些影片的批判性讨论，主要是通过专栏“新片笔谈”和非固定专题如“关于‘情长谊深’的讨论”“影片‘洞箫横吹’的真实性问题”“‘青春的脚步’的批判”等进行的，表现出鲜明的政治意识形态特征与时代局限性。

《电影艺术》于1962年开始的“电影创新”和“电影民族形式”问题论争[6]，和1964年底对电影《早春二月》《北国江南》《林家铺子》《不夜城》等的批判，共同走向了极端的电影政治性批判。1964年第4期和1965年第3期，《电影艺术》分别设置专题“批判《早春二月》《北国江南》”“批判《林家铺子》《不夜城》”，昭示着《电影艺术》已在全国文艺的政治性批判中迷失了自我，成为“文革”文艺极端政治批判的预演。

受极左文艺思想的影响，《电影艺术》越来越倾向于电影社会历史批评（尤其是政治意识形态批评），而逐渐远离电影艺术批评或电影美学批评，使电影观念流于单一的政治化观念。诚如别林斯基所指出的：“只是历史的而非美学的批评，或者反过来，只是美学的而非历史的批评，这就是片面的，从而也是错误的。”[7]这种片面和错误是我国政治走向极端的体现，也使《电影艺术》终于在日益激烈的政治运动中骤然停刊，无奈地完成了十七年学术影刊引领者的使命。

二、20世纪80—90年代：文艺思潮变迁与电影本土经验

1979年，《电影艺术》复刊，期刊定位发生了一定变化。除了拨乱反正之外，期刊主要承担以下任务：“总结电影事业的历史经验和艺术创作经验，探讨电影艺术技巧；介绍国外的电影理论、技巧和有影响的流派；以促进电影创作和电影理论的发展。”[8]与电影创作密切相关的电影批评成为新时期以来《电影艺术》的重要板块。电影批评指按照一定的理论框架与批评标准对电影作品进行分析、鉴别、阐释、判断以表达评论者主体立场观点和价值取向的理性活动。传统的社会历史批评已经难以满足新时期以后电影创作的发展，电影审美批评、电影文化批评、电影心理分析等多元化的电影批评模式，逐渐得到电影批评家们的青睐。

复刊后，《电影艺术》仅设“银海语丝”固定专栏，从其刊载文章内容来看，与“文革”前的“短评随笔杂谈”或“短评”专栏相似，而其他电影理论探讨、长篇影评、电影史料等文章均未设专栏。1980 年，《电影艺术》尝试设置不同专栏以容纳不同类型的文章。20 世纪 80—90 年代，《电影艺术》设置的专栏或专题达 100 多种，其中少部分专栏贯穿始终，大部分专栏随时势变化、电影创作实践发展、电影理论思潮变迁以及编辑思想变革而不断更新变化。80 年代《电影艺术》的专栏设置在这一时期的电影理论争鸣上起到了重要的引领作用，对 80 年代以来电影界关于电影观念的论争均有所体现。如 1984 年持续至 1986 年的“电影特性探讨”[9]专栏，受到西方电影创作对电影造型艺术的开掘以及西方电影理论的影响。而从 1985 年持续至 1987 年的“电影民族化问题探讨”（“民族文化电影传统与电影创新问题”)[10]专栏，则开始反思西方电影理论与创作对我国电影创作的影响。从 1985 年第 11 期始设的“电影研究笔谈”专栏，后改为“电影研究现状”“电影与现实”“现状观察”，一直持续至 1989 年末，表现出对 80 年代中期以后我国电影逐渐走向商业化现状的敏锐思考。1989 年专设的 4 期“中国新电影研讨”[11]可以说是对 80 年代电影创作的总结，关于第四代、第五代的代际导演命名也由此得以确定。需要指出的是，虽然《电影艺术》参加了 80 年代末关于娱乐片问题的讨论，但刊载文章比开创者《当代电影》要少得多，相较于后者宣扬的“娱乐片主体论”，《电影艺术》在这一问题上的审慎态度一定程度上体现了其精英立场。《电影艺术》不断创新专栏或专题，呈现了我国 80 年代风起云涌的电影观念论争盛况，反映了 80 年代的文艺思潮变迁，对繁荣的电影创作进行观察与理论总结，进而推动了电影创作和电影学术研究的发展。

80 年代末 90 年代初，虽然电影作品数量逐年递增[12]，但我国电影市场却呈持续萧条状况。1987 年中影公司的国产片发行亏损 2800 多万元，全国 1/3 左右的电影发行企业亏损，1988 年有 45%的影片发行不足 60 个拷贝，电影业的一片亏声中，电影观众人次也以每年 10 亿的速度递减[13]。我国电影创作也在商业化与市场化的大潮中趋于迷茫：由于技术与观念的双重落后，兴于计划经济体制的“中国动画学派”在市场化竞争中难以为继；各制片厂迫于生存压力投拍的商业娱乐片大行其道成为市场主体[14]，但流于俗套而难出精品；第五代导演的艺术探索片驰骋于国外各大电影节但国内票房较低，难以挽救我国电影市场的颓势；《共和国不会忘记》《开国大典》《大决战》等主旋律电影，体现出高高在上难接地气的姿态。

在这一背景下，《电影艺术》进行了改版创新，由80年代的月刊改为90年代的双月刊，并持续至今。1990年的6期由80年代的每期64页增加至每期191页，1991年的6期又调整至95页（其后版面相对稳定），1991—1992年均未设专栏。从大幅度增加版面到大幅度削减版面，是《电影艺术》编辑部面对电影期刊市场做出的调整，也一定程度上体现了改版决策的暂时性失利与长期性稳定的特点。与80年代为了适应电影思潮的风起云涌而不断新增专栏和专题不同，《电影艺术》于1992年后精简了专栏设置，主要设置了“理论探讨”“艺术研究”“电影家”“影片纵横”“电影史”“外国电影理论”“名家访谈”“放谈”“名片赏析（佳片赏析）”“高校电影研究（高校园地）”“信息之窗”等相对固定的专栏，还根据需要设置了一些非固定专题。无论是“名片赏析（佳片赏析）”对国外电影名作的鉴赏，还是非固定专题对中国香港、台湾地区乃至亚洲电影的研究，均体现了《电影艺术》在90年代真正开始关注域外电影经验，表现出更加开放的视野与向域外探索的勇气。当然，这也与我国电影面对的新形势有关：商业化和市场化浪潮、好莱坞“分账大片”、中外合拍片等冲击着本就处于低潮的中国电影创作。如进口分账大片可以说支撑了90年代后期的我国电影市场，“自1994年起，进口分账影片已经成为中国电影工业的发展生存基础，进口分账影片给中国电影带来了1200美元收入的百分之六十”[15]。

纵览《电影艺术》90年代的专栏和专题设置，除了上述对域外电影创作经验的关注，更重要的还是对电影本土创作经验的重视。如设置“十五大精神与电影创作”“传媒研究”“改革开放二十年的中国电影”“我和新中国17年电影”“青年电影（作品）研究”“向建国五十周年献礼”等专题，总结和探索我国电影本土创作经验。其中最显著的，是90年代初对第

四、五代导演80年代创作成就的总结和“谢晋电影模式”论争的总结，以及90年代末的第六代或新生代导演创作研究和影视喜剧创作研究[16]。如1990年第3期刊载了5篇评析谢晋电影的文章，具有明显的总结性意味。关于“谢晋电影模式”的论争，始于1986年7月18日刊载于《文汇报》题为《谢晋电影模式的缺陷》（朱大可）的文章，由此引起了一场声势浩大的学术论争。在80年代末的这场论争中，《电影艺术》仅分别于1988年第5期和1989年第3期刊载了两篇文章：《谢晋电影之谜》（张铭堂）和《论谢晋的新时期创作走向深化的人性主题》（余纪）。而1990年第2期集中刊载的5篇文章，则对谢晋电影中呈现的传统文化、政治、道德与历史的纠葛、电影艺术特征及其历史地位等，进行了全面且极具学理性的总结性论述。值得一提的是，九年后的1999年第1期，《电影艺术》又在“电影家”专栏刊载了3篇文章，将谢晋电影研究深入到人类文化的更深层次以及中西文化比较层面，体现出研究视角和理论框架的时代差异。世纪末再次回眸审视谢晋电影，鲜明地体现了《电影艺术》对待电影观念论争与电影创作现象的立场：审慎地、有距离地审视与反思。当然，这种立场与态度对当下电影创作现象可能难以做出及时回应。如陈凯歌导演的《霸王别姬》于1993年荣获法国戛纳国际电影节金棕榈奖，是我国首部获此殊荣的影片，《电影艺术》却未及时刊载关于这部影片的影评，直到90年代末才刊载了几篇专论陈凯歌电影的论文[17]。

总体而言，《电影艺术》90年代关注的主旋律电影、商业娱乐电影以及第四、五、六代导演电影创作，与80年代所呈现的纷繁的电影观念论争一道，共同呈现了20世纪八九十年代文艺思潮的变迁和我国电影本土创作经验的总结和审视。

三、21世纪：电影产业、全球视野与本土话语体系建构

21世纪的中国电影进入了全球化和产业化的全新语境。从1999年11月的中美谈判到2001年12月11日我国正式加入WTO，我国电影进入全球电影市场环境。新世纪电影市场的开放，使电影的商品属性和电影的

工业产业特征更为凸显。21世纪以来，“全球化、网络化、世界格局改变和相关观念的形成进入社会话语体系，影响着主流意识形态和基于个人自觉的文化艺术”[18]。全球化语境下，《电影艺术》期刊不断调整自己适应新的时代发展需求，并不断尝试建构本土电影创作和电影学术话语体系。

新世纪以来，《电影艺术》分别于2000年、2005年、2007年进行了三次改版，主要包括版面和专栏内容的改革。2008年和2010年还曾进行了专栏微调，如2007年设“纪录影像”“动漫空间”，2008年至2009年整合为“多元影像”（2010年后未再设）。虽然2007年后进行了专栏或专题的微调，但其内容、风格、版面等已基本稳定，每期约8～10个固定专栏。新世纪初，保留了80—90年代乃至创刊至今的部分专栏，如“理论探讨”“影视纵横”“名家访谈”“谈艺录”“电影史”“放谈”“外国电影理论”“佳片赏析”“高校园地”“他山石”“电影家”“读者论坛”等。其中包括创刊时设置的专栏，如“创作手记”“国际视野”“读者论坛”。还先后设置了一些新的固定专栏，如“独家论坛”“本期专稿”“本刊特稿”“特别策划”“百年中国”“书评”“读与思”“产业研究”“电视电影”“视与听”“影艺观察”“短长篇”“多元影像”“书城随笔”“纪录影像”“动漫空间”“欧洲导演系列研究”“新书推介”“学术信息”“业界资讯”等。纵览新世纪以来《电影艺术》的专栏设置，主要体现了以下三个特征。

第一，产业研究日渐繁荣。我国于2012年已跃升为全球第二大电影市场[19]，电影产业体系于2014年初步形成，并提出了“实现由电影大国向电影强国的跨越”[20]的口号（2014年5月），2015年我国电影票房超400亿元，比2014年增幅近50%，国产影片市场份额超过60%[21]，我国电影开始走向工业化。我国电影产业的繁荣推动了《电影艺术》等影刊对电影产业的关注。从2000年第3期的专栏“独家论坛：面对WTO发展中国电影的产业经济”开始，关于电影市场与电影产业的发展研究便成为《电影艺术》的重要内容。如《英雄》成为我国第一部在国际上影响巨大的商业大片后，《电影艺术》于2003年第2期设“独家论坛”，以《〈英雄〉：创作与市场》为题对这一现象进行探讨。“独家论坛”专栏还曾以“中国艺术电影和电影市场”“电影节与电影业的互动关系”“院线制为核心的发行改革”“民营资本与中国电影”“电影市场与电影创作”“电影评论与电影商业炒作”“中国电影企业经营面面观”“市场档期与电影策划、营销的关系”等为主题，对我国电影创作与资本、市场、企业等的关系进行研究。“特稿”专栏也有不少产业研究文章。其他如“中国电影：产业与叙事”“创意产业与中国电影”“百年中国·产业研究”“中国电影产业集群研究”“‘华语电影工业：历史、当代与方法’专题”“互联网时代的大电影产业研究专题”“电影产业研究专题”“世界电影产业研究专题”等专题，则拓展至世界电影产业研究。2017 年第 1 期始设的“产业研究”专栏，使关于电影工业和产业的研究逐渐成为当前电影研究的核心内容之一。

第二，全球视野的观照。2001 年我国正式加入 WTO 后，我国电影市场不得不直面全球电影市场的冲击，电影创作因此受到极大影响。除了上述关于电影产业和工业的探讨之外，“独家论坛”专栏以“面对 WTO 增强中国电影的竞争力”“华人电影的地域性与全球性”“对好莱坞电影的再认识”“入世后中国电影会发生什么变化”“21 世纪的电影思维”“类型电影与中国民族电影”“CEPA 对香港与内地电影的影响”等为主题，研究入世后好莱坞电影乃至全球电影对我国电影创作的影响。而“国际视野”“名家访谈”“视与听”等专栏对国外电影创作、电影史的研究和电影界知名人士的访谈，以及“香港电影研究”“台湾电影研究”“中国港台电影”“日本电影专题”“亚洲制造：合作的亚洲电影”等专题对亚洲地区电影创作的关注，均体现了《电影艺术》在新世纪将研究视野拓展至亚洲乃至全球的倾向。

第三，电影本土话语体系的自觉建构。无论是向全球电影创作经验借鉴和学习，还是顺势而为关注电影产业研究的繁荣，最终都是为了推动我国电影创作和学术研究的发展。相较于 80—90 年代以我国本土电影创作经验总结为主，新世纪以来的《电影艺术》更注重我国电影本土话语体系的自觉主体性建构。“独家论坛”“特稿”（或“本期特稿”“本刊特稿”）等专栏，对推动我国电影创作发展和建构电影本土学术话语体系做出了重要贡献。如以“关注‘第五代’导演创作”“2002年中国影视创作回眸”“类型电影与中国民族电影”“国产电影面面观”“中国电影中的伦理道德观念”“中国抗战题材影片暨战争片研究”等为主题，对我国电影创作、电影观念的研究。值得一提的是，我国电影诞辰百年之际（2005），《电影艺术》设置“百年中国”“百年中国电影”专栏和“中国电影艺术门类简史”专题，对我国武侠片、动画片、戏曲片、喜剧片、纪录片、儿童片、类型片、电影音乐、电影摄影、电影表演、电影导演、电影编剧、电影产业、少数民族电影、电影家、电影史等进行了全面的扫描式研究和介绍，体现电影研究的“历史转向”。“重读中国电影的叙事传统”“中国电影新势力”“改革开放40年之中国电影”“中国革命历史电影研究专题”“‘电影与国家：历史、理论与实践’研究专题”“中国电影：历史与反思”等专题，则从不同层面对我国电影传统与电影现状进行研究。2018年第2期，《电影艺术》更以专题“特别策划：中国电影学派”呼应电影学界建构“中国电影学派”的理论热情。可见，新世纪以来，世界政治经济格局中我国国家主体地位的提升，促使我国学界努力建构本土学术话语，《电影艺术》期刊作为电影学术研究的中坚力量，也积极致力于我国电影本土学术话语体系的主体性建构。

结语

要之，《电影艺术》的专栏和专题设置，映照着我国电影观念演变以及时代社会发展。20世纪50—60年代，《电影艺术》被裹挟在政治意识形态的剧烈变化中而沦为社会政治变迁的晴雨表，呈现了流于单一的政治化电影观念。20世纪80—90年代，《电影艺术》在文艺思潮的急遽变迁中不断学习借鉴西方电影观念和总结电影本土理论与创作经验，激增的电影专栏和专题呈现了纷繁复杂的电影观念争鸣。21世纪以来，在全球化和产业化语境下，《电影艺术》开始自觉探索电影本土话语体系的建构。从在政治意识形态的束缚中艰难求生，到作为学术研究主体对电影本土话语体系进行自觉建构，体现了《电影艺术》期刊编辑思想的时代变迁以及我国电影学术期刊主体性建构的艰难历程。

＊本文系湖北省社科基金一般项目（后期资助项目）“电影本土话语建构：以《电影艺术》为个案的学术史考察（1990年以来）”（编号：HBSKJJ20233409）和黄冈师范学院博士基金项目“基于学术史视域的《电影艺术》研究”（编号：2042024011）的阶段性成果。

注释：

[1]《编辑部的话》，《中国电影》1956年第1期，第96页。

[2] 钟惦棐的《电影的锣鼓》一文，最初以本刊评论员的名义发表于《文艺报》1956年12月15日第23期，后《文汇报》于12月21日全文转载，虽未以“为什么好的国产片这样少?”为题头，但因正好与系列文章时间吻合，且是一篇“总结性”的文章，为这场大讨论“添了一把火”，因此常二者并提。参见罗学蓬：《钟惦棐和〈电影的锣鼓〉》，《百年潮》2008年第5期，第55～58页。

[3] 启之：《新中国电影史上的第一次改革思潮——五十三年前的思想论论争》，《电影艺术》2009年第3期，第114～122页。

[4]《面对事实克服缺点——有关讨论国产影片问题的几份资料》之“编者按”，《中国电影》1956年第3期，第3～5页。

[5] 相关文章分别刊载于1958年第2、5、6、7期，1957年第9期、1958年第1期，1958年第4、6期，1957年第10、11～12合集、1958年第6期，1958年第7、10期，1958年第5、7期，1958年第9期，1958年第6期。

[6] 引起“电影民族形式”和“电影创新”问题论争的两篇文章：《电影艺术》于1962年第1、2、4、5期连续刊载的《向传统文艺探胜求宝——电影民族形式问题学习笔记》（徐昌霖）和1962年第3期刊载的《关于电影创新问题的独白》（瞿白音）。

[7] [俄] 别林斯基:《别林斯基论文学》,梁真译,北京:新文艺出版社,1958 年,第 261～262 页。

[8]《致读者》,《电影艺术》1979 年第 1 期,第 63 页。

[9] 专栏分别设置于 1984 年第 11、12 期,1985 年 1、2、8 期,1986 年第 4、12 期。

[10] 专栏分别设置于 1985 年第 5、11 期,1986 年第 4、10、12 期,1987 年第 1、2、4、6、7、11 期。

[11]《电影艺术》关于第四代、第五代导演的探讨事实上延续至 90 年代初,1990 年第 3、4 期刊载了数篇相关文章,如《作为一次艺术运动的中国新电影》(张亚彬)、《断桥:子一代的艺术》(戴锦华)、《"第四代"已经结束》(黄健中)等。

[12] 1985 至 1993 年,我国故事片数量分别为 127 部、134 部、146 部、158 部、136 部、133 部、124 部、166 部、154 部。参见陈播:《中国电影编年纪事》(总纲卷·下),北京:中央文献出版社,2005 年,第 766～908 页。

[13] 沈芸:《中国电影产业史》,北京:中国电影出版社,2005 年,第 214 页。

[14] 如 1990 年发行的 199 部新片中,动作片 55 部,占总数的 27.6%;但卖出拷贝数 10272 个,占总拷贝数的 41.5%;在 26 部发行的 200 个拷贝以上的影片中,动作片 22 部,占总数的 84.6%。1991 年生产的 130 部电影中有 72 部娱乐片。参见丁亚平:《中国电影通史 2》,北京:中国电影出版社,2016 年,第 170～171 页。

[15] [美] 斯坦利·罗森:《狼逼门前:1994～2000 的好莱坞和中国电影市场(上)》,柳宏宇、张希译,《北京电影学院学报》2003 年第 1 期,第 44～51 页。

[16] 1990 年第 2 期刊载 5 篇论文论及谢晋电影模式,第 3 期刊载 6 篇、第 4 期刊载 4 篇文章论及第四代、第五代导演;"青年电影研究""青年电影作品研究"专题(1999 年第 4、5、6 期)下的 12 篇论文均是对

第五代和新生代（第六代）导演创作的关注；1998 年第 5、6 期和 1999 年第 2、3 期设“影视喜剧研究”专题可谓对 90 年代末冯小刚贺岁喜剧、赵本山喜剧等带来的强大电影市场冲击的回应。

[17] 1997 年第 1 期“电影家”专栏刊载了两篇论文：《人与环境的颂歌——陈凯歌电影的本文分析》（陆斌）、《儒道互补追求融合——陈凯歌传统美学风格浅探》（高云雷、傅继伟），1998 年第 4 期刊载了蔡健的短评《陈凯歌：投入与逃避》。

[18] 丁亚平：《中国电影通史 2》，北京：中国电影出版社，2016 年，第 231 页。

[19] 刘汉文、张林明：《2012 年度中国电影产业发展分析报告》，《当代电影》2013 年第 3 期，第 19～26 页。

[20] 《关于支持电影发展若干经济政策的通知》（财教〔2014〕56 号），［2014 年 6 月 19 日］http://www.gov.cn/xinwen/2014-06/19/content_2704238.htm.

[21] 陈旭光、石小溪：《2015 中国电影年度报告：产业、艺术与文化》，《创作与评论》2016 年第 2 期，第 60～71 页。

（李燕群，华中师范大学文学院文化传播学 2019 级博士研究生，黄冈师范学院传媒与影视学院副教授）

美学的消失·观众的迷失：技术主导下的电影艺术变革

李芳芳

所有的技术形式（包括电影）的发明者和革新者都是根据他对世界的了解和理解的程度来创造机器的，也就是说，技术变革是受对世界的想法和信念及它们的运作方式影响的[1]。这也就意味着，技术是人们怎样认识世界的观念和信仰之网的一部分，符合马克思的进化程式，“是由意志引导、有意识的、主动的人类活动控制的一种进程，而且受决定历史的力量的塑造和修饰”[2]。电影是唯一一项以技术发明作为诞生标志的艺术，并且诞生于工业革命之后，工业技术全面介入电影的生产、传播与接受，进而欲将人类传统的故事变成一项世界级工业运动的对象。然而，随着电影工业的发展，技术被过度开发和利用，逐渐摆脱人类控制，参与人们的意识构造，由安德烈·巴赞所言的“物质现实的复原”和“现实社会的渐近线”演变为现实生活的一部分，甚至成为现实生活的参照物。

一、从写实到超真实：电影意境及观众完形能力丧失

西方艺术起源于古希腊的几何学与科学，通过几何透视法和人体解剖学来表现空间和生命，运用写实方法力求逼真效果。诞生于西方的电影，也遵循着写实传统。其诞生时，采用透视原理构图的“火车到站”，以其逼真性震慑了观众。之后的百余年里，由西方引领的电影技术在声音、色彩、空间、运动等方面沿着这一传统向前推进，无限接近“客观真实”。从黑白、彩色、有声到3D（三维立体影像）、IMAX（巨幕系统）、4K（分辨率）、HDR（高动态范围）、HFR（高帧率）、VHC（高对比度）、WCG

(广色域)、VR(虚拟现实)、AR(增强现实)等，在表现世界的深度和精度方向不断进化，无限向“客观真实”逼近。近些年，随着电影技术的发展，电影在某些方面已不满足于对人们现实生活中可感知的自然的模仿，技术的义肢功能进一步增强，似乎给观众配置了专业的高精设备，使其拥有超越日常生活体验的专业体验。电影中包含大量超越人们现实生活中肉眼可观察到的镜头，极力展现微观细节。如《双子杀手》(李安执导，2019)采用120帧方式拍摄，可以清晰地捕捉到人物的每一丝肌肉反应，演员眼的肌肉抖动和眼中的红血丝都清晰可见。

欧美的写实传统引领电影技术的发展。随着电影技术的全球化普及，这种电影的写实理念也广泛传播。然而，与西方艺术传统不同，东方诸多国家的传统艺术并不强调写实，而是致力于写意，即用有限的实景表现无限的空间和生命，由此形成黑白、大小、远近、虚实、疏密、浓淡既矛盾又和谐统一的艺术风格。这种“不在乎迹、在于意”的艺术，融笔墨、自然灵性、人格精神为一体，强调主体感于心而发于外，超越了客观实在的“形”，而强调主观境界的“神”，平衡了意义与技巧、内容与形式的关系，消解了主体与客体之间的对立，“是由心灵产生和再生的美”[3]。在写实艺术指导下的电影技术追逐中，电影艺术逐渐变成了科学的客观展示，不仅阻碍了创作者将客体与主观情思交融合一的情感表达，也抹杀了观众的想象力，观众无法突破客体的有限性，而通往艺术精神的无限性。艺术虽然必须借助物即媒介以表达，然而在技术的推动下，物的这种媒介性越来越强，而绝对性地压倒精神的时候，电影也将丧失它的艺术价值。

格式塔心理学认为，事物的整体性并不仅仅是基于其各个部分的简单叠加，而是大于各个部分的总和。在人们对事物整体性认知过程中，不仅接受事物各个部分的刺激产生感知，还存在一种心理组织的作用，这即是一种心理完形能力：探索、选择、简化、抽象、补足、纠正、比较，及在某种背景或上下文关系中进行识别等能力。因此，我们在没有完全掌握事物全部信息时，也可以通过对有限信息结构分布的方式进行排序和编组，以实现对缺失的图形或事物进行心理趋合，以更有效地把握和辨别事物。

电影技术的发展带来的是对世界的完整的复制与再现，物的呈现越来越精准，信息传递更加具象且易于感知，观众不需要启动完形能力以补足缺失的部分、纠正变形部分等，进而也不会产生诸如联想、移情、反思等主动性补偿行为，更不会与作品产生深度共鸣。

二、从模拟感官到刺激感官：观众感知的钝化及知识的“无产阶级化”

百余年来，人们不断探讨视觉和听觉信息是如何影响人们的感觉和知觉过程，并试图通过对人类感知共性的解读，探讨电影视听语言建构和解读的规律，进而不断推动电影技术以人体感官为中心的革新。如早期的从“库里肖夫实验”到“蒙太奇”的飞跃，电影的剪辑技术向前推进。如今，随着神经科学、心理学、计算机科学等的发展，人们对自身的视听原理有了更进一步认识，再将之充分运用于电影技术的革新上，逐步还原和再现人体所感受到的世界，甚至不断增强人的感官，将观众置身于电影技术制造的感官刺激网络之中。

电影技术发展对感官的刺激首先表现在电影的节奏不断加速。按照柏拉图最简单的定义，节奏是“运动中的秩序”，是把变化安排在时间延续中的一种形式[4]。现代电影中，这种运动中的秩序被打乱，主要表现在加速上，这种加速又主要表现在两个方面：一方面是外部节奏的加速，即镜头的平均长度越来越短；另一方面是内部节奏的加速，即镜头中的动作和移动也越来越快。随着电影介质技术的革新，电影剪辑技术也不断发展，电影剪辑也越来越容易，剪辑节奏也越来越快。“在摄影棚时代，一般的好莱坞影片包含有600多个镜头，大多数现代电影剧本由超过800个镜头组成，有些影片甚至超过1000个。”[5]随着计量电影学理论的不断完善，大量的统计数据也佐证了这一观点。《谍影重重3》（2007）里在火车站打斗的片段中，平均镜头时长只有0.8秒；《双子杀手》（2019）里摩托车追击的片段中，平均镜头时长只有0.4秒。它挑战人类视知觉极限，致使观众在观影中产生一种不受大脑控制的神经性生理性眩晕。一个个在因果逻辑上是整一的序列、在时间上是线性的序列被肢解，形成多个断裂的片段，这种极致的碎片化呈现出叙事的断裂与混乱。观众似乎在玩一个拼图游戏，需调动以往的认知框架和认知策略，在头脑中重构线性的故事世界，但是海量的信息高频袭来，观众根本无法在有限的时间在大脑中完成乱序重组。

随着拍摄技术的革新，高速运动场面拍摄也越来越容易，高帧技术的发展又使清晰逼真地呈现极速的运动变迁、紧张的动作场景等画面成为可能。高帧率一方面可以更有力地表现高速运动，克服因图像断裂所造成的抖动频闪，以更流畅地表现运动；另一方面由于信息扩容，可以呈现更多的细节，克服运动过快所导致的画面模糊的问题。如《比利·林恩的中场战事》（2016）中战场现场和体育场表演的宏大场面，高帧技术的使用，不仅可以呈现连贯的运动画面，还可以清晰地展现人物的微表情。《双子杀手》（2019）影片开端，亨利奉命刺杀列车中的目标，在高速运动的列车上，观众可以清楚地透过车窗看到里面的乘客。在摩托车追击一场中，观众可以看到处于不同景别的杀手的技法和策略：小亨利在海堤上单手驾驶的同时装填子弹，同时，在前景中的大亨利调整姿势躲避追杀。电影技术的发展使观众在单位时间内接收到数倍于普通电影的信息，巨大的信息量如脉冲信号般持续冲击观众的感官，人们大脑来不及调动“先验图式”（schemata）来促进对电影的感知及认知，更无法完成意义的生成和叙事的建构，只能停留在生物性刺激-反应的层面。

为了将观众的注意力引向具有奇观效果的场面，电影有意无意地对影片中的人物和故事降格以求，电影文化的话语中心模式向图像中心模式转变，理性文化向快感文化转变。如《双子杀手》（李安执导，2019）用120帧、4K、3D高规格技术营造奇观效果，但这个故事题材是落后于时代的产物，是20世纪90年代热议，但如今却显得老套的克隆故事。电影缺少了李安以前在《卧虎藏龙》、“家庭三部曲”等电影中的文化内涵，只是一场视觉盛宴。电影成为视觉印象的科学，不断刺激我们的感官，加强我们视网膜的耐受力。人的自然感知能力遭到技术体系的无端篡改。电影技术的发展如同生物学意味的突变，由此带来的有机器官与人造器官的结合，以及相应的心理层面、人造层面等的安排，会对机器器官及其所栖居的身体产生破坏性。当卢米埃尔兄弟第一次在咖啡馆为观众放映《火车进站》时，当“前进的火车头变得越来越大，好像瞬间即将冲出银幕，在场的观众莫不大惊失色，有的低头闪避，有的拔腿就跑，宛如搭上云霄飞车，尖声怪叫不绝于耳”[6]，诞生之初的电影对于当时的人们来说即是一种视觉奇观。然而，“技术进步正在阶段性地改变我们的观看体验”[7]，它以一种物质性的强制力量，要求我们去适应，并且，我们也会对之产生期待，渴望体验技术所带来的新奇效果。这也就意味着，对于一种新的观看体验，人们注定会由开始的新奇、震惊慢慢变为习惯、熟视无睹，甚至会变得麻木，产生厌倦，产生近乎医学上的免疫反应，然后又不断地渴求加强刺激，以寻求新的兴奋感，进而产生恶性循环。

1848 年马克思的《共产党宣言》提出了“无产阶级化”这个概念，马克思对“无产阶级化”的定义，并不是财产，而是知识的丧失，指的是知识的外在化过程。19 世纪机械工业，通过机器将工人的技能知识“无产阶级化”；20 世纪的文化工业，将消费者的生活知识“无产阶级化”。随着这种感官刺激技术发展推动的电影工业的发展，人们的感知、想象等都被外置化，实现“无产阶级化”。这些视觉奇观完全调动了观众的原始知觉经验，让观众无法进入理性部分的感知模式，观影只是一场单一的刺激——反应，是一种生理自动化的反应。艺术是去自动化的最高形式，然而随着电影工业技术的发展，电影艺术本身正在被自动化，越来越远离文化。人的洞察力、理性思考、智性分析等能力也在认知的自动化过程中短路。人类的精神、智力、情感和感性能力正在遭受前所未有的威胁，人们的能动性越来越难以发挥，人的个性、人的独特性的缺失也越来越普遍。“社会控制的现行形式在新的意义上是技术的形式”[8]，电影的这种文化传播技术的过度使用，使人越来越丧失智性，进而为人的控制提供了基础。哈贝马斯明确提出了“科学技术即是意识形态”的命题。科学技术的进步已由解放的潜在力量转而为统治的合理性提供思想依据的手段。人被困于电影“技术的茧壳”（technological cocoon），接受屏幕所营造的影像的感官刺激，麻痹自己的神经，丧失思考与批判的能力，进而自动接受技术背后的意识形态控制。

三、从表现世界到重塑世界：观众的自我迷失

如果说早期电影技术的发展是沿着“回溯真实”的方向演进，那么近些年，电影技术的发展在空间上朝着追求基于现实逻辑推导而来的“想象真实”的方向发展，在时间上朝追求参与人们日常生活时间建构的方向发展，在时间和空间上“重塑现实”。

海德格尔在《存在与时间》中提出：“技术有变不存在为存在的功能……技术可以把那些不能生产自身和尚未出现在我们面前的东西展现出来”[9]。电影技术的发展，使人们得以创造人们“未曾见过的现实”，重塑我们“想象中的现实”。早在1985年的《少年福尔摩斯》中就出现电影史上第一个纯粹用计算机生成的CG角色，经过几十年发展，CG角色蓬勃发展，如《终结者2》(1991)里的液态金属机器人T-1000、《侏罗纪公园》(1993)里的恐龙、《指环王》(2001)里的咕噜、《阿凡达》(2009)里的纳美人、《阿丽塔：战斗天使》(2019)里的诸多人物，《奇幻森林》(2016)和《狮子王》(2019)里的动物等。这些CG角色超越“恐怖谷”，实现对真实生物角色的高度还原，甚至创造出极具生物属性的怪兽形象。数字技术的出现，改变了影像的生成方式，从此，电影的影像不再是现实的摹本，而是人的思维与电脑技术结合的新事物，它改变了传统影像与现实一一对应的关系模式。图像与现实的关系甚至发生了逆转，现实不再是第一性的。未来即将发生的，或者说当下正在发生的，是一场注意力的争夺战，人们的注意力越来越从真实世界转到了虚拟世界[10]。现代社会中生产的“拟象”遮蔽了现实，我们生活在拟象构成的闭环中，也就无法洞察真实。

随着流媒体技术的发展，电影从公共空间走向日常生活，电影技术发展追求的已然不是“看”电影，而是“玩”电影，是情动、触感、体验，甚至是操控，技术参与人的意识的调动与控制，人本身也参与影像世界的构造，进而造成真实与虚拟生活的混淆。在传统电影美学体系中，“影院”

是一个不可或缺的概念，电影的表意和审美效能体现于“影院”的空间性机制之中。电影技术的发展：从无声到有声、从黑白到彩色、从2D到3D等等，这些技术的演进与创新从未脱离过影院空间。在影院这个公共空间里，观众享受以“间性”（intermediality）为核心特征的接受体验。影院观影是一种身体在场的观影方式，观影者暂时性地同影院外的现实世界彻底隔离，受到纪律性支撑和仪式性支撑，进而观影者有意识地区分真实生活和虚拟体验。然而随着流媒体技术发展，观影成为一种“云在场”，观影者处于现实世界的关系网和事务网中，给人的广义上的“存在”造成重大负面影响，进而控制人类意识流。

斯蒂格勒提出，意识是一种蒙太奇，是在第一持留（是一切时间客体的组成部分，属于感知的当下时刻）、第二持留（“我”在想象的过程中，能够通过回忆而激活的持留，它构成我的意识的过去时刻）和第三持留（“客观性”记忆的所有形式）之间进行剪辑的结果。三种持留有共同之处，即它们都是人经验的产物（回溯和重塑）。电影是一种第三持留，也是一种“时间客体”，在流动中构成了自身的整体。在传统的线性观影模式中，在有仪式性和纪律性支撑的特定空间内，电影这一时间客体与以之为对象的意识流（观众的意识）相互重合，也就意味着，面对电影所展示的未曾经历的集体过去，人们先是第一持留去感知当下，然后在第二持留过程中对第一持留的记忆进行遴选，这是第一持留在前，第二持留在后的有序线性过程。然而，流媒体电影打破了常规的线性时间模式，削弱时间向度上的因果律，将时间变形，构建反常的时间图景。首先，用户拥有“控制时间”的权力。用户可以做出暂停、回看、跳跃等操作进度条的行为，从而控制电影这一时间客体。在进行回看时，人的第二持留（想象）介入到第一持留（感知），进而产生感知与想象的混乱；当暂停电影去处理日常生活事务时，真实生活与观影的第一持留连接在一起，第二记忆在遴选过程中会混淆生活中的第一持留与观影的第一持留，两者都进入第二持留，进而产生电影与生活的混淆。其次，互动电影模式将时间在每一个节点上分叉，每个节点上分裂出互不干扰的平行时间。观众被代入一位或多位故事角色，在观影过程中不断地对该角色的言行举止做出决策，不同的选择将会踏进不同的命运，可观看并体验到生命的各种可能性。一些互动电影还会使用“折叠”与“折返”等方式，把多条分岔时间折叠到同一条时间线上，从而实现分岔时间的合并，或返回上一决策，重新做出选择而继续时间线的延展。观众参与到电影时间的构建，在观众的选择中电影的时间客体与观众的意识重合。然而，观众的每一次选择都会调动原有认知框架，即有第二记忆的参与，然后再进入下一次电影时间与个人意识时间的重合。这些不间断的事件并不是按线性时间顺序排列的，是一个无限又无序的网络，个人意识中的第一记忆、第二记忆出现混乱，真实与虚拟世界也混淆不清，即不知是庄周梦蝶还是蝶梦庄周。“人类是未完成的，始终处于进化中，始终在被技术所塑造。”[11]随着电影技术的发展，电影也重塑人类的现实世界与现实意识，从而使观众迷失自我。

结语

技术不仅仅是工具、物的聚焦，还是一种中介化的展示世界的方式。电影技术在人们认识世界和想象世界过程中扮演着重要角色，相对于电影内容和其背后所隐藏的文化、权力及资本等，电影技术发挥着更为直接的作用，是其他元素互动的纽带。电影技术发展之初朝着接近世界真实与人的感官真实的方向发展，电影技术之光被赋予科技、理性和进步三位一体的内涵，其发展体现了人的主体性，人运用电影技术将自己从自然束缚、愚昧无知中解脱出来，扩展了空间的广度和时间的长度，更方便、快捷、直观、清晰地认识并体验世界。由“动力技术”[12]和“悬置技术”[13]所构成的电影技术系统使电影从一项提供娱乐的工业技术变成一门具有世界影响力的现代艺术，电影技术是推动电影产业发展的有力杠杆。然而，随着多种力量的协同推进，电影的动力技术发展远超过悬置技术的发展，且动力技术发展具有超前性。“现代社会的一个主要问题就是过分强调超前性，马达系统是越来越发达，能力越来越大，这个刹车系统很弱、很软，导致我们现代社会这列巨大的列车有点刹不住闸”[14]，强劲的马达代表着电影技术对电影产业及社会的推进作用，软弱的刹车是人们不得不面对电影技术突飞猛进所带来的负面影响。随着电影技术的突进，并且被资本利用，越来越突破人类设定的边界，走向技术悖谬，其消极社会功能日益凸显，成为悬于人类头上的“达摩克利斯之剑”。

海德格尔在《技术的追问》中提出警告：“如果我们把技术当作某种中性的东西，我们就最恶劣地听任技术摆布了；因为这种观念虽然是现在人们特别愿意采纳的，但它尤其使得我们对技术之本质茫然无知。”[15]电影技术本是辅助于电影艺术表达的媒介，但随着技术的过度开发和利用，电影技术使电影成为炫技的舞台，沦为技术的奴役，而不是艺术家手中之笔，为艺术创作所用，人因此被困于技术“座架”。人们通过电影技术获得物的精准表现和感官的强烈刺激的同时，却迷失了自己的精神家园，遭遇虚无。“技术是人类的解药，也是人类的毒药。”[16]我们要知道限度在哪里，将技术往积极的方面推进。为了克服电影技术风险，使其造福人类，应该充分展示技术的价值因素，并使伦理及文化成为电影技术的内在维度；而不是将其完全交由市场掌控，否则将会导致电影文化与技术的离异，或者电影文化进化节奏与技术进化节奏的脱节，电影也将离艺术越来越远。

＊本文系湖北省教育厅2024年度哲学社会科学研究项目（青年项目）（项目编号：24Q049）、湖北第二师范学院引进人才科研启动基金（项目编号：ESRC20240026）的阶段性成果。

注释：

[1]［美］罗伯特·C. 艾伦、道格拉斯·戈梅里：《电影史：理论与实践》，李迅译，北京：北京联合出版公司，2019年，第150页。

[2]［美］乔治·巴萨拉：《技术发展简史》，周光发译，上海：复旦大学出版社，2000年，第225页。

[3]［德］黑格尔：《美学》，朱光潜译，重庆：重庆出版社，2018年，第2页。

[4]［法］让·米特里：《电影美学与心理学》，崔君衍译，南京：江苏文艺出版社，2012年，第339页。

[5] [美] 克里斯汀·汤普森：《好莱坞怎样讲故事：新好莱坞叙事技巧探索》，李燕、李慧译，北京：新星出版社，2009 年，第 17 页。

[6] [英] 马克·卡曾斯：《电影的故事》，杨松译，北京：新星出版社，2009 年，第 21 页。

[7] [澳] 理查德·麦特白：《好莱坞电影》，吴菁译，北京：华夏出版社，2005 年，第 209 页。

[8] [美] 赫伯特·马尔库塞：《单向度的人——发达工业社会意识形态研究》，刘继译，上海：上海译文出版社，1989 年，第 10 页。

[9] [德] 马丁·海德格尔：《存在与时间》，陈嘉映、王庆节译，北京：生活·读书·新知三联书店，2006 年，第 72 页。

[10] 顾学文：《技术是解药，也是毒药——对话法国哲学家贝尔纳·斯蒂格勒》，《解放日报》，2018 年 4 月 27 日，第 9 版。

[11] 顾学文：《技术是解药，也是毒药——对话法国哲学家贝尔纳·斯蒂格勒》，《解放日报》，2018 年 4 月 27 日，第 9 版。

[12] 动力技术是在进化逻辑支配下开发电影探究和表现自然世界的可能性。

[13] 悬置技术以实验性的技巧致力于建构一个有别于“真实”的异质、多元世界，是具有非自然特性的技术变革，美学取向是通过技术悬置来拓展电影美学的多样性和挖掘电影艺术的表现潜能。

[14] 吴国盛：《技术哲学讲演录》，北京：中国人民大学出版社，2009 年，第 34 页。

[15] [德] 马丁·海德格尔：《演讲与论文集》，孙周兴译，北京：生活·读书·新知三联书店，2005 年，第 3 页。

[16] 顾学文：《技术是解药，也是毒药——对话法国哲学家贝尔纳·斯蒂格勒》，《解放日报》，2018 年 4 月 27 日，第 9 版。

（李芳芳，华中师范大学文学院文化传播学 2020 级博士研究生，湖北第二师范学院新闻与传播学院讲师）

韩国电影本土与外域文化的呈现与融合

——以电影《兹山鱼谱》为例

李梦驿

一、祛魅：韩国对汉文化的内化与反抗

影片《兹山鱼谱》以朝鲜著名学者丁若铨（1758—1816）流配兹山期间，在当地编纂鱼谱的往事为叙事主轴，讲述了他与当地人张昌大二人的师生情谊，并借二人的对话与经历来阐述导演自身对韩国理想社会的建构与想象。按电影片头所称，整部电影参考的是丁若铨为《兹山鱼谱》所作的序文。《兹山鱼谱》的故事发生于1801年，19世纪初期，朝鲜已经通过中国接触到大量西学和基督教文化，丁若铨、丁若钟、丁若镛三兄弟痴迷于此，丁若钟更信仰基督教，宣扬宗教文化。作为以儒家朱学（南宋朱熹）为正统的李氏王朝，自然不能容忍这些“异端邪说”，于是，朝野上的保守派大臣们，趁先帝驾崩，新帝初立，鼓动皇帝及太后铲除丁家三兄弟，以振朝纲。电影以流放丁家三兄弟开头，而后将叙事重心放在丁若铨的流放地兹山展开。

《兹山鱼谱》的汉文化体现了内化和祛魅两种过程。李氏朝鲜的正统文化为儒家朱学，而丁若铨的风貌又颇有魏晋时期文人的风骨和气概，电影开篇就以黑白影像、画幅正中央一叶扁舟淡入，镜头给了丁若铨一个人物近景及面部特写，而连接到电影接下来的叙事就可知这是丁若铨被贬后流放兹山时乘船上岛的情景。而后，丁若铨因官场失意饮酒作诗诵诗，诵读四书五经，这样的失意文人形象不免让人想起几度被贬的中国文人苏轼以及陶渊明和杜甫等文人形象。影片通过对丁若铨这一文人形象的塑造将

汉文化中的失意文人内化成韩国文人文化的一部分。

这样的内化还转化并移植到兹山另一位年轻人张昌大身上，出身庶子的张昌大自学四书五经，而熟读四书五经对于张昌大来说是考取功名、走上仕途、归入祖谱的途径。电影通过对张昌大前半生求学求仕途的呈现，将汉文化的四书五经、科举制、宗族制等元素内化于张昌大身上。张昌大的前半生就是从庶民起步，通过四书五经和科举制获取功名继而获得宗族的认可、走上仕途的内化过程。

通过对两位主人公丁若铨和张昌大的刻画，将汉文化内化于韩国文化中。而又通过对丁若铨放弃汉文化的四书五经转向西方天主教、张昌大体认到科层制和官场腐败继而回归故土的叙事转向，传达出对汉文化内化后想要试图祛魅汉文化的态度，这种内化后转向祛魅的态度一是来源于对西方现代性文化的追求，对于韩国来说，西方的基督教文化作为一种文化符号和精神内核，很长一段时间以来都是作为进步和救赎的力量存在的。“基督教所扮演的就是一个拯救的角色，人们给予基督教莫大的希望，他们希望从神的国度之中来寻找个人和国家的救赎。对于韩人基督徒来说，他们希望寻求找到民族和国家解放的道路，成为一种将个人信仰和基督教联结在一起的纽带。”[1]正是西方天主教文化的输入，让丁若铨意识到汉文化的不足和脆弱。因此，《兹山鱼谱》中祛魅汉文化时使用的武器就是丁若铨持有的天主教思想，面对兹山上的男女不平等、公民权利不平等、政治腐败等传统陋习，影片中通过丁若铨的一句台词“这都是受朱子（儒学朱熹）影响太深的缘故”，直指对汉文化中压抑人性部分的不满和无奈。而后在张昌大也开始教自己学生学四书五经时，张昌大也表明了对汉字的祛魅态度：“不用因为不懂汉文而丢脸，除了汉文，世上好的多得（的）是。(图 1)”这种既学习汉文化又祛魅汉文化的做法，体现出韩国面对外来文化的一种“事大主义”及兼容审慎的杂糅暧昧态度，这是一种带有审慎而又迂回的“事大主义”政策的贯彻。这种杂糅态度与韩国的后殖民属性无不关系，“后殖民思潮初涌之时，其批判的浪头具有很明确的聚焦性。那些著名批判著作牵引学术界惊诧的目光，从法属阿尔及利亚到英属印度，再到中东地区；从对英法老牌宗主国的冲击到对美国文化新殖民的批判，宏大的浪潮遮蔽了琐细的漏隙。韩国，这个偏于东亚一角的半岛国家就似乎从未被后殖民理论所关照。朝鲜半岛，从汉唐时就提防着临近强大的封建帝国的入侵，在 1910 年被隔海相望的日本占领，二战后被屈辱地强行拆分，其现代民族文化研究也一直被忽视。直到 90 年代韩国经济腾飞，电影崛起，韩流席卷东亚，其文化的后殖民杂种性才被抛入人们的视域。这种杂种性使得韩国导演并不忌讳书写形式的不纯”[2]。不忌讳自身文化的杂糅性，同样也不断转换自己对汉文化的态度，是韩国在后殖民属性之下对本土与外域文化所作出的迂回而又聪明的选择。

图 1 《兹山鱼谱》

深究为何韩国要对汉文化进行祛魅，根本原因在于韩国想确立自身文化的主体性，摆脱自己文化的他者属性。隶属于东亚儒家文化圈的韩国，一直以来都深受中国儒家文化的影响。“儒学文化的交流在古代中韩文化交流中占有相当重要的位置。儒家思想不仅贯穿了中国文化的发展历程，也深刻影响了古代朝鲜的社会历史，朝鲜社会的政治、教育、思想文化、法律、民风、礼俗等都深深浸润着儒学的精神。”[3]而现代化的进程让韩国的经济政治和文化自信不断提高，正是在文化自信和对现代性的渴望下，韩国开始对汉文化进行祛魅。

丁若铨宣传异教天主教，对于正统朱学来说是他者；张昌大是父亲与贱民所生之子，未能进祖谱，对于父亲来说，张昌大是他者。电影首先做到的是通过对师徒两人的互动来确立自己的主体性，摆脱他者化。而孤岛兹山，对于整个国家甚至整个地球上的其他国家来说是被遗忘之地，象征着朝鲜一直臣服于周边国家的屈辱历史，封闭的19世纪朝鲜是西方先进国家最大的他者。摆脱他者境况，就是丁若铨、张昌大、兹山和韩国确定自己文化和身份主体性的渠道。

祛魅汉文化，意在确立韩国文化的身份主体性。

二、现代性追求：韩国对西方文化的抵御与建构

祛魅汉文化，接受西方天主教思想，是韩国文化对现代性的自主性追求。在《兹山鱼谱》中，这一现代性进程并非一帆风顺。影片中对现代性的建构历经了抵御与建构两个过程。马克斯·韦伯认为所谓现代性就是宗教的去魅化，因此，《兹山鱼谱》中对天主教的接受的第一阶段便是抵御。具体体现在电影开头皇权对西方天主教的封杀，天主教被指控为异端邪说而被打压，丁家三兄弟因此走上了流放之路。这样的抵御状态与朝鲜半岛独特的历史进程有关，也与现代性发展的参差不齐有关。19世纪的欧洲，第二次工业革命蓄势待发，而彼时的韩国还在封建王朝的统治下故步自封。

抵御现代性的后果便是兹山岛民持续的蒙昧无知状态，只有像张昌大这样的少数派认识到了获取智识的重要性。而抵御现代性的另一面是丁若铨的弟弟丁若镛从信奉天主教到皈依朱学正统，用儒家那一套思想著书立说，成为一时的名流大家。在真实历史中，丁若镛的成就和地位比弟弟要高得多，他不仅是李氏王朝著名的哲学家，更是撰写了《经世遗表》《牧民心书》等管理国家财政、税收的治国鸿篇。但是丁若铨探索的则是一条

立足普通民众的道路，即所谓的“无君王、民等同”的现代民主政治模式。

第二阶段：建构现代性。建构现代性的目的在于将西方天主教的思想内化于韩国文化自身的一部分。这是在现代性转型中通过宗教与现代性的体认获得的，在《兹山鱼谱》中，西方天主教为人们的思想启蒙和自我意识做出了很大的贡献。正是对自我意识的认知，张昌大从偷偷摸摸学习到虚心向师傅丁若铨请教；正是思想启蒙的推进，村里的部分女人才会感受到自己被关爱。“在社会实践日趋复杂、各种实践因子融贯互生的今天，不断将实践的信息反馈内化到自身建构中，从而不仅自律、自主，而且高度自省、自反，就成为了系统自身建构的时代趋向。”[4]《兹山鱼谱》最为难能可贵的地方在于，在接受了西方现代性文化之后开始生成自省型现代性，通过现代性文化来自反本土文化的愚昧与落后，如果说祛魅汉文化对韩国来说是为了确立主体性，那么吸纳西方现代性的先进文化则是为了对自己的文化进行深度反省。

影片中的自省型现代性体现下如下几个方面：对民族落后的反省、对获取智识的目的反省，对人的存在本身的反省。第一层面的反思立足民族层面。张昌大步入官场后看到官场的腐败，深知百姓的苦难来源于自己信奉的君主制。而张昌大出走兹山走上仕途的做法与老师丁若铨的民主思想背道而驰，对如何治国的政见不合也正是两人关系走向决裂的导火索之一。第二层反省乃是对获取知识和智识的目的为何的反省，这也是导致师徒政见不合的根源，师父丁若铨认为知识之道在于兼容与反思——“只会默背的学法会使这国家衰落”，只知死记硬背获取知识的方式是导致朝鲜落后无知遭受侵略的根源，张昌大认为获取知识是获得尊严、复归祖谱继而服务君主的路径。丁若铨认为获取知识不是钳制民众的工具，而意味着开化蒙昧、人人平等。而对于19世纪的朝鲜，这是先知般的期许。第三层的反省上升于哲思高度。兹山的民众如何活着？为什么而活？丁若铨为什么要写作《兹山鱼谱》？张昌大苦读四书五经后的目的难道是走上自我瞒骗的官场？可以说丁若铨来到兹山至少让他自己找到了他自身存在的意义，获得智识的超越，活着是不断超越。师父的离世，昌大的出走与回归让他明白获取知识不是获取权力，而是不断超越自身，活得生机勃勃，自由自在。

图 2　《兹山鱼谱》

三、融合视域下的韩国本土文化想象

以上，实现了对汉文化的内化与祛魅、对西方文化的吸收与建构后，电影旨在以一种融合视域将韩国文化的本土文化与外域文化兼容，实现一种既包含本土又涵括外域文化的局面。而这样的混杂并收的状况体现了韩国文化所带有的“混杂”性质。“后殖民主义理论家萨义德曾提出‘文化混杂化’的概念，他认为，所有的文化都交织在一起，没有一种是单一的、单纯的。所有的都是混合的、多样的、极端不相同的。”[5]这种“混杂”文化是韩国所处地缘政治和历史变革的双重产物，具体体现在《兹山鱼谱》中，是通过对兹山本土的田园风土人情和对淳朴善良的当地居民的刻画，弥合汉文化的“劣根性”部分的空缺。这种既包含汉文化、吸收西方现代性文化又不忘本土性文化展现的策略体现了一种极强的融合视域。

《兹山鱼谱》中的兹山虽闭塞落后，但是电影通过对兹山本土风情的展示，张昌大对鱼类的了解，带给丁若铨极大的触动。韩国人对文化的传承体现在电影上，并且通过电影的方式去促进这个民族对传统的继承和发扬。韩国是一个重视文化传承的民族，如韩国的货币上印的不是政治领袖的肖像，而是能体现整个民族文化代表者的形象，这是一种基于整个民族自身的智慧，是自古受中国传统儒家文化根深蒂固的影响。不仅如此，韩国电影中对传统民俗、农业手工业技艺特点也同样起到了记录和保护的作用。传统的东西不应该到了快要消亡的时候才加以保护，而应该从保护已有的做起，使之贯穿于整个文化事业发展的始终，并成为连接传统与现代文化的纽带。本地人虽愚昧无知，但纯真善良，如张昌大这样一个具有野性与求知欲、善良与胆识的年轻人，虽出生在贫穷落后的兹山，但依旧呈现出自强不息的精神。昌大虽然不能熟知四书五经，但在长期的实践生活中获取了自然朴素的人生哲学——“魟鱼要走的路只有魟鱼知道，鳐鱼要走的路只有鳐鱼知道”，这种朴素自然的哲学是丁若铨在汉学和西学里未曾获得的。丁若铨在体认到此生命哲学的深厚之后，虚心向张昌大求教学习鱼类知识，从而开始反思读书的意义：“之前我学了性理学，一句话，就是想知道人要何去何从。可我所领悟的居然还没有这小子对鱼的了解多。所以我不研究善变难懂的人类，要转去研究通透明净的事物，用事物来忘却自我。”丁若铨开始重视智识与本土实践结合的重要性，由此启发了丁若铨想要和张昌大合作编写鱼谱的想法，而《兹山鱼谱》写就的过程就是丁若铨与张昌大师徒两人互相学习的过程，也是将汉文化与西方现代性文化结合、智识与实践结合的过程。

影片还通过对丁若铨与当地寡妇家居婶的来往实现了从男权文化到男女平等先进文化的转化。不同于当地男性对女性的恶劣态度，丁若铨对家居婶恭恭敬敬，在长时间的相处后与家居婶结为夫妻，生儿育女。此时，丁若铨的形象变得坚韧饱满，在对汉文化的吸收和内化中，他宛若苏子般豁达，在吸收天主教文化之后，他宛如耶稣般宏伟壮大，而通过对本土文化的吸纳，他又宛如神农尝百草写就《本草纲目》，他的智识和实践都实现了充沛发展，在影片的最后，丁若铨的形象正是影片本身想要传达的一种融合视阈——塑造一位既东方又西方的文人形象，他集开拓、博爱、旷达、善良、好学等特质于一体。

影片全片均以黑白影像呈现这一逝去时光的质感，而将一抹光明留给片尾——兹山幻化成彩色。导演将兹山的未来期许在这一抹彩色之上。而片尾师徒对话中的期许，正是影片想要达成的对韩国文化的超越，通过超越汉文化和西方现代性文化后实现真正的韩国国民性，此乃电影重塑民族精神和彰显民族文化的目的之所在。

结论

《兹山鱼谱》通过对丁若铨与张昌大两个文人形象的塑造，将汉文化、西方现代性文化与韩国本土文化融为一体，在一种融合视域下对韩国文化本身进行了一次深度的自省与反思。这样的融合视域指向一种世界主义的文化策略，展现了在全球化时代韩国欲通过影像确认自身文化主体性的尝试和努力。此种确认在2002年的韩国电影《醉画仙》中已经得到过呈现，影片《醉画仙》讲述画家对中国画学习、改写、重建后确立符合韩国审美和民族自信的绘画模式，将中国文化内化并转化于韩国文化。同时，《兹山鱼谱》本土化的成功呈现与本片所采用的美学策略无不关系，影片通过极简主义构图、黑白影像中将本土的山、水、人的相依相生呈现出来。在新世纪的韩国电影序列中，《兹山鱼谱》的人文精神与融合视域为确立韩国电影的美学风格做出了精彩的贡献。

注释：

[1] 艾菊红：《基督教在韩国的本土化》，《世界民族》2014年第5期，第67～75页。

[2] 卓雅：《后殖民时代杂糅化的异己实体——韩国电影〈蝙蝠〉的后殖民研究》，《北京电影学院学报》2010年第5期，第102～105页。

[3] 刘宗贤：《蔡德贵当代东方儒学》，北京：人民出版社，2003年，第137～143页。

[4] 徐岿然：《复杂实践情景中理性的多维渗透与自反——论贝克和吉登斯社会学自反性观念的哲学意义》，《哲学动态》2009年第6期，第62～67页。

[5] 苗颖：《“混杂性”概念在后殖民文化语境中的植入及内涵衍变》，《中南大学学报（社会科学版）》2013年第6期，第202～206页。

（李梦驿，华中师范大学文学院文化传播学2022级博士研究生）

《红色沙漠》：色彩工业下的调适机制与技术反思

顿　山

安东尼奥尼是电影史上最具艺术影响力和美学创造力的导演，其作品《红色沙漠》上映于1964年，并于次年荣获威尼斯电影节金狮奖。该片除了承袭其一贯的风格之外，还首次运用了色彩。由于影片建立了一种截然不同的色彩表意风格，被评论界视为电影史上第一部真正的彩色电影。在这部影片中，观众不仅能看到色彩的使用赋予了电影崭新的视觉风貌，摄像机本身也因色彩而加深了对工业化景观的影像捕捉和对现代性变迁的道德反思。在这样的环境下，安东尼奥尼笔下的人物也由此从哲学式的孤独与疏离走向了一种社会学式的孤独与疏离。

意大利导演马里奥·索尔达蒂曾评价《红色沙漠》："这是安东尼奥尼最好的影片，但也是他缺点最多的影片。"[1]若以美学家鲁道夫·阿恩海姆所推崇的"纯电影"为依据，那么无论是声音、色彩还是现在的3D电影皆是对电影纯洁性的一次伤害[2]。《红色沙漠》无疑是安东尼奥尼在艺术上的一次伟大突破与自我革新，但是新技术的运用也干预了安东尼奥尼之前已然形成的美学体系，色彩犹如一头猛兽破坏了影像的纯洁性；色彩的运用迫使安东尼奥尼不得不尝试新的文本题材，剧中人物的心理从个体化困境转向了更加复杂的时代性困境——无论是安东尼奥尼本人，还是其作品中的人物，都处于一种亟须调适的紊乱状态。

在21世纪的今天，技术和电影之间的关系问题已愈发为我们所关注与讨论。怎样看待新技术对电影的介入，以及如何将新技术更好地运用于电影，同时又不扰乱电影本身的美学诉求和人文倾向，是我们需要解决的课题。因此，在这样的背景下，再次回顾这部近60年前的影片，并阐析安东尼奥尼在当时对色彩这一技术的作者化调适，有益于让我们进一步探索电影技术与电影艺术相统筹的可能性。

一、梦中岛屿：人物的神经紊乱与社会性调适

在中世纪，人的认知为宗教、幻想和偏见所遮蔽，人只是存在着，而不是自主地存在着。到14世纪的意大利，人首先开始摘掉在此之上的种种遮蔽之物，用能动的方式展现自己——人拥有了精神的个体性，并借此来重新认识自身。世界的转变往往和人的转变密切相关，如果说文艺复兴赋予了人的主体性，那么现代性则对这一趋势推波助澜。在资本主宰和劳动分工的现代社会，“个体的主体性和自我意识的生成或走向自觉，是现代性的本质规定性之一，是全部现代文化精神的基础和载体”[3]。然而利弊相依，弗洛姆曾指出过，人的自由既能生发理性与独立，也能产生孤独与焦虑。在某些情状下，人甚至要牺牲自身的独特性来换取一份内心的静谧。可见，现代人的精神危机已然不可小觑。早在20世纪初，齐美尔就以敏锐的目光对现代性与城市加以考察，并在《大都市与心理生活》一书中提出这样一个问题：面对强大且复杂的现代技术机制，个体该如何做出抵抗或适应，才能免遭耗尽和毁灭？对此，齐美尔给出了一份“诊断报告”，即人为了抵御现代性机制，往往在自我与他者之间建立一道“内在的屏障”，这道屏障要求主体与其所在的社会环境保持一定的距离，因为若没有这份内在界限和保留，敏感不安的现代人将会彻底沦落至疯狂和绝望[4]。

城市是现代性的背景，工厂是城市的造血细胞。恰如涂尔干认为现代性主要归因于工业主义的影响，安东尼奥尼把《红色沙漠》的拍摄地放置在了意大利工业城市拉韦纳，讲述了女主人公朱莉安娜带着一颗濒临碎裂的心，游走于城市与男人之间的故事。影片开头就用虚焦镜头记录了迷蒙的尘烟、高耸的烟囱以及种种由钢筋混凝土铸成的城市工业器官——现代性的回声不绝于耳，无不昭示着现代社会的工业奇观。影片的主角朱莉安娜牵着儿子的手，从这片工业景观中向镜头徐徐走来，她目光怔忪，脚步

恓惶，像一个局外人一般与周遭保持着强烈的陌异感。由此，安东尼奥尼将他传统的女性主角引入一个更加诡谲多变的时代环境。除开莫尼卡·维蒂饰演的朱莉安娜，本片还有其他两个男性角色，分别为朱莉安娜的丈夫乌戈以及情人科拉多。在影片中，三个角色皆或多或少地表现出某种让人难以理解的“神经症”（特别是在红木棚屋嬉戏那场戏中）。对于“神经症”，弗洛伊德认为这是基于一种生理因素或生物因素，而卡伦霍妮与弗洛伊德持有截然相反的立场，她认为神经症是一种个体对社会问题的精神反应，其本质是一种“基本焦虑”，而对抗这种焦虑的方式有四种：爱、顺从、权力和退缩[5]。这四种方式都是为了寻求足以使之麻痹的安全感，爱与权力是通过占有某物，而顺从和退缩是通过放弃某物。

笔者认为本片中的三个人物分别展现出了个体面对工业社会所产生的三种不同的征候反应与调适机制。首先，朱莉安娜代表的是安氏电影一贯的女性敏感，以及一种诉诸退缩和顺从的调适。这位母亲在一场车祸后变得如坠烟海，散发出某种精神官能症状——一种强烈的身份认同焦虑，不再理解自己地位的确切本质与行为需要，同时失去了某种中产阶级文化所提供的意义脚本。她时常陷入混混沌沌，像动物似的发出声音，蜷缩着身体无故颤抖，甚至在极度迷失时企图自缢。就像她说自己不能凝望大海，因为时间久了，便对陆地上的事物失去兴趣，生活的此岸好似对她不再构成任何期许和留恋。与此同时，作为丈夫的乌戈终日醉心钱权，反倒是他的同事科拉多与朱莉安娜展开了一场安氏男女“奇遇”。与《奇遇》一样，这场追逐最终无疾而终，就像她最后对科拉多所言：“真实中有一种令人恐惧的东西，没人告诉过我，你也没帮助过我。”朱莉安娜所退缩的，正是她内心深处对那片小岛的渴望，是一种纯净的、天然的、原初的存在物，没有鳞次栉比的钢铁建筑，唯有海浪与岩石的阵阵协奏。同时，朱莉安娜是顺从的，她既是一位母亲也是一位妻子，为了让她周围的每个人都能自得其乐地安于自身的想象，她需要不断地训导自己：“我不得不认为，发生在我身上的每件事就是我的生活。”影片最后一个转场回到那片工业园区，朱莉安娜开始悉心地同儿子交谈，似乎已经学会履行母亲的义务。可这是否依旧是一种顺从呢？也许就像她给儿子讲的那则故事一样，我们为适应世界而做出种种妥协与改变，无异于那只学着在有毒气体中飞翔的小鸟——姿态昂扬却不免铩羽。

其次，朱莉安娜的丈夫乌戈代表了安氏电影中最典型的男性角色，他病态式地精打细算、寻欢作乐，诉诸一种权力的调适。因此，他是适应规则的游戏者，并利用着规则追求一种由占有、成就和被崇拜带来的优越性。在这个角色的处理上，导演没作任何谴责，反而提出了一个如何适应新世界的问题，就像安东尼奥尼本人在访谈中所言："如果我们学会适应这种生活的新技巧，或许我们就能找到解决问题的新办法。"[6]他既没有想要谴责乌戈，也没有想要谴责工业化，而是把更多思考留给了观众。最后，科拉多代表了安氏电影中的一种理想主义男性，不断寻求着一种爱的调试。他介乎于朱莉安娜和乌戈之间，一方面，他和乌戈一样是精明的生意人，忙着把劳工送往南美洲榨取剩余价值；另一方面，他又和朱莉安娜一样多愁善感，思考着一系列哲学命题。朱莉安娜面对认识论谜团时问他："我应该看什么？"科拉多则回答："我更想知道，我必须怎么生活？"可科拉多终究难以摆脱男性主义气质，面对朱莉安娜的求助时，他和乌戈一样认为她需要的仅是肉体的疗愈。在影片中，科拉多一直游移于朱莉安娜四周，自始至终渴望用爱将其囊括，然而爱的调试背后也许只是某种自私的占有，只是无法落落大方地直视自身的孤苦——爱与时代具有密切的同构性，因此也时而被时代抹杀。

二、雾中虚影：导演的美学紊乱与作者性调适

在电影发展初期，黑白电影是电影的主导形式。虽然早在1912年英国就出现了首次彩色电影实验，但囿于技术成熟程度不够，并未得到普及。直到20世纪50年代，特艺彩色公司研发的彩色染印法和伊斯曼柯达公司制作的多色彩色胶片才从技术上进一步加速了彩色电影的发展[7]。色彩技术被大量运用至歌舞片、古装片和卡通片中。然而，彩色电影的发展直到20世纪60年代，才因彩色电视机的普及，为大众所逐渐认可与接受（彩

色电影的产量于1967年首次超过了黑白电影)。在此之前，黑白电影依然作为一种主流占据着大银幕。

回顾电影的历史，从卢米埃尔兄弟的《火车进站》，到卓别林的《摩登时代》，再到希区柯克的《惊魂记》，半个多世纪以来，黑白电影作为当时最主流的电影形式，为观众带来了不胜枚举的伟大作品和经典角色。从如今的视角来看，黑白电影在当时也许是一种技术未丰下的权衡之计，它固然限制了电影制作的可能性，但也激发了导演的想象力。他们通过不同的灯光、阴影和对比来营造出独特的视觉效果，赋予黑白电影独具匠心的纹理和质感。黑白电影造就了一大批大师级导演，安东尼奥尼正是其中翘楚。早在20世纪四五十年代，他就在《女朋友》《呐喊》等影片中展现出了卓尔不群的作者气质，并在60年代通过“现代爱情三部曲”彻底完成了对其现代主义美学体系的搭建。笔者认为其电影美学的一大标志即是人物和环境间的不同情感的互嵌。这种不动情感的互嵌来源于大量的长镜头和广角镜头，它们通过缓慢的移动和精心的构图来创造出静态而富有张力的“画作”，并以此来利用空间和环境表达角色内心的情感和社会外部的压力。他的电影中时常出现空荡的景观和静默的人物，来强调人在现代社会中的孤独和疏离。因此我们可以说，安氏电影是通过镜头语言来展现其主题，而非传统电影中的剧情走向。

影像是安氏电影的核心，正如影片中段的那场大雾桥段，安东尼奥尼在《红色沙漠》中依然沿袭了之前对人际疏离的影像表达。但也正如人物在大雾中幻化成的虚影一般，影片由于加入了色彩，以往朴素且直观的构图叙事，在这部影片中变得更加模糊且多义了。此外，色彩的出现使得导演不得不人为地改变现实世界的颜色，甚至是线条与形状，以求呈现出更具张力的构图。安东尼奥尼曾坦言在拍摄《红色沙漠》的过程中，对许多物体进行了颜料加工。从这层意思讲，所有彩色电影似乎都是基于黑白电影的一种倒退。在19世纪40年代，色彩的确被看作是现实主义的对立面，往往只与制造奇观的电影类型相联系，但在《红色沙漠》中情况变得有所不同。由于安东尼奥尼的作品本身就是在不断怀疑主体和外部世界的认识关系，即如何证明“我”的眼睛看到的世界是真实的，又如何证明“我”的肉眼和“我”的摄影机在认识上是同一的（这些命题在《放大》中有了更深的探索）。因此，安东尼奥尼正是在这种色彩的虚影中更加深化了他对真实的拷问，任何颜料的使用都不会违背他的美学导向，因为所谓“真实”与现实主义在他的观念中本就是一个需要不断识别的模糊定义。就像克拉考尔所言：“摄影师根本没有理由要为绝无可能达到的客观性而压制他的造型能力。如果他的取舍是以纪录与揭示自然的决心为准绳的，他就完全有理由根据他的感觉力对主题、景框、透镜、滤镜、乳剂和胶片进行选择”[8]，造型的倾向与现实主义的倾向不仅不会相悖，还能相辅相成。从这个角度出发，我们能管窥安东尼奥尼对色彩这一技术的作者性调适。

“象征无法言说，不可解释。”[9]本文无意于解析《红色沙漠》中每种色彩象征的内涵，而是留心于安东尼奥尼对色彩的整体化的、一般化的使用。首先，相比于色彩背后的象征意义，安东尼奥尼更倾向于用色彩来增加画面的表现力。在很多电影中，色彩都被用作一种隐喻，来表征相应的意识形态观念。我们不能完全否认影片中的红色表现了现代工业社会的某种侵蚀性，但安东尼奥尼绝不止于此，相比于隐喻，他更看中色彩本身的表现性。他在影片中像画家马蒂斯一般大胆地运用红色，“将红色作为图像的增强元素，而不是作为故意图解复杂观念的预定手段”[10]。因此，不同于在“现代爱情三部曲”中将情欲作为一种暗涌的细流，本片对情欲的描写更加奔放，特别是在棚屋的性嬉戏以及朱莉安娜和科拉多交欢的戏中，红色都作为一种增强元素烘托着这份性颓废的描写，使得那股欲望更加外露，又不会显得不合时宜。毫无疑问，在以往的黑白电影中，安东尼奥尼从未也不会做这样的描写。其次，安东尼奥尼在本片中使用了大量的失焦镜头以深度发挥色彩的功能。这一他以往从未尝试过的拍摄手法，可视作是其为色彩技术所专门选取的。这种打破常规的摄影技巧使用特定的镜头和光圈设置，来模糊或减少某些部分的焦点，将信息完全诉诸色块和色域的表现力，并通过视觉的模糊性引出了认识论问题。例如，影片开头就用失焦镜头描摹了一系列工厂建筑，上来便凸显了色彩别样的表意威力，也指涉了视觉的本质以及我们与现实的关系问题。影片多次运用这种虚焦，来表现主体认识客体的主位，在六人逃脱码头迷雾和科拉多举行工人招募会的戏中均有使用。足见，安东尼奥尼虽然为匹配色彩的功能性，不得不在镜头调度上做出了改动，但改动并不意味着让步，而是依旧令镜头服从于其作者性的美学框架。最后，安东尼奥尼借由色彩强化了人物与环境的互动感以及物质本身的能动性。在黑白时代，他更关注的是人物与人物的关系，而在色彩的加持下，环境和物质拥有了更多延展自身的机会（深化了《蚀》结尾处的探讨）。例如，在乌戈和科拉多第一次出现的戏里，镜头从两人交谈的场景突然剪辑到两人面前工厂浓雾的大景别镜头，在这个画面中，人物虽然在场，但叙事功能上是缺席的，甚至变成了环境的组成部分。从内心写实主义来看，这种手法是把人物的情绪通过物质转化为一种具象化的表情达意。因此，在这部电影中，镜头常常突然从人物身上移开，转而朝向周围的物件和墙壁，漫不经心地游弋，或移动或定格。这些环境的组成元素往往是陈旧的、杂乱的、肮脏的，它们与人物心理互文，形成一定空间内部统一且有序的整体情绪，这便是安东尼奥尼电影中的“迂回的神游”。与此同时，电影中的物质也因为色彩被授予能动性，“物质”不再是环境中的背景物，而是可以能动地参与叙事的艺术角色。安东尼奥尼这一色彩运用亦切合了凯伦·巴拉德的新物质主义理论，在他们那里，“物质”不再是一个一成不变的名词，而是一个进行时态的动词，“物质”是“生生不息的过程”[11]。

三、反思与小结

“一切艺术形式和传播媒介都有自己的技术史。”[12]回溯历史，技术和电影有着密切的关系，电影从无声到有声，从黑白到彩色，从 2D 到 3D，技术的发明和革新一直都是电影创作者需要去不断接收与回应的一个变量。技术的发展不仅改变了电影的制作和传播方式，也深刻影响着电影的内容和形式。但诚如陈旭光所言，技术工业的生产性和商业性在一定程度上与电影的艺术品格和作者性追求是相矛盾的，“工业与美学，在一定程度上正是一种永恒的‘二元对立’”[13]。在技术一日千里的今天，虚拟现实（VR）、增强现实（AR）、CG 特效、8K 视效等前沿技术已深切改变了电影以往的面貌，这不免让我们回到巴赞的沉思：电影到底是什么？技术究竟会造福于电影，还是像特修斯之船那般引向一个身份的悖论？实际上，早在 20 世纪 50 年代，巴赞就在《电影语言的演进》一文中提出过类似的问题。他在这篇文章中发问："电影从无声到有声，声音的技术是否使电影美学发生了相应的变革？"[14]巴赞的结论是因电影风格而异。他从不同电影对蒙太奇的使用法则出发，指出在 1920 到 1928 年间，德国表现主义电影和苏联构成主义电影的没落正是因为其制造意义的方式不再能适用于声音造成的美学变革，而对于写实主义电影，声音的到来非但没有将它解体，反而是其日臻完善的有力推手。巴赞还盛赞了布列松的《乡村牧师日记》，认为它既用有声加深了影像的真实性，又用无声保留了影像的文学性，诠释了技术与艺术相统筹的电影美学。

本文认为《红色沙漠》之于彩色电影正如《乡村牧师日记》之于有声电影，是技术性与作者性相结合而产生出的绝佳范本。在由小说改编的《乡村牧师日记》中，布列松忠实于原文本，不将情感的推动寄托于演员的对白和过度表演，用无声驾驭有声。同样，在《红色沙漠》中，安东尼奥尼不追求色彩的象征意义，而是利用色彩拓展他对真实世界和现实主义的哲学思考。通过以上两部电影，我们可以得出，电影首先是一项关于叙述和再现的艺术，技术应该成为电影艺术的有力工具，而不是成为其主导因素。为使电影技术能与电影艺术更好地匹配、融合、互契，笔者从《红色沙漠》出发，提出以下几点可供思考的路径：第一，遵循导演（作者）至上的制作原则。不管是安东尼奥尼，还是布列松，都是电影作者的代表人物，他们以自有的美学观合理地运用技术，打通了无声与有声、黑白与彩色之间的界限，让电影在拥抱未来的同时，也保留且升华了他们原有的美学态度。然而，今日的技术已非半个多世纪前可比拟，AI 已经广泛参与进电影制作流程，并证明了其拥有独立制作电影的潜力。它的到来既可能将那些电影作者拉下神坛，也可能陪衬出他们身上独有的人文情怀。这对所有导演来说，都既是一次需要逢迎的挑战，也是一次需要把握的机遇。任何技术优势都可被电影运用，但技术缺乏能动性，它只懂得“取”，而不懂得“舍”。技术以怎样的方式作用于电影，作用的程度是多还是少，皆应由人来裁定，其中的准则应是美学至上的作者理念。可见，电影手册派所提倡的作者策略历久弥新，技术时代的电影创作依然要以人为主体、以作者为主体，充分发挥作者的掌控力和创造力。简言之，要让技术性统摄于作者性之下，让作者性寄寓于技术性之中。第二，从追求“物理真实”转为追求“心理真实”。时至今日，我们不得不反驳巴赞对电影未来发展的预测，《阿凡达》《流浪地球》《复仇者联盟》等系列电影的成功已经宣示了电影不光没有向现实主义道路靠拢，反而愈发走向智能化和奇观化——强调物理真实的现实主义理想已然湮灭——从“影像真实性”上来讲，技术电影常常呈现出一个高度陌异化的世界，从“摄影真实性”上来讲，我们的客观世界在拍摄过程中总是遭到装饰和篡改[15]。本文之所以援引《红色沙漠》这部电影，正是想在技术奇观大行其道之日，重提安东尼奥尼之问，即什么才是真实、什么才是现实主义。安东尼奥尼无疑与意大利新现实主义背道而驰，他信奉的内心写实主义挣脱了现实主义的唯物性，转而拥抱了他觉得更可靠的“心理真实”。所谓“心理真实”，是指不再一味追求外部世界的客观构成，而是关注于人物内心的态度与感受。在《红色沙漠》中，安东尼奥尼几乎动用一切元素来表征朱莉安娜内心的惶恐与不安。这种做法通过对人物内心的细腻描写，实现一种人物情感的合乎逻辑，以情感的自洽使观众通达对真实性的强烈感受。这样的精准度恰是技术所不能完成的；相反，技术的思维方式往往使电影情感逻辑混乱、思想深度不足。因此，如何在奇观中营造现实主义，如何保留电影的美学价值，这些问题亦等同于如何在电影中捕捉“心理真实”。第三，要将技术应用于电影叙事之中。自 20 世纪 90 年代以来，电影终结论便不绝于耳，电影是否还是一种重要的叙事媒介被打上了问号。电影叙事不同于小说叙事，它本身就与技术命运与共。如果没有摄影的发明，电影叙事便无从发起，技术发展本身并不与电影叙事相悖；相反，技术不仅可以用以描写，也可以参与讲述，是否成为叙事的一部分是评判一项技术在电影中应用成功的重要标准。换句话说，技术不应该只是让电影变得更加漂亮，而是应该服务于故事本身[16]。例如，安东尼奥尼在《红色沙漠》中特意使用低饱和度的色彩呈现，不让色彩过分吸引观众的注意力，而是用它增强环境对人物心理的表现力；阿彼察邦的电影《记忆》中，则是瞄准了现代影院的音响系统，让声音成为影片叙事的主线，用声音去驱动故事情节的发展。这些电影都是将技术融入叙事的典范，它们发掘出了技术内部的叙事潜能，取得了技术与艺术的双赢。同理，我们也可以设想：针对当下流行的120帧率技术，若是把它应用于《遁入虚无》或《梦之安魂曲》这样的影片中，会不会建立一种更加客观的话语模式，更好地营造出臆想世界中或迷幻状态下的某种真实联觉，从而增进观众对故事和人物的感知程度？总之，技术的发展千变万化，技术和电影的联姻形式同样难以穷尽，但电影一定要有所为、有所不为，电影没理由成为技术的秀场，技术更应成其辅助性的器官，而非支配性的大脑，唯以此，电影才能以恒久的初心和流动的姿态留存于人类文明之中——电影的未来亦是人类的未来。

注释：

[1]［美］皮特·布鲁内：《安东尼奥尼的电影》，李晓军译，南京：江苏凤凰文艺出版社，2017年，第92页。

[2] R. Arnheim, "The Complete Film", *Film as Art*, Berkeley: University of California Press, 1957, p. 156.

[3] 衣俊卿：《现代性的维度及其当代命运》，《中国社会科学》2004年第4期，第13～24页。

[4] 成伯清：《齐奥尔格·齐美尔：现代性的诊断》，杭州：杭州大学出版社，1998年，第87～88页。

[5]［美］卡伦·霍妮：《我们时代的神经症人格》，冯川译，南京：译林出版社，2011年，第65页。

[6]［美］皮特·布鲁内：《安东尼奥尼的电影》，李晓军译，南京：江

苏凤凰文艺出版社，2017 年，第 98 页。

[7][英] 苏珊·海沃德：《电影研究关键词》，邹赞、孙柏、李玥阳译，北京：北京大学出版社，2013 年，第 115 页。

[8][德] 齐格弗里德·克拉考尔：《电影的本性——物质现实的复原》，邵牧君译，北京：中国电影出版社，1981 年，第 20 页。

[9][苏] 安德烈·塔可夫斯基：《雕刻时光》，张晓东译，海口：南海出版公司，2016 年，第 46 页。

[10] A. D. Vacche，*Cinema and Painting：How Art is Used in Film*，Austin：University of Texas Press，1996，p. 43.

[11] 韩启群：《西方文论关键词：物转向》《外国文学》2017 年第 6 期，第 88～99 页。

[12][美] 丽莉·艾伦、[美] 道格拉斯·戈梅里：《电影史：理论与实践》，李迅译，北京：北京联合出版社，2016 年，第 129 页。

[13] 陈旭光：《论"电影工业美学"的现实由来、理论资源与体系建构》《上海大学学报（社会科学版）》2019 年第 1 期，第 32～43 页。

[14][法] 安德烈·巴赞：《电影是什么》，崔君衍译，北京：文化艺术出版社，2008 年，第 58 页。

[15] 屠明非：《电影技术艺术互动史》，北京：中国电影出版社，2009 年，第 36～38 页。

[16][澳] 理查德·麦特白：《好莱坞电影——1891 年以来的美国电影工业发展史》，刘辉译，北京：华夏出版社，2005 年，第 230 页。

（顿山，华中师范大学文学院文化传播学 2023 级博士研究生）

新时期家庭题材电影中的和谐之美

刘逸飞

在建构中国电影学派的语境下，中国电影的美学特质是学界关注的一个重要议题，学者们就此展开讨论，在追根溯源上达成一定共识，即中国电影美学的文化基因必然与中国哲学、中国文论等理论缠绵，在千年文艺史中留有印痕。在诸多文化理念里，对和谐的追求可谓贯穿着中国文艺的发展进程，这一现象与中国哲学的深层滋养是密不可分的。儒释道三家由社会和谐、宇宙和谐、内心和谐的不同维度出发，在法则教义的传播中塑造着中华民族的精神世界。而古琴乐、田园诗、文人画等独具特色的文艺精粹，无不体现着人与物的和谐共存。在新时代，围绕电影中的和谐美展开探索，注定会形成历史的回声。

如朱光潜先生所言，艺术的生命全在具体的形象，最忌讳的是抽象化[1]。关键的概念与范畴为美学体系提供了基石，但只有结合对具体作品的深入分析，理论才能拥有丰满的“肉身”。就此而论，家庭题材的作品实为研究电影中和谐美的绝佳范本。家庭“暗暗支配着中国文化传统的基因”[2]，一户之内的情状成为时代风雨的征候。本文以周来祥先生创立的“和谐美学”为理论基础，剖析新时期以来围绕家庭展开的电影，论证其包含多种形态的和谐艺术美，期盼为思考更大的命题提供些许助益。

一、素朴和谐美：意趣的化用和理想的传承

围绕艺术作品本体的和谐，周来祥作了形式、内容及形式与内容三重和谐的划分[3]。对于电影这样一种综合多种表现手段的艺术，直观呈现在银幕上的人物、环境、场景等“象”，以及依赖视听语言调度完成塑造的

“形”，共同决定了影片与观众见面时的形式，而在传递的内容上，则大致可分为“言志”的思想表达和“传情”的情感抒发[4]。内容与形式的和谐程度，将最终确立影片在美学上达到的高度。新时期以来的家庭题材电影中，较早现身的是对“素朴和谐美”的追求。这一种和谐美学诞生于主客体未充分分裂的农业社会，在古典主义艺术中体现得最为明显。在新时期伊始，由动荡中走出的第三、四代导演和常被指认为“叛逆”的第五代后辈接续创作，描绘着端庄又清新的中国家庭，为素朴美学作连接当下与过去的牵丝。从家庭景观的展现、家庭人物的塑造和家庭关系的描绘各方面，这些影片都努力“把构成美（和艺术）的各种因素有序地、稳定地、平衡地、和谐地组合为一个有机整体”[5]。在形式上体现出对多种传统意趣的化用，在内容上则传承着调和情理的古典理想。

在环境的呈现上，家庭成员生活在宁静的乡村或古城，家的场景内没有多少工业化痕迹，更多是人与自然亲密交融。《乡情》（1981）与《乡音》（1983）本是围绕家庭展开两段情节迥异的故事，贯穿其中的湖光山色、清风游云却使胡炳榴拥有了“田园导演”的美名。还有辽阔的敕勒川牧场和充满灵性的动物，帮助许灵均从绝望的细网中脱困，等来了秀芝，成为拥有温暖家庭的《牧马人》（1982）。而《那人那山那狗》（1999）里的儿子，也是在用脚步丈量湘西乡土的过程中，与“山里人”亲近共鸣，领悟到父亲品格的崇高。此外，影片对家庭空间的表现还很明显地体现出将空间时间化的古典特点，即空间被放置于流动的时间过程内，和古代的绘画、园林建筑一样，追求在平面中展开变化无穷的景观。《城南旧事》（1982）以孩童记事推动情节，全篇带有模糊的忧伤，宁静的古城街角，与《阙里人家》（1992）中早已残破的望夫台，《我的父亲母亲》（1999）中母亲伫立的村口一样，本来是近乎静止的空间，但有了变换颜色的大地，也就有了时光流逝的提醒：长大的人就要长大，等待的人即将归来。如宋代扬无咎以《四梅图》展示生命变化一般，银幕上季节更替的景观，成为人生际遇的隐喻：“爸爸的花儿落了，我也不再是小孩子。”

自然物象承载着丰富的心理内容，不只为家庭故事铺陈背景营造环境，也无疑参与塑造了影像的艺术风韵，帮助电影展现人与自然、物与我的和谐共生。而影片里的人物形象，亦体现着共性与个性素朴结合的特征。这样描绘人物的思路源自古典艺术，与等级社会里个性普遍受到压抑的现实是紧密联系的，人物虽拥有不同的气质性格，但往往是隶属于某个整体、带有某种类型特征的“典型人物”。李渔曾言戏曲中的人物应带自己的“气质”“面目”，但在塑造孝子上又提倡“孝亲所应有者，悉取而加之”。影片中对英子、陶春、招娣等女性形象的塑造，也反映着这一艺术特点。一方面，她们的个性特征和情绪表现是各不相同的，田秋月忍着骨肉分离之痛让田桂“远走高飞”、英子在爸爸的病床前炫耀着成绩、招娣望见心上人后害羞地躲入树林、陶春望着眉飞色舞的杏枝一脸憧憬，有喜有忧，皆令观者动容。但另一方面，生活在或动乱或贫瘠的年代中，这些女性成为女儿、妻子、母亲等不同家庭身份的“完美”范本，具备非凡的坚韧品质，以强大的心灵力量守护着家人。《牧马人》里的秀芝是较有代表性的角色，即使不久前因无处落脚悲伤痛哭，一旦寻觅到自己的容身处，立刻就将其经营得风生水起。在丈夫因获平反情难自抑时，她却直言“什么都没变”。对这个家庭而言，秀芝本身已成自然温暖、保护、生长的象征，包容一切，推动着家人向前，与其他几部影片中的女性一样，在她身上显露出超越环境“大地之母”的神性光辉。于是无论动物还是植物，经由她的喂养便迅速茁壮成长，邻人“养什么，成什么”的赞叹，同样也是突出她身上的典型性。

在“形”的塑造方面，这些影片声画综合的表意体系中传递出丰富的古典意趣。吴贻弓在《城南旧事》中用了大量空镜头，有时是尽情地展示红叶、飞雪、雨珠，托载起万千变化的自然之象，有时则在空镜处伴以追忆往事的叙述，不动声色造就无穷余韵。秀贞怀念思康初来那一段，便有传统诗文的留白之趣。《乡情》中田桂得知自己并非母亲亲生，在复杂的情绪中划船归家，尽管台词诉说着他的难以置信，镜头反而越拉越远，显现出河道两岸的青翠草地，让湖上孤影心中的哀伤只由观者心知，在此处，人物和自然是一体的。即便人物带着浓厚的情绪，他依然置身于自然的怀抱，而画框内的自然空间本是静默的，但也随着人物忧伤的情绪动起来：“不知是人物在空间，还是空间因人物而显。人与空间，融成一片，俱是无尽的气韵生动。”[6]这便是国画“虚实相生”的妙境。《我的父亲母亲》中三宝创作的主题音乐《回家的路》几乎贯穿了整部影片，多个场景里的配乐都是在此主题曲的基础上演化而来的，对曲笛、板胡、排箫等民族乐器的结合编排传递着独属东方的唯美，渲染了神圣的氛围，其复沓回环的布局，正是在《诗经》中表现时间推移的艺术方法。《秦风·蒹葭》写对心上人的煎熬思念与艰辛追寻，电影中的母亲对父亲同样如此，担忧不可得但仍要靠近，一唱三叹，初恋的心绪尽在其中。

电影对不同类型镜头的使用、让音乐在重复中变化的设计，与银幕上的人物、景物融汇至浑然一体。同时，正如导演孙周为《心香》（1992）设定的调度目标：“拍《心香》无论是扬也好，抑也好，都得像诗词一样，得吟。”[7]这些状物写景的形式手法，追求着和抒情言志的内容如胶似漆地纠缠，最终形成独特的节奏。对家庭故事的演绎，折射出古典和谐“把再现和表现朴素和谐地结合起来”[8]的审美理想。与亚里士多德等人倡导充分发泄以寻求“净化”的情感路径不同，中国古典艺术讲求以理节情、情理均衡，尽管有悲喜交错的心理描写来塑造人物的复杂个性，却总不愿把这种情感表达推向无可挽回的极端。因此，《长生殿》里的唐明皇和杨玉环历经磨难，最终还是做了天上夫妻，即使《窦娥冤》这样的大悲剧，也安排了善恶终有报的平反结局。

继承着这样一种关于和谐的期盼，电影中的家庭更多是处在自然的情绪氛围中。面对家庭外部正在发生的残酷运动、血腥压迫以及古老传统的失落，创作者常以叙事视角的选择和时间安排的跳跃来有意略去对痛苦的表现（《我的父亲母亲》《城南旧事》《心香》）。而家庭内部亲人间相处的情感状态，要么是几乎不产生矛盾（《牧马人》《乡音》《那人那山那狗》），要么是虽有不可避免的变故或造成遗憾的行动，但终究被一个团圆结局包容（《乡情》《阙里人家》）。但这并非意味着家庭内没有释放情绪的空间，相反，对一些“闯入者”角色的塑造，显示着家庭内情感因素的重要地位：曾投身于革命事业的维本爷爷和田桂生母，是身居高位的社会精英，却因强烈的占有欲或对长者尊严的执念，搅乱了原本宁静的家庭，迟迟难获至亲的认可。尽管革命的经历证明着两人实为识大理知大义者，然而在家庭的场域里，他们都带有抛弃家人的“无情”罪名。因为情理均衡才是古典家庭的理想追求，唯有承认自身在情感上的疏忽和不足，闯入者才能赢回家人的接纳，实现内心的救赎。

家庭需要亲人间情感的顺畅流通，需要彼此的支持理解，而非仅追求个体能力的卓越。影片中社会以“成功”为导向的评价体系在投射到家庭内部时受到了阻碍，家庭空间始终与社会空间保持着距离。这样一种距离，同样揭示出家庭在情理均衡外追求的另一理想——志气。所谓志气，一般指的是不甘落后、力求完成目标的决心和勇气。《牧马人》里秀芝告诉儿子的志气是“不是我们自己的钱，一个也不要”，《阙里人家》里的爷爷则用志气一词，敲打好高骛远想出国淘金的维本。于是，志气很自然地划分出两种人/家庭的界限：一种是付出劳动去独立完成目标，另一种则选择出走来投靠外部力量。研究家庭发展史的学者比尔基埃（Burguière）曾指出，在一切同外部世界的关系上，中国人“始终优先考虑相应层次的内圈”[9]，而家庭是个体对抗外部变动与冲突最基本的内圈单位，这样的习惯延续千年，最终塑造了传统中国家庭以自力更生为荣的内在庄严。坚守或出走，同样也是《那人那山那狗》《我的父亲母亲》《心香》等影片里出现过的母题，具体围绕父与子这一古代中国家庭的主轴关系进行了展现：选择坚守的子辈，在父亲欣慰的眼神中接过了衣钵；已然出走的子辈，抱着怀念与愧疚完成父亲的心愿；即使父辈与子辈之间的裂痕无法补全，也有祖孙的团圆带来亲近感受，孙子京京在临别时喊的那一嗓子，显示着古典家庭的情与志并未消逝。家庭如一艘夜航船，让成员在波涛起伏的社会中有所依归。在创作影片的时代，风俗和道德观念伴随社会开放的深化发生着剧变，电影赞成从素朴和谐精神中汲取动力，以自强的路径求得进步，而不是盲目踏上模仿与依随的潮流。在多种思潮激烈碰撞的文化环境中，创作者们将影片的形式与内容完成有机整合，塑造出温暖美满的家庭，体现着用影像抚平社会焦虑的迫切，以及守护民族文化精粹的自觉。

二、对立崇高美：时空分裂中的情理失衡

在和谐美学的视域中，崇高是踏入辩证和谐美阶段必要的否定过程，是充满古典意蕴的素朴和谐美奔向更高境界的“纵身一跃”。虽无“和谐”之名，作为广义美重要形态的崇高，实际上成为周来祥后期和谐理论研究的重心[10]。崇高美由近代社会的人与人、阶级与阶级之间的分裂对立产生，在近代浪漫主义和现实主义艺术中多有体现，其总体特征是“把艺术中主观与客观、表现与再现、理想与现实、情感与理智、想象与思维、形式与内容、时间及空间以及构成的诸元素，予以分裂、对立，组成为一个不均衡、不稳定、不和谐、无序的、动荡的矛盾体”[11]。

这种不稳定的美学特质，在新时期以来相当数量的家庭题材影片中都有体现，电影表现家庭的节奏与形式不再温和，从最基础的时空关系着眼，便能看到鲜明的对抗色彩。时空分裂的一条路径是空间压倒时间。在《黄土地》(1983)、《良家妇女》(1985)、《湘女萧萧》(1986)、《九香》(1994)等影片中的自然空间依然静谧，但无法再为个体提供归属感，固定镜头下一望无垠的土塬和与世隔绝的深山，牵绊住人们奔向自由的脚步，成为沉重压抑的来源。《菊豆》(1990)、《大红灯笼高高挂》(1991)、《五魁》(1994)、《炮打双灯》(1994)、《桃花满天红》(1995)、《砚床》(1995)则在银幕上搭建出风情各异的东方宅院，创作者以富有造型冲击力的社会空间宣示着影像意识的自觉，将观众引入受困与迷失的古老寓言，一旦踏进戒律森严的“铁屋子”，春去秋来便再也无从感知。另一条路是时间击溃空间。《青红》(2005)中的父亲和工友回忆往事，感叹生活不堪的根源是“我们实在是太实在了，一句话，全家革命，就都来了”。《孔雀》(2005)里的父母，直接用分糖等“惯例”指明这个家庭十几年重心的倾斜。父辈们经历的遗憾被铸成枷锁，铐住子辈的手脚和意志，唯有从原生家庭中出逃，方能获得一丝喘息之机。然而尚未成熟的子女出走

后，不仅原有的家庭空间坍塌了，等待他们的必然也是形形色色的挫折。于是要么青年的热血浪漫在漂泊中渐渐转化为麻木，要么如《向日葵》（2005）般隐忍着实现上一代人的夙愿，理解父辈“苦心”的同时也迎来他们的告别。时光浪潮冲刷淘洗，家庭注定要有所残缺。有意联系着更宏大的时代背景，《山河故人》（2014）、《地久天长》（2019）里的家庭都在数十年的迁徙中破碎，不仅美好的回忆变得灰暗，家的物质实体也面目全非。沈涛与晋生分隔地球两端，各自只有孤独作伴。梁子在重病中回到汾阳老家，耀军和丽云返回北京见老友最后一面，重新踏足故乡的土地，抬眼望去，周围却都是陌生的景观，曾熟悉的家园已成了异乡，时间的飓风过境，以为坚固的都烟消云散了。

伴随时空分裂的是人物形象塑造上的变化。在显现出古典和谐美的家庭里，人物也有自己的遗憾和痛苦，但哪怕是稚气未脱的儿童，最终也能在某种明确信念的指引下，做出选择并付诸行动。相反，当家庭在时间与空间、理想和现实的分裂中走向失控，人物不再满足于占据一个共同体中的“位置”，而体现出强烈的主体意识，努力追寻着个体人生的价值，只是这种努力往往以失败告终。在突出空间的寓言中，女性以“偷尝禁果”的行动追寻着主体性，但除了《良家妇女》杏仙付出巨大代价后逃亡成功，大部分女性的理想都在接连的打击中跌落，《香魂女》（1993）为这种失败提供的解释尤为悲观：日商、轿车、信用贷款，尽管物质环境内已处处留有现代化的痕迹，封建意识形态仍旧在个体的心灵斗争中占据着上风。受压迫的女性在家庭空间中渐渐守护起压迫者制定的律法，香二嫂如此，潇潇、颂莲亦是如此。而在岁月流逝的故事里，对老吴、晋生、耀军等男性形象的描绘与受困的女性形成了奇异的呼应。他们是知青返城、支援三线、国企下岗潮等时代事件的亲历者，却没有在生活里找到“让平凡事物突然变得重要起来的方式”[12]。他们是丧失了男性气概（manliness）的“无力的父亲”，眼睁睁看着亲人的生命消逝、幸福被摧毁，家庭堕入黑暗之中。《万箭穿心》（2012）中的李宝莉和马小宝、《孔雀》里的卫红和卫强，十余年的时光都没能帮他们卸下重担，足以证明“无父”的状态影响深远。无论是在背叛家庭的丑闻被揭发后自尽，还是和妻子一道束缚孩子的梦想，丧失力量的父亲没有撑起希望的闸门，反而接受平庸失语的地位，丢掉继续生活的勇气，或是藏身于家庭的阴暗角落，只偶尔露出冷漠可怖的面容。卫红不惜用谎言接近拉手风琴的老人，因为轻快的音乐显露出通向外部世界的些许可能，这是本应由父亲带给他们的明亮光彩，而长期受忽视的卫强渴望释放情欲、触摸自由，但见识到姐姐理想的破灭，又遭到父亲无情的责骂与掌掴，他只能在自我放逐中踏上沉沦的道路。

通过场景中的标语横幅、人物对白以及其他有意为之关于时间点的提示，观众得以了解，影片中的家庭成员丧失突破牢笼的勇敢气质，归根结底是社会历史政治事件的余震，与时代转折中的思潮更替密切相关。通过将个人命运的起伏与现实历史挂钩，创作者帮助影像在形式上变得更加肃穆。但在内容的传递上，感性的生动性和理性的深刻性之间出现了明显的失衡，常常是理念先行而情感的流动滞涩。譬如《山河故人》中 2025 年的篇章展现家庭记忆已遗失的未来，只有枪、翻译软件、汾酒等所指明确的物件反复出现在场景中，伴随故事推进，影片还将枪与自由，谷歌翻译与文化隔阂，以及汾酒自带的乡愁一一点出。虽然导演自述这一部分与科幻无关，更多是“用电影去想象未来人们的情感生活”[13]，但直白的反复点题显然限制了想象的自由生长，以符号物象的排列传递理念的同时，本就缺乏经验支撑的情感表达进一步走向空泛。还有《地久天长》里茉莉问起丽云的近况，耀军忽然用诗人的口吻缓缓道来“时间已经停止了，剩下的，就是等着慢慢变老”，且不论这样的温柔与场景中正在发生的背叛如何割裂，对人物情感状态的刻意提示反而容易中断观众对银幕的情感投射。除此之外，一些关于历史事实的突兀追忆，补全着与主题相关的人物经历信息，但破坏了原本流畅的情感节奏。如新建和美云播放起《友谊地久天长》，前一秒还充斥着劲歌热舞的欢快宿舍因这首“主题曲”忽然转入沉静，人物都换上了一副严肃的表情开始叙述：“大概是 77、78 年，那时……”

与这种理念主导形成对比的是，在有意模糊了时间细节的东方牢狱式家庭中，围绕个体情欲的表达踩踏着批判性的认知主题，慢慢走向另一种极端。为了赋予压抑和反抗充足的情绪张力，大部分创作者绝不满足只谈男欢女爱，而一定要呈现更富刺激性的内容。在叙事明线中，是女性从家庭中越轨，通过大胆的性爱满足欲望追求自由，而内里往往指涉着阉割、弑父这些父权制家庭最深层的恐惧，揭示着传统组织潜意识的危机。但封建的伦理秩序并未真正得到摧毁，越轨的女性遭受严酷惩罚，本应与她一同战斗的男性（情人）或是懦弱地退缩逃亡，或是遭受彻底阉割，丧失生机与活力。不可否认，这些挣脱牢笼的尝试本身即带有反叛性和启蒙意味，但所谓自我意识的觉醒最终无处寻觅，倒是聚焦女性躯体的窥视反复出现，电影无法在对女性角色的物化塑造中完成父权批判，反而悖逆主题地再次展示父法的不可推翻。此外，公鸡拜堂、捶脚点灯、比炮定亲等民俗奇观不断为艳情故事增添着魅力，但将民俗奇观与女性越轨作为一种固定搭配，是否为向西方献媚打造的便车，至今仍是聚讼不已。王一川曾指出这一内在演变的终点是“好看压倒好思的独轮旋转”[14]，电影语汇的重复之外，情绪表达的了无新意引起了更大范围的失望和警觉，模仿痕迹明显的《五魁》被影评人李明奕称为“第五代电影如今已风骨尽失，徒存皮毛”[15]的证明，黄建新本人也表示自己在创作这部影片时没有灵气。在为景观和情绪殚精竭虑的同时，触动心灵的理性主题渐渐被悬置。这些怀抱勇气的创作者成功突破了古典美学范式，将迷人的痛感和更复杂的思考引入家庭，在影史上留下印痕，但其自身亦因朝单一方向的长久滑行，遭遇到文化自信和艺术创新的双重质疑。

三、辩证和谐美：温暖人性对现实创伤的抚慰

与朴素和谐、对立崇高指涉着较为明确的历史阶段不同，辩证和谐美在周来祥的美学体系中更多扮演着一个感召与引导的审美理想角色，是一种与社会主义艺术呼应的“现代美学”。周来祥由马克思关于主客二元对立的论述出发，指出只有“人成为社会的人，人与人结成了新的和谐社会”[16]，此前的多种矛盾对立才能达成统一，辩证和谐美才会成为美学的主导。但作为一种美学理想，辩证和谐美并非乌托邦式的空想，国家的现

代化建设不断朝向新的目标迈进，我们美与艺术的实践和经验总结、理论提炼，同样是向未来丰富、全面的社会主义美学靠拢。伴随中国特色社会主义的建设进入新时代，愈来愈多的家庭题材影片中也显现出“既追求深刻的对立，又追求高度和谐的最新的美”[17]。

在这些影片中，直观体现对立的是家庭成员间爆发冲突的场景，家庭成为无序、激荡之地，代际和性别间纵横交错的矛盾频频现身。伴随经济腾飞和社会开放成长起来的子一辈，拥有更鲜明的个性色彩，他们在思想上抵触家长制权威，以行动挑战传统的家庭秩序，使之遭遇冲击乃至逆转。在《告别》(2015)、《米花之味》(2017)、《春潮》(2019)、《吉祥如意》(2020) 等影片中，长辈们带着传统伦理赋予的权威光环，不时对子女的行为发出责问，强硬地要求他们做出改变，然而等到的是更加激烈的言语反击、冷漠的观望或者远离家庭的出走。混合记录与叙事的《吉祥如意》中就有一个值得玩味的场景，当扮演丽丽的演员因接受不了家庭成员的互相指责而崩溃大哭，真正的丽丽就站在她身旁面无表情地玩着手机。青年人在多样化的信息接触中形成自己独立的价值观，与上一代人坚守的道德话语渐行渐远，本应面带威严的家长反而显得脆弱又失落，这正是现实生活进入“后喻时代”出现的别样景观。横向的性别冲突多在中年夫妻间爆发，他们养老抚幼，精神与经济上都承担着重负，突如其来的变动很容易使他们的关系变得焦灼。《河》(2015)、《春江水暖》(2019) 里是长辈身体的辗转流动，让子女的家庭陷入争吵；《阿拉姜色》(2018)、《小伟》(2019) 里则是夫妻一方的突然患病带来恐惧与压抑感，击溃了伴侣的情绪防线。

但不同形态的对抗，最终会伴随情节的推进重归和谐，这种形式上的和谐源自创作者对社会现实的深刻把握，而非善恶有报的大团圆结局。随着社会现代化的日趋成熟，家庭作为集体性经济单位的功能不断衰弱，其内部的伦理结构无法和外部的经济结构完成对接，成员的生活轨迹、习性乃至价值理念，更多是在庞杂的外部环境中被塑造成形，当他们共处一室时，彼此认知和行动的差异便尤为明显，冲突的爆发几乎成为必然。但与此同时，以血缘为基础，拥有着不可替代的情感联系，家庭为倍感孤独的原子化个体，保留了获取温暖的渠道，在抵抗虚无、守护本真方面，“家”在现代世界的价值，不仅未在社会变化中被摧毁，反而显得更为突出。这种辩证思考在影片中人物形象的塑造上也得到体现。《告别》中的父亲和女儿一样外冷内热，在话语的争斗中，父亲理解女儿对自由的要求，女儿也触碰到父亲暴躁外表下的真性情；《小伟》里慕伶甫一出场便牢骚不断，但她为儿子找补习班铺陈后路，陪伴丈夫一同还乡。同样地，一鸣以逃学和抽烟抵抗青春期迷茫，但在回家前，他总要绕着天桥奔跑来驱散烟味，看见母亲咳嗽会露出担忧的表情。在《阿拉姜色》里，面对妻子保留的旧日合照，以及用前夫骨灰做成的擦擦，罗尔基的态度从拒斥到接受，是在朝圣路上抛却了世俗执念，苦旅之中寻到朝拜的真神。家庭中的个体既是理性个体，也是情感个体，对家和家人的怨与爱在他们身上是一体两面的。在由这些生动形象组成的家庭内，虽然爆发冲突在所难免，但伤口会愈合，痛苦过后是继续前行，最终会等来成长与释然。

影片遵循着现实逻辑，展现了家庭面临的复杂矛盾，又让矛盾在发展中逐渐化解，一方面超越了素朴和谐思想中人对自然、主体对客体的依附，另一方面也避免走向主客体彻底割裂的极端。同时，虽然冲突场景和人物形象的塑造都与日常生活贴合至深，电影在视听语汇的选用上又不乏超现实妙笔。《春潮》灵动的结尾是影片的一抹亮色，郭建波闭眼和情人亲吻，潺潺流水由坚硬的建筑缝隙渗出，以水的视角仰拍，镜头跟随涌动的春潮穿越整座城市，流到女儿的脚下，家庭内持续数十年的亲情战争，在儿童的笑脸面前逐渐落下帷幕；《春江水暖》惊艳的长镜头从老大夫妇在江边放生祈愿开始，先跟随渔夫沿着江岸走，又追着船的视点一直移到江水的中央，最终定到江中心的“不系之舟”，天、山、江一色，似在梦中铺展画卷；还有《小伟》大量使用灵活的手持摄影，以“幽灵视角”带领观众环顾家庭，在移动中赋予镜头呼吸感，帮助消逝的亲人重新“在场”。这些拍摄技巧的创新结合了写实与梦幻，穿透庸碌的日常，使难以言说的心灵体验具象化，证明着创作者不满足于临摹现实，而是在努力挖掘具有社会普遍性的情绪因素。

在所有影响家庭情绪氛围的事件中，死亡可以说是最残酷的一种，这样的残酷与古典和谐的理想常常是难以兼容的，在表现对立崇高美的影片中则几乎意味着希望的破灭。而在这些颇为年轻的作品里，亲人面临死亡、家庭遭遇创伤成为戏核，借助围绕生死的探讨，创作者抒发情感的同时扩展了影片的思想深度。哪怕在结构单薄的核心家庭中，如《阿拉姜色》中的妻子、《告别》中的父亲、《米花之味》中的子女等基本成员的离世，都没有带来家庭的终结；相反，死亡为家人开启了生存的新可能。遭遇死亡让个体不得不从日常的操劳中脱身，转而去思考真正的价值寄托，为人与世界的关系求解。作为威胁的死亡最终照亮了生命的本真，如海德格尔"向死而生"的追问："从生存论上说，死亡是一种生存的可能性。"[18]《河》中的祖父和《小伟》里的父亲在得知死亡逼近后，并没有陷入慌乱绝望，反而宁静地踏上"归家"旅途，而在两部影片的结尾，母子二人打趣着整理丈夫的遗物，祖孙三代在草原河流边沐浴阳光，画框内处处闪耀着人性坚强、善良的光辉。遭遇死亡带来的刺骨严寒后，家人更意识到彼此依靠的温暖珍贵。在崇高艺术中，总有诱惑促使人们抛弃良知，如同伏脱冷传授给拉斯蒂涅的"经验"：对抗黑暗的是对道德的漠视以及麻木不仁的内心。但在辩证和谐的视域下，人性和社会的阴暗面固然不可否认，还有死亡的降临带来沉重打击，这是"真"作为现实主义的必要基础，然而冲突能够被化解，裂痕会得到缝补，因为人类始终保有"善"的本质，家庭最终从伤痛中走出，并不断进化。一些家人间形成更加平等的交流关系：《春江水暖》里曾不许女儿再进家门的母亲，最终接纳了青年人的选择；《河》里的格日放下执念，陪伴父亲度过最后的时光。另一些家庭显现出更强大的凝聚力：《告别》里曾戴着冷漠面具的山山，结婚生子收获平淡的幸福；《小伟》中的一鸣在遗憾中成长，决定留在国内参加高考陪伴母亲。融合贴近现实的场景人物与超现实的调度，在情感的抒发中呈现着人性的高贵，电影追求着"真善美"的统一，最终让银幕上的和谐之美升腾到新的层次。

四、结语

周来祥先生一生致力于构建以“和谐”为本的马克思主义文艺美学体系。他坚持用历史唯物主义的方法分析美的变化，指明艺术作品中显现出不同形态的和谐美，其根源在于人类社会历史的变迁。同时，他的论述又处处提醒着艺术创造的自由本质，兼具包容东西的宽广视野。由他创立发展的“和谐论文艺美学”，观照的重心虽然在古典艺术和近代艺术，在阐释现代中国的美学现象时，依然显现出高度的适应性。以布鲁默（Herbert Blumer）所言“启发性概念”去看待“和谐美学”，这一理论和具体的电影文本结合后，能为中国电影美学特质的讨论深化提供思路：“理论提出问题，表明我们需要考虑到什么，并指出我们的盲点；研究则回答问题，并且使我们意识到尚未念及之处，这反过来又暗示了理论的可能性。”[19]

我们认为家庭题材电影是展开美学探讨的理想对象，不仅因为这一类别是最早形成叙述的中国“土著”/民族电影[20]，更由于这些电影本身常常从家庭环境、家庭人物和家庭情感的表现出发，触及人的生命价值、精神依托等重要的人文命题，与当下精神文明建设的导向形成共振。前文关于家庭题材电影的分析，一方面明确了一段时间的电影作品中，表现突出的美学形态和特定的历史环境、创作群体相呼应，这样的呼应涉及“美是什么”的根本认知，为我们展开中国电影美学特质的探讨，提供了核心概念的参考。美在审美主体与审美对象的流动之间被创造出来，不是物的自带属性，更不是纯粹心灵活动的产物，不同时期审美主体和对象变化，彼此间呼唤结合的美也注定不同。另一方面，尽管电影是一种年轻的现代艺术，对国人而言是海外飘来的“魔盒”，但它尽情展现着更“年长”的朴素和谐美与崇高美，这驳斥了一种简单还原的论调，提醒着我们关于中国电影美学发展的思考，要在承认艺术相对自主性的基础上进行。不可否认的是，和谐美学试图将“和谐”确立为一个统筹中、西美学的范畴，追求以哲理思辨增加理论深度，因此存在部分概念的阐释不清晰、美学理论的感性意蕴遭遮蔽等问题，但从中国本土经验中提炼出原创理论，并为其在世界范围内谋求认同，这一份初心，和今天电影学界讨论重建中国电影美学、完善中国电影学派的出发点并无二致。只要围绕电影与和谐美的实践、阐释仍在延续，我们便可抱一种乐观但或非盲目的期许：在银幕家庭中已清晰可见的和谐光辉，将在未来照亮中国电影更广阔的空间。

注释：

[1] 朱光潜：《谈美》，南京：译林出版社，2018年，第55页。

[2] 孙向晨：《论家：个体与亲亲》，上海：华东师范大学出版社，2019年，第42页。

[3] 周来祥提出和谐具有五重内涵，围绕艺术作品本身展开的主要有形式和谐、内容和谐及形式与内容的和谐，此外，还有从发生学和历史唯物主义视角出发讨论审美对象、审美主体、人与社会之和谐的论述。参见周来祥：《和谐美学的总体风貌》，《文艺研究》1998年第5期，第4～10页。

[4] 此处关于电影“形式”和“内容”的划定，参照了学者贾磊磊的阐释，参见贾磊磊：《影意论——中国电影美学的古典阐释》，《电影艺术》2020年第6期，第3～10页。

[5] 周来祥：《美是和谐：周来祥美学文选》，济南：山东文艺出版社，2020年，第4页。

[6] 宗白华：《美学散步》，上海：上海人民出版社，2005年，第251页。

[7] 孙周、白小丁：《〈心香〉导演访谈录》，《电影艺术》1992年第3期，第23～27、20页。

[8] 周来祥：《古典和谐美的理想与中国古代艺术的模式》，《江汉论坛》1983年第10期，第44～49页。

[9] [法] 安·比尔基埃等主编：《家庭史 第二卷：现代化的冲击》，袁树仁等译，北京：生活·读书·新知三联书店，1998年，第308页。

[10] 邹华、李增杰：《周来祥学案》，《上海文化》2016年第10期，

第 72～83、2 页。

[11] 周来祥：《美是和谐：周来祥美学文选》，济南：山东文艺出版社，2020 年，第 7 页。

[12] [英] 保罗·威利斯：《学做工》，秘舒、凌旻华译，南京：译林出版社，2013 年，第 46 页。

[13] 贾樟柯：《贾想Ⅱ：贾樟柯电影手记（2008—2016）》，北京：台海出版社，2017 年，第 178 页。

[14] 王一川：《从双轮革命到独轮旋转——第五代电影的内在演变及其影响》，《当代电影》2005 年第 3 期，第 15～18 页。

[15] 王志敏：《让人困惑的几部电影——我看〈五魁〉、〈炮打双灯〉和〈风月〉》，《电影创作》1997 年第 1 期，第 67 页。

[16] 周来祥：《论哲学、美学中主客二元对立思维模式的产生、发展及其辩证解决》，《文艺研究》2005 年第 4 期，第 35～44、158～159 页。

[17] 周来祥：《美是和谐：周来祥美学文选》，济南：山东文艺出版社，2020 年，第 5 页。

[18] 陈嘉映：《存在与时间读本》，北京：生活·读书·新知三联书店，1999 年，第 157 页。

[19] [美] 霍华德·S. 贝克尔：《艺术界》，卢文超译，南京：译林出版社，2014 年，第 6 页。

[20] 丁亚平：《中国电影通史（全二册）》，北京：中国电影出版社，2015 年，第 31 页。

（刘逸飞，华中师范大学文学院文化传播学 2023 级博士研究生）

《时尚的精髓》：破解时尚生活的谜团

范舒扬

一

美国学者的《时尚的精髓：法国路易十四时代的优雅品位及奢侈生活》（杨冀译，生活·读书·新知三联书店 2012 年出版，以下简称《时尚的精髓》）是一部极有价值，又可读性很强的现代时尚研究论著。作者若昂·德让（Joan Dejean）是美国当代研究法国文学和文化的知名学者，耶鲁大学博士，曾任教于耶鲁大学和普林斯顿大学，写有多部有关路易十四时代法国文学、历史及文化方面的学术著作，目前为美国宾州大学法语教授。这本《时尚的精髓》为我们打开了法国时尚艺术的大门，在梳理法国时尚形成和发展历程的基础上，破解了时尚生活中的种种谜团。在本书的《前言：生活在奢侈中》，作者开宗明义抛出一堆问题：

> 为什么全世界的人都要遵从这样一种规则，即只有当香槟酒开启时，具有特殊意义的场合才能真正地特殊起来？而令这一场合更加特殊的是，这泡沫四溢的酒就一定要是法国货？为什么钻石这种象征地位的宝石能够如此凸显财富、权力甚至忠贞的爱情？是什么使服装迷们如此确信某一名牌饰品——比如一款时尚提包——能够成为他们时装品位的最佳证明、并愿为了它而四处搜寻，还不惜等上数月的漫长时间以及花费不少钱财？为什么一个声名远播的传奇式发型师对头脑健全的大多数人如此重要，仿佛宁肯付出一切也绝不让缺乏魔力的剪刀碰一下他们的头发？[1]

要回答这些问题，就得回到法国，回到法国路易十四时代。若昂·德让接着写道："所有这些困惑以及时尚生活中的其他谜团，都是在同一时期第一次成为我们所谓的'问题'——这个时代也是历史上关于优雅、风格以及奢侈品的重要时期。那时候，路易十四，这位年轻英俊、魅力十足的国王有着极高的时尚意识以及更加强烈的历史感，他决心使自己以及国家成为传奇。在统治时期的开始，他的国家与优雅及高端毫不沾边。到其末期，他的子民在整个西方世界眼中是时尚与品位的绝对权威，而他的国家则担负起一项经济使命——开始统领奢侈品的贸易。"[2]

正是基于这样的认识，作者在《时尚的精髓》中描述了一个时代，在那个时代，人类对优雅、品位及奢侈的欲望达到了历史上从未有过的高度，其所为美食、时装、化妆、室内装饰、娱乐方式等领域所制定的标准，至今仍然发生着极大的作用，这就是被18世纪法国著名哲学家、史学家伏尔泰称为历史上四个伟大时代之一的法国路易十四时代："兴隆昌盛的、文化技艺臻于完美的时代。"这个时代也是法兰西的国家形象发生深刻变化的时代。在路易十四执政之前，法国给人的印象是贫穷、肮脏，盗匪猖獗；巴黎街道狭隘，铺砌粗糙，整个国家与时尚无缘，与高雅不搭。但半个世纪后，法国已成为西方世界不容置疑的时尚中心，从时装、香水、美食、香槟酒，到家具、室内装潢，乃至镜子、雨伞和街灯，都被当时的人们追逐和仰慕；自那之后的三百余年，法国始终统领着世界的时尚。《时尚的精髓》一书就是将这一传奇展现给广大受众。它让人们透过这个时代，看到对物质享乐的欲望是如何能够成为人类文明进步的推动力，这一推动力的强大有时并不亚于人类伟大的精神。

如果说中国古典文化造极于北宋，法国时尚文化则发端于路易十四时期。在世人心目中，法国天然地与"奢侈""时尚"紧密相连，似乎是与生俱来的。路易·威登、迪奥、香奈儿、圣罗兰，这些享誉国际时尚界的品牌，无不是"法国制造"。法国首都巴黎也似乎天然就是时尚之都。事实上，在路易十四之前，时尚的概念、知识、风气、精神等等并不存在。是路易十四创造了时尚的法国、时尚的巴黎。诚如若昂·德让在"前言"

中指出的："从一开始就一直是这样。路易十四好像确切地知道他希望将巴黎和法国塑造成什么样子——优雅高贵，富丽堂皇。为了实现这一目标，每一个细节都吸引了他的目光——从天鹅到为首都设置的街灯再到男鞋上的鞋跟。'路易十四把一切都想到了。'他的最大崇拜者伏尔泰说道，'在他统治时期不仅发生了一些伟大的事情，而且是他使其成了现实'。在绝大多数情况里，他不仅是成功实现了目标；而这些目标一旦完成，就一直是我们心目中法国精华以及时尚精髓的同义词。"[3]

出生于1638年的路易十四（1715年去世）自称太阳王，在位长达72年110天，是在位时间最长的君主之一。尽管登基之初由他母亲摄政，即便从1661年他亲政算起，时间也是相当长的。这就给了他足够的时间和条件打造法兰西时尚王国和巴黎时尚之都。作为法国历史上最有作为的一个国王，路易十四将法国变成了现代国家。路易十四不仅重塑了法国，也影响了整个西方世界。"路易十四所给予西方世界的已经超越了他的臣子们制造并推销的奢侈品，是更加永恒的财富；他成功地将我们今天的许多基本活动重新定义：除了我们必须拥有的平庸的日常生活外，他们推出了纯粹的快乐时光，让我们纵情享乐。正因为有了凡尔赛时期，许许多多生活中所谓的奢侈品不再是纯粹的物品，而成为更加美妙、更加愉快的审美体验。"[4]

二

《时尚的精髓》分若干专题，从时尚的不同类别、不同侧面展开讨论，涉及法国时尚艺术的方方面面。我们从该书主体部分13章制作精美、别具意味的标题可见一斑。全书13个标题如下：怎样才算是太多？——明星发型师的规则；时装女王——时装的诞生；时装奴隶——宣传时尚；灰姑娘的拖鞋和国王的长靴——鞋、靴子以及拖鞋；从法国厨师到脆皮布丁——厨子如何成为明星大厨；世界上第一杯高价热奶和咖啡——时髦的咖啡馆；发明香槟的那一夜——当带气的酒一夜走红时；钻石之国——钻石、钻石，还是钻石；象征权力的镜子——魅力四射行业的技术；明亮的灯光，大城市——从街灯到夜生活；防雨的漫步——从折叠伞开始；新型购物——古董、高档家具、室内装饰；“最甜美的花朵国王”——香水、化妆品、古龙水。除了上述13章，最后还有一个“尾声‘最辉煌的派对’——凡尔赛风格的娱乐方式”。仅从这些充满诗情画意、颇具浪漫色彩的标题，即可见该书涉及的法国时尚之内容丰富，形式多样，瑰丽无比。

《时尚的精髓》勾勒法国现代时尚的历史，建构现代时尚的知识，通过返回或重建“现场”来告诉读者许多生动有趣的故事。作者没有在时尚概念上兜圈子，也没有在时尚理论上作抽象枯燥的阐释，而是对路易十四时代的优雅品位和奢侈生活如何形成，进行了具体而微且不乏趣味的描述。从中，我们看到许多有趣的故事，得到不少有益的知识，例如第一章谈发型时就有这样一段记述：

> 1680年的一个夏天，路易十四打猎归来，看到他当时的情妇，17岁的漂亮的玛丽·安格力特·德斯科拉勒·方当伊伯爵小姐将自己的头发用一根发带扎了起来，头上的卷发散落在额头，于是就让她以后一直这么梳头。第二天，宫廷里所有的妇女都模仿了这种新发型，这一发型又很快风靡欧洲，并被命名为方当伊(fontange)。[5]

从《时尚的精髓》中，我们还了解到很多与时尚相关的历史知识，对一些似是而非的问题得到全新的认识。拿“假发”来说，就饶有趣味。对假发的疯狂只是从17世纪才开始的，在其后的十年里，为了做出更大、更复杂的发型，头发的需求量变得非常大，“头发商人”向全欧洲派出了职业的剪发者。剪发者们带回了数磅重的头发；为了做一款最时兴的发型，需要至少24英寸长的头发。据说荷兰人的头发最好；在法国，日耳曼人的头发是众人公认的好头发。灰金色的头发是17世纪法国美女的标志，毫无疑问，这是因为在法国很少有天生的灰金色头发，因而非常昂贵，准确地说，要比一般的棕色头发贵38倍。假发成为时尚潮流，与路易十四有莫大关系。“他对假发近乎疯狂。在他凡尔赛宫卧室旁边有一个假发室，里面满是各种人形的塑像，塑像的头上都戴着假发。”打猎的，居家的，盛大庆典的，不同场合戴的假发各不相同。以至有大臣说“我愿意把全国所有人的头发拔光来效忠国王”（第11页）。谈及时尚与传播、与宣传营销的关系，也是趣味盎然的。比如时装，路易十四时代宣传它，本质上是“推销一种纯粹的概念，一种生活方式，而不仅仅是服装”[6]。

厨师、厨艺在我们今天看来更多是一种生活日常，是实用需求。但在路易十四时代那可是时尚的艺术。“法国将烹饪变为了艺术，‘米什兰指南-高勒米罗标准’占据着统治地位，在那里，做饭成了事关生死的大事，这所有的一切都始于1651年的一本烹饪书。”[7]这本书名为《法国厨师》，若昂·德让这样介绍：

> 在《法国厨师》之前，一百多年来法国都没有出版过烹饪书。到17世纪末，烹饪方面的书已经成为法国出版物中的重要组成部分。《法国厨师》仅仅在最初五年里就被重印了12次，1700年之前被重印了46次。这本书很快被翻译成欧洲狗的主要语言；从来没有哪本烹饪书能够取得国际影响。在其后的15年里，法国出版了大量关于食物的书。据估计，在17世纪下半叶，有大约超过九万册的烹饪新书在市场销售，而在当时上千册的销量就是一个大数字。[8]

正是路易十四，让法国成为开创美食艺术的国家，以至路易十四喜欢什么，爱吃什么，就流行什么。据说他非常钟爱豌豆，法国宫廷对豌豆的热情就保持了半个世纪。而到路易十四末期，法国烹饪法成为巴黎被称为高雅与奢侈之都的主要组成部分。仅次于《法国厨师》的另一本烹饪书《皇室及小资产阶级菜谱》18世纪中期前就一版再版，畅销不衰。

厨艺往往与厨具相关。今天家喻户晓、天天使用的“压力锅”原来也来自路易十四时代的法国，还与烹饪艺术息息相关。《时尚的精髓》第五章中介绍说："还有一种全新的做肉的方法，这显然是17世纪的首创：压力锅。到今天，没有人像法国厨师这样广泛地使用压力锅，对于做煮菜或不能整天待在厨房的法国人更是如此。这种新发明，用发明者丹尼斯·帕潘的话说，可以'用很短的时间做各种肉菜'。（帕潘还发明一种蒸汽冷却系统，被认为是空调最早的雏形。）1682年，帕潘出版了一本书来解释他的发明，那确实是现代高压锅；他告诉读者他们可以在乌德里先生，一位电焊工开在费罗里内德的店铺里买到这种锅。"[9]

厨具中的勺子与汤碗有关。在法国，17世纪下半叶开始有汤碗，之前人们用一种无框的碗喝汤。汤碗的产生带动了勺子的使用，从而有了个人用勺与公勺的区别。艾米丽·普斯特等17世纪的先驱们努力使读者相信，用沾了自己的嘴的勺子再去为别人盛自己喜欢的调料是很无礼的。我们今天倡导用的公勺原来是这样来的。

在《时尚的精髓》一书中，还有与时尚相关的许许多多有趣的观念、史实，流传久远。比如，"我们的欲望是被发明的，而格调和咖啡是结为一体的，这是从路易十四时期就开始了"[10]。再比如，"糖也是另一种昂贵的外国货，17世纪70年代才开始有，据说很为妇女所喜爱。最早的拿铁咖啡1685年才出现"[11]。至于时尚中非常重要的钻石，更是路易十四的"新发现"。"在路易十四前，没有人将钻石视为最好的朋友，路易十四执政之后，钻石从相对默默无闻的角色发展至今仍然享有的地位，成了最为珍贵的宝石和送礼佳品。路易十四告诉全世界的观众，小小的钻石可以具有巨大的能量，可以成为国王和任何付得起钱的人的最好朋友。"[12]

诸如此类的内容在《时尚的精髓》中还随处可见，如人们今天习见的镜子，在路易十四时代的法国"曾经很昂贵和稀有，曾经是最奢侈的商品和象征权力的玩具"[13]。当今大家再熟悉不过的街道路灯，原来也是路易十四时期的产物。"在路易十四之前，没有哪座城市在天黑后仍然灯火通明。"[14]路易十四为了让白天的生活方式延伸到夜晚，让巴黎成了不夜城。还有如今很不起眼的折叠伞，也曾是路易十四时代的时尚杰作。

折叠伞的发明正好赶上巴黎转型为世界时尚、奢侈品以及高端购物都市的时候。确实，很少有奢侈品像折叠伞那样对人们的生活方式产生了如此巨大的影响；它帮助人们用一种新方式来享受这座城市。这种易于携带的雨伞促成了巴黎成为时尚之都的各种活动的兴起——从漫步到览胜再到购物——所有这一切都依靠上街游逛的自由度，这在以前是不可能实现的。就像新的街灯使高档的巴黎在夜晚依然继续运转着，折叠伞则延续了人们高质量生活的时间：雨天再也不会将时尚关在屋子里。相反，折叠伞让他们有机会炫耀时尚的品牌装饰品，第一次，人们懂得去追求品牌饰品——让·马休斯的漂亮“袖珍雨伞”。[15]

原来，小小折叠伞，关乎大时尚。综合来看，路易十四在其执政时期改造了法国，建设了全新的法国。伏尔泰高度评价说：“欧洲之文明教养和社交精神的产生都应归功于路易十四的宫廷。”

三

法国时尚与中国的关系是很有意思、值得探讨的问题。16 世纪下半叶中国商品一进入法国便受到了亨利四世宫廷的关注和欢迎。路易十三还是一个孩子时就用中国物品把自己包围起来，他的大臣中也不乏中国漆器、瓷器爱好者、痴迷者，来自中国的最美妙的工艺品深受君臣喜爱。

路易十四以降的法国历任国王对中国文化更是情有独钟，从某种意义上讲，17、18 世纪初欧洲的“中国热”正是从凡尔赛宫兴起的。有研究者指出：

路易十四一生都没有停止对远东物品的喜爱，贝莱维奇小姐在《路易十四时代法国的中国热》中曾描述过他的一只用来喝汤的瓷杯：镶着金边，带有盘蛇形状的金柄，异常精致。佳丽则写道：“路易十四时代的法国任何中国的物品都会带来极大的愉悦，所有王室的宫殿都置有披挂着白色缎罩的家具，这些缎罩上满绘着中国的飞鸟走兽和人物形象。”路易十四的王宫和离宫都设有专门陈列中国物品的房间，现存王室的中国工艺品目录即达四种。当时在凡尔赛宫、枫丹白露和贡北涅等几座王宫里，都有完全按中国风格布置的房间。[16]

海外也有学者探讨中国对包括法国在内的欧洲艺术的影响，有关“中国风”的论著就有多种。“巴洛克式中国风于1670年在法国初见端倪，当时路易十四（1638—1715）委任建筑师路易·勒沃在凡尔赛宫苑中建造了特里阿农瓷宫（Trianon de porcelain），并将此作为礼物送给他的情人蒙特斯潘夫人。”[17]英国学者休·昂纳对“路易十四宫廷中的中国风”也曾有过深入细致的研究[18]，值得一读。

我们所关注的是，在《时尚的精髓》中，路易十四时期的时尚艺术与中国文化有无关联。细读此书，在多个章节发现了相关论述。比如在《时装女王》一章中，作者谈及巴黎对“漂亮丝袜的热衷”：“有段时间，女人不能当众炫耀他们的双腿，丝袜仿佛是早期时装业成功的明证，即商人们成功劝说时装迷们一些很浮华的东西是绝对必要的。1673年春，最早的时装记者德维兹这样宣布道，不仅有从中国远道而来的漂亮丝袜（中国那时是所有高级进口货的来源地——比如高级瓷器而不是廉价的仿冒品），完全手绘，而且还有‘最诱人的图案’。‘穿着这种丝袜的妇女应该下决心来炫耀一下她们的双腿——不然这些丝袜就全无用处。’”[19]17世纪七八十年代，法国设计师开始设计用外国面料制作的服装，中国面料也是其选项之一。“1683年巴黎警察局长向国王报告说，女工们在17世纪70年代末流行穿中国制造的面料。”[20]来自中国的丝绸甚至在当时巴黎上演的喜剧中出现。

在《时尚的精髓》“尾声”部分，作者写道：“1700年的狂欢节上，时尚先锋们争相发明最新颖最时尚的派对观念。用最早的社交新闻记者让·多诺·德维兹的话说，‘宫廷在那时最能享乐’。1月7日，国王用一场以

‘中国皇帝’为主题的舞会拉开了狂欢节的序幕。凡尔赛仿中国式的室内装潢构成了晚会完美的背景。在舞会中，一个装扮成中国皇帝的演员在一顶中国式轿子旁边走来走去，而身着中国服装的演员们则夹杂在宾客之中。”[21]看来，中国这个东方的神秘国度一直深深地吸引着路易十四及其身边的人们。

2024年是中法建交60周年暨中法文化旅游年。早在2023年9月，北京的恭王府博物馆就在巴黎举办了国潮服饰大秀，为随后开展的“中法时装周”预热。2024年3月，北京服装学院在中国驻法大使馆和中国服装协会指导下，在巴黎举办了敦煌复原服饰展。在此时我们再来阅读这本《时尚的精髓》更觉意义重要。中法人文交流、世界文明互鉴，时尚文化和时尚艺术不失为一个重要的切口。

＊本文系作者主持的教育部人文社会科学青年基金项目“17世纪迄今中国传统服饰文化在法国的传播及影响研究”（24YGC760024）的阶段性成果。

注释：

[1]［美］若昂·德让：《时尚的精髓：法国路易十四时代的优雅品位及奢侈生活》，杨冀译，北京：生活·读书·新知三联书店，2012年，“前言”第1页。

[2]［美］若昂·德让：《时尚的精髓：法国路易十四时代的优雅品位及奢侈生活》，杨冀译，北京：生活·读书·新知三联书店，2012年，“前言”第1页。

[3]［美］若昂·德让：《时尚的精髓：法国路易十四时代的优雅品位及奢侈生活》，杨冀译，北京：生活·读书·新知三联书店，2012年，“前言”第5页。

[4]［美］若昂·德让：《时尚的精髓：法国路易十四时代的优雅品位及奢侈生活》，杨冀译，北京：生活·读书·新知三联书店，2012年，“前

言”第 16 页。

[5][美] 若昂·德让:《时尚的精髓:法国路易十四时代的优雅品位及奢侈生活》,杨冀译,北京:生活·读书·新知三联书店,2012 年,第 9 页。

[6][美] 若昂·德让:《时尚的精髓:法国路易十四时代的优雅品位及奢侈生活》,杨冀译,北京:生活·读书·新知三联书店,2012 年,第 43 页。

[7][美] 若昂·德让:《时尚的精髓:法国路易十四时代的优雅品位及奢侈生活》,杨冀译,北京:生活·读书·新知三联书店,2012 年,第 79 页。

[8][美] 若昂·德让:《时尚的精髓:法国路易十四时代的优雅品位及奢侈生活》,杨冀译,北京:生活·读书·新知三联书店,2012 年,第 81 页。

[9][美] 若昂·德让:《时尚的精髓:法国路易十四时代的优雅品位及奢侈生活》,杨冀译,北京:生活·读书·新知三联书店,2012 年,第 87～88 页。

[10][美] 若昂·德让:《时尚的精髓:法国路易十四时代的优雅品位及奢侈生活》,杨冀译,北京:生活·读书·新知三联书店,2012 年,第 102～103 页。

[11][美] 若昂·德让:《时尚的精髓:法国路易十四时代的优雅品位及奢侈生活》,杨冀译,北京:生活·读书·新知三联书店,2012 年,第 104 页。

[12][美] 若昂·德让:《时尚的精髓:法国路易十四时代的优雅品位及奢侈生活》,杨冀译,北京:生活·读书·新知三联书店,2012 年,第 124～125 页。

[13][美] 若昂·德让:《时尚的精髓:法国路易十四时代的优雅品位及奢侈生活》,杨冀译,北京:生活·读书·新知三联书店,2012 年,第 137 页。

[14] [美] 若昂·德让:《时尚的精髓:法国路易十四时代的优雅品位及奢侈生活》,杨冀译,北京:生活·读书·新知三联书店,2012年,第159页。

[15] [美] 若昂·德让:《时尚的精髓:法国路易十四时代的优雅品位及奢侈生活》,杨冀译,北京:生活·读书·新知三联书店,2012年,第173页。

[16] 严建强:《十八世纪中国文化在西欧的传播及其反应》,杭州:中国美术学院出版社,2002年版,第194页。

[17] [意] 佛朗切斯科·莫瑞纳:《中国风:13世纪—19世纪中国对欧洲艺术的影响》,龚之允、钱丹译,上海:上海书画出版社,2022年,第61页。

[18] [英] 休·昂纳:《中国风:遗失在西方800年的中国元素》,刘爱英、秦红译,北京:北京大学出版社,2017年,第66～77页。

[19] [美] 若昂·德让:《时尚的精髓:法国路易十四时代的优雅品位及奢侈生活》,杨冀译,北京:生活·读书·新知三联书店,2012年,第26页。

[20] [美] 若昂·德让:《时尚的精髓:法国路易十四时代的优雅品位及奢侈生活》,杨冀译,北京:生活·读书·新知三联书店,2012年,第30页。

[21] [美] 若昂·德让:《时尚的精髓:法国路易十四时代的优雅品位及奢侈生活》,杨冀译,北京:生活·读书·新知三联书店,2012年,第211页。

(范舒扬,武汉大学外国语言文学学院法语系讲师)

仪式展演与意义建构：主流电影的“英雄牺牲”情节研究

王　悦

情节是人类记忆聚居空间的一种表达[1]，是时空、文化、历史转换意义的装置，勾勒出人们关于生存空间的理想蓝本。情节是一种在逻辑性上强调事件与各事件间因果关系的结构[2]，能够通过意义符号的提炼，唤起集体想象和记忆，并在体验空间中构筑秩序感。电影情节是人们在影像时空中感知生存空间序列体验的通道，它能够作为总体布局链接影像空间景观，将影片情节与现实情节锚在一起，融合为一种和谐的秩序，并从中传达记忆、认同与共鸣。英雄牺牲作为主流电影的典型情节，从其本体来看是一种死亡情结，指称人物生命的终结；从微观层面来看，是一种个人情结，指称人物品格的高尚；从宏观层面来看，是一种爱国情结，指称“大写”的民族精神。英雄牺牲作为主流电影中典型的叙事情节，导向了影片社会主义核心价值观的必需场面，是影像时空、生存空间转换意义的装置器。英雄牺牲情节通过框架、次序、转折、事件片段等手法，在实践中本质体现为一种仪式的展演，并通过表演行为和过程程式的多重象征转化内容，建构符合人类社会实践经历和经验表述的多元意义。

一、英雄牺牲：作为一种仪式的情节

“仪式”作为专有名词出现在19世纪[3]，与社会生存空间的黏性使其被社会的各种语态加以训诂，语义空间也随之泛化。仪式可以是族群的族性认同，可以是一场礼仪表演，也可以是祭祀供奉的“牺”与“牲”……对于仪式的话语研究局限于单一的行为和器物层面是狭隘的，应回归于自然本体之中。在人类学视域下，仪式被限定在人类社会行为之中，具有表达性质和叙事能力，能够储存社会记忆，凝聚社会价值。

传统仪式的在场性难以逾越时空界限，仪式的传播致效最大化受阻。电子屏幕为仪式赋能，使传统仪式再生为一种以媒介为载体的仪式，时空场域经由电子屏幕的信号转换得以重塑，为脱域时空的仪式参与者感知影像空间与生存空间提供重要的载体。媒介仪式是具有现实性的仪式，英雄牺牲情节直接由媒介参与、实时观看等行为完成仪式的媒介化组构。传播仪式观视角下的传播是一个“符号化并注重意义阐释的过程，现实得以产生、维系和转化”[4]。仪式的传播能够作为象征符号和社会价值话语系统对仪式进入者身份合理性进行确认，传达象征意义。

主流电影中英雄牺牲情节作为一种仪式依赖数字化媒介生成，它通过符号化的意义阐释，根性指向社会历史的集体记忆层面；英雄牺牲情节作为一种仪式所承载的价值是社会成员公认的、既定的社会价值，具象化的情节展演能够激活群体的记忆遗产，也恰是这些情节所属的记忆界定了“我们”的集体认同。仪式一般具有较强的周期性，并借由周期性的仪式展演达成目的。国庆档、春节档或者是特殊纪念日，便是英雄牺牲情节出场的最佳时机，通过院线及网络媒体形成周期、重复的合力传播模式，实现构筑主流意识形态、传播社会核心价值观念的目的。仪式同时具有较强的程序性，遵从结构性的行为序列，即有开始、中间和结尾结构[5]。英雄牺牲情节循着固定的程式，从交代人物的背景，到人物的牺牲瞬间，再到牺牲之后，层层递进，使得传播过程更加完整并客观合理。仪式的目的在于唤醒集体无意识，形塑社会合力，建构有秩序的文化世界。主流电影中英雄牺牲情节，所赋予仪式的特定主题即爱国主题，借助英雄牺牲的仪式情景，结合创作者能动编排的剧情与演员的再演绎，将仪式目的内化为参与者的精神存在，能够实现发扬社会主旋律，传递正能量的目的。

英雄牺牲情节通过影片中的语言、动作、自然环境等符号构筑起了共通的仪式情景，观众能够从中体验仪式所带来的精神文化需求。在这个过程中，英雄牺牲情节本身就是一种文化共享意义链条上的在线仪式，其主要目的不单是传递英雄人物死亡的信息，更重要的是通过象征性和表演性的仪式活动向观众传达特定的文化意义与主流价值内涵。在这个仪式活动中，观众作为仪式参与者自然进入电影塑造的仪式世界，影片通过一系列象征符号的非线性编排组合，使仪式参与者获得在场感，电影自身也会不断巩固影像权力的边界，从而影响人们对于情节本身的感知。英雄牺牲情节通过象征性的仪式展演，再现了中国属性的文化符号，增强了仪式参与者对自身身份以及国家的认同。英雄牺牲情节以电影为媒介依托，以仪式进入者为对象，在荧幕前构筑了一个想象共同体，进而唤起仪式参与者乃至社会的集体记忆和文化认同。

主流电影中英雄牺牲情节本身就是一种仪式，在这里我们也将其传播看作是一种仪式活动，具备仪式的特点，这样能够更加聚焦传播在空间意义上信息的传递，同时也能强调传播在时间意义上对社会的维系。

二、仪式展演：历史性光晕的媒介化

媒介仪式是“价值观的传播性表演”[6]，因此媒介仪式始终以展演为基本的实践逻辑。主流电影中英雄牺牲的情节不啻历史与仪式的联袂展演，在本雅明所言的机械复制时代，正复归英雄牺牲历史的原真性。

（一）仪式行为：影像权力合法化

媒介作为链接社会与个人间的桥梁，通过有组织、有目的地展开活动来影响社会成员，并在媒介属性议程设置的作用下，社会成员接纳媒介所提出的观点。主流电影作为这样一种媒介，沟通观众与角色，秩序性地部署逻辑情节，从而落地自身的影像权力。VanGennep 在《过渡礼仪》中指出人类所有高级仪式都具有边界，开端、运动、变迁程序是其特点，并把这种过渡仪式分为三个阶段分隔、阈限、聚合[7]。主流电影中英雄牺牲的情节作为一种过渡仪式，正是通过这三个阶段的仪式行为，来实现自身权力的合法化、地位的自然化。

分隔是仪式的准备过程，将个体与现实生活剥离，进入到影像世界之中。而这个过程的到达，正需要叙事者通过影片这一媒介来对故事剧情进行合理的属性议程设置，为英雄牺牲这一仪式进行铺垫，营造仪式氛围感。主流影片在英雄牺牲之前，通过人物背景的塑造，交代英雄的人物性格、人物关系；通过叙事线索的逻辑，交代英雄人物为何选择牺牲；通过视听语言的加持，对环境深入刻画，烘托英雄牺牲的氛围。种种交代，将观众从现实生活拉入影片故事，让英雄牺牲这一情节具备浓厚的仪式感。观众接收到仪式传播的内容，了解了英雄人物背后的故事，以及整个事件的重要程度，此时的身份已经转化为仪式的进入者，准备抵达阈限之境。

阈限是整个仪式展演的高潮，仪式进入者已经来到了影片之中的新环境，并在这个新环境中组成了临时的团体。在进入仪式前他们来自不同地域、有着不同的职业、价值观念和文化背景，但通过临时的进入仪式，他们获得了新的共同体身份。英雄牺牲前夕，仪式进入者们进入到阈限当中，他们不是该仪式的直接在场者和最终参与者。影片经由多种传播介质展演，拓展了仪式展演的空间，每一位仪式进入者都可以以数字化身的形式，成为英雄牺牲、虚拟在场的目击者，实现共同在场。阈限化解了英雄牺牲中生与死的分类性隐喻，并借以仪式的形式换取附着在其中的象征价值的社会认同。

聚合是仪式展演的最终目的，展演的过程中存在绝对权力，传递着袭成价值。在仪式结束后，仪式进入者带着在阈限阶段的情感体验复归现实，但其情感仍在现实时空延续。仪式进入者作为英雄牺牲目击者，想象共同体的一分子，在仪式中接收了共同体中的群体观念，并通过多种媒介手段表达在仪式中形成的情感，在情感共鸣中收获仪式聚合的意义。

（二）仪式内容：情节脚本景观化

景观化意指一种主体性的、有意识的表演，媒介呈现的景观与现实镜像存在较大差异，主流电影中英雄牺牲的情节，在一定意义上是作为仪式化的人文景观存在的，其展现出来的可视景象依赖景观化生成。通过特写镜头、膨胀笔法对英雄牺牲情节脚本进行了景观化处理，随处可见的抛头颅洒热血、枪林弹雨、冲锋陷阵成为常规化的爱国主义表征符号。“生存世界与想象世界借助单一一组象征符号得到融合，变成同一个世界，从而使人们的现实感产生了独特转变。”[8]正是因为象征符号具有融合世界，沟通情感的功能，仪式进入者便能借此储备普遍意义，组织自己的行为。

在景观社会中，视觉冲击是文化产品赖以生存和发展的核心。仪式的原真性和不可复制性在电子复制时代遭到了破坏，并逐步向景观化蔓延，在景观化的仪式中，观众从物化的行动者过渡为具象化的观看者。仪式进入者在强调公共性和集体性的景观化仪式展演中被“殖民”，仪式进入者在电影情节中仅仅继承了仪式表演，对于仪式的亲历体验是缺乏的。而这种关于民族共同体、国家历史想象的高级仪式，在对景观化的不懈追求中，被剥去了特定的时空背景和行为性，成为数字化保存、拷贝粘贴、重复观看的影像播放模式。电影媒介通过构建单一的爱国主义表征符号来进行传播存在一定局限性，更需要建立一套具有普遍意义的体系来帮助仪式进入者通过仪式展演体认表演内容。

在此背景下，英雄牺牲情节要求，在电子复制时代克服重复性字节复本和非唯一性多媒体影像的原真沮丧，通过特定时空的网络参与、行为体验和流程氛围使它成为不可简单拷贝的仪式，使得历史性光晕能在电子复制时代得到回归。

（三）仪式场景：秩序边界液态化

仪式通过时空概念操控液态化的秩序边界，将仪式参与者高度凝聚在仪式中。在特定的影片情节场景中，仪式参与者通过仪式性的情感范式设定和场景导向，使得自身的行为具备特定场景内非日常性的仪式化特征。

仪式场景在时间向度脱域，影片内的时间是非线性、多维可操控的，而在传播的过程中规范的呈现仪式需要程序化的规则，没有规则仪式将难以为继，庄严性随之湮灭，仪式将和普通事件难以区分，因此在影片时间的安排上，需要对叙事时间进行秩序性的安排，维护仪式的庄严。影片时间省略、复原、膨胀的笔法，会改变叙事速度，从而抵达影片秩序的自洽。时间膨胀的笔法往往被奉为圭臬，用于影片最精彩的瞬间，通过镜头速度的延缓、角度的切换、特写镜头的细描，强化观众在时间上的观念，使得“英雄牺牲”这一重要时刻登场时秩序增强，维护“英雄牺牲”仪式的神圣感。现实时间的建构，则使人们能够实现异时同频，进入同一个仪式，获得一个新的共同体身份。在重要仪式来临前夕，仪式先行者会将预示类的言语投放在公屏上，以此强化后来者的时间观念，使得处于异步现实时间的仪式参与者，进入影像时间的共同体，并收获集体意识。

仪式场景在空间向度的脱域。仪式参与者不再局限于固定的、程序化的空间框架，可以在脱域时空里实现异地同频。通过影片的镜头，人们以第一视角进入仪式。多视角镜头的切换与操控，能够让仪式进入者深入地了解仪式。弹幕、评论的公共空间，能够使得仪式进入者参与到仪式展演的过程中，实现虚拟在场，收获陪伴感、在场感与集体感，从而形成集合中的“我们”。仪式互动能够对仪式进入者的身份合理性进行有效验证，也能对仪式庄严神圣的特性进行强调，传承以爱国主义为核心的民族精神。仪式参与者能够通过深入的互动交流，遵守仪式秩序，营造对于仪式的期待。

三、意义建构：从功能主义出发

媒介仪式在实践中本质体现为一种展演，对社会变迁具有建设性力量[9]。从逻辑上说，主流电影中英雄牺牲情节清晰地演绎出功能主义意义，从个体层面、集体层面乃至国家层面都发挥了重要作用。

（一）身份认同的强化

身份认同是个体对自我身份的确认和对所归属群体的认知以及所伴随的情感体验及行为模式进行整合的心理历程[10]。仪式建构的意义之一就是为了增强个体的身份认同，它回答了“我是谁”“我归属于哪个阶层”的问题。

“我是谁”对应了自我身份认同，其发展状态是生理的自我到社会的自我再到心理的自我。自我认同包含了意识形态、角色和价值观的承诺，在主流电影中英雄牺牲情节的展现中，英雄人物角色通过视死如归、舍生取义的生死价值观传递了社会主义本质的意识形态思想，仪式进入者通过对荧幕真实连续性的主观感知，聚集自我同一性，实现对“我是中国人”

的自我身份确认。

“我归属于哪个阶层”对应了社会身份认同。身份认同是个人和社会互动的结果，个体作为社会性的一个节点，脱离社会就无法形成自我。社会身份认同由社会类化、社会比较和积极区分三个过程组成。在社会类化的过程中，仪式进入者通过对英雄牺牲情节进行归类，找出了与英雄人物同属的内群体和与之相区别的外群体，在这个内群体中每一个共同体成员都有着同样的信念与追求；在社会比较过程中，仪式进入者将与英雄人物同属的内群体与外群体进行比较，并在比较的基础上找到内群体与外群体相比的优势，进而提升自豪感和认同感，获得社会身份认同。

积极的身份认同建构能够给予人们反抗压制的力量，主流电影中英雄牺牲情节通过多重象征积极建构仪式进入者的身份认同，满足个体的自我与社会认同感需求。

（二）集体记忆的唤醒

民族具有自我记忆体系，这种体系通过特定符码的释放维系着族群的文化链。传统记忆概念蕴含了历时性与共时性、个体性与集体性，而集体记忆能够通过仪式展演的实践，在传统记忆的基础上得到内涵与外延的拓展。在哈布瓦赫看来集体记忆是“一个特定社会性群体共享往事的过程和结果”[11]。而通过媒介仪式的建构能够唤起群体的集体记忆，引导群体意识的生成，这也是媒介作为社会建设者角色的应有之义。

对于战争历史的集体记忆可以通过电影中英雄牺牲的仪式展演得到承袭和发展，然而集体记忆是工具性的，社会成员会根据现实需求，选择结构性失忆，民族创伤与疼痛会随着时间流逝在集体意识中逐渐淡去。集体记忆是具有控制性的，并且能够赋予个体记忆意义，似乎个体记忆只有放在集体记忆中才能被理解[12]。集体记忆之中我们也能够看到英雄的个体记忆，并从个体记忆中获取资源修整集体记忆中的涟漪，个体记忆又会因为集体意义而被赋予价值，英雄的个人记忆与集体记忆是互相成就的。主流影片对英雄牺牲情节的呈现中，贯穿了共产党成立、红军长征、新中国成立等一系列重大历史事件，通过主题性仪式编排与秩序呈现，再度唤醒尘封在书本里，那些已经被人们忘却的记忆，唤醒人们对于国家和民族的情感，延续集体记忆，凝聚群体共识。仪式进入者在英雄牺牲集体记忆的场域里濡染情绪，无意中浸染社群文化。这是集体欢腾时期的操演，使民族文化在单调乏味的实践中保持鲜活。

主流电影中英雄牺牲的仪式展演唤醒了公众对历史的集体记忆，记忆遗忘的成分被再度拾起。或许也将成为新的能指，在未来某个仪式中，唤醒关于今日的共同记忆。

（三）国家叙事的意旨

文化的链接是社会成员形成国家认同的重要因素，中华民族的文化是中华民族的根。文化涵养着民族个人的精神与气质，塑造了独特的文化心理，国家认同的建构，能促进民众形成共属一体的文化心理。埃里卡·穆克吉认为，每个国家都有属于自己的国家叙事，以帮助其国民认同民族文化[13]。国家叙事是主流电影叙事的最终目的，也是政治宣传的有效工具，它能够在叙事学视野下，进行政治传播，书写国家的革命奋斗史。另外，不同国家之间的交流也会通过国家叙事来帮助人们了解不同的文明。在对外传播上，为展现本国形象，实现高效交流共融提供了重要途径。

从十七年时期到新世纪以来，主流电影在意识形态塑造层面一直发挥着核心作用，承担着重要的社会责任。虽然在不同时期主流电影所呈现出的美学特征、叙事风格等方面产生了流变，但其国家叙事的核心是一以贯之的。它们对国家正向、积极的核心价值进行引领，通过国家叙事来服务于党和国家的意识形态。影片中英雄人物牺牲的刻画，不仅能够在悲壮的氛围下，站在国家层面凝聚共同体意识；同时也能对国家形象进行塑造，英雄人物的人格往往能够指涉整个国家的精神与气质。在革命题材电影中，政治领袖往往代表了社会主流心理，对领袖人物形象的塑造往往能够引起社会政治效应，是表达主流意识形态的重要手段。对英模人物如一般领导、知识分子人物的塑造上，更会将历史唯物主义价值观导向表达得淋漓尽致。作为英雄人物，他们的牺牲，是将个人利益悬置，为集体利益而牺牲“小我”，爱国主义和集体主义是他们生命的底色。在一些为建党百年献礼的影片中，通过对党在领导革命岁月的描绘，以及象征符号的建构，加强政治认同，强化人们对于政治权威的支持，符号表现的形式能够让创作者意图更直接地为观众记忆与理解。

一直以来，我国对于国家叙事的执行更多注重对内层面，而忽视了对外层面，他者语境下对国家形象的言表。在全球化浪潮下，我国电影市场也不可避免地被卷入全球化，他者对我国国家形象的认知问题也至关重要。因此我国电影中国家叙事对外层面也需要“讲好中国故事”，促进国家形象的故事化传播，构建中外互融的国家叙事格局。

结语

主流电影中英雄牺牲情节作为一种仪式能够通过其仪式展演的具体实践，发挥建设性功能。国家信念、民族情感、社会文化在仪式的操演中被汇聚为宏大的结构性力量，为政治合法性的多重建构提供依据。但在具体的展演实践过程中，英雄牺牲情节的天平容易向程式化、景观化滑动，仪式参与者难以加入想象共同体，政治效能难以实现。英雄牺牲如何突破情节阈限将是今后所必须关注的课题。

*本文系国家社科基金艺术项目“主旋律电影建构主流意识形态认同机制研究”（21BB053）的阶段性成果。

注释：

[1] 陆邵明、王伯伟：《情节：空间记忆的一种表达方式》，《建筑学报》2005 年第 11 期，第 72～75 页。

[2] [美] 路·吉安乃蒂：《无情节电影的传统》，闻谷译，《世界电影》1983 年第 3 期，第 58～76 页。

[3] 彭兆荣：《人类学仪式研究评述》，《民族研究》2002 年第 2 期，第 88～96、109～110 页。

[4] 胡翼青、吴欣慰：《再论传播的“仪式观”：一种社会控制的视角》，

《河南社会科学》2015 年第 5 期，第 112～116、124 页。

[5] [英] 保罗·康纳顿：《社会如何记忆》，纳日碧力格译，上海：上海人民出版社，2000 年，第 49 页。

[6] E. W. Rothenbuhler，*Ritual Communication：from Everyday Conversation to Mediated Ceremony*，Thousand Oaks：Sage，1998，pp. 21.

[7] V. Gennep，*The Rites of Passage*，London：Routledge & Kegan Paul，1965，pp. 3.

[8] [美] 格尔茨：《文化的解释》，韩莉译，译林出版社，1999 年。

[9] 李严、张健：《象征转化·仪式展演·互动景观：数字时代冬奥会开幕式的媒介仪式建构》，《中国电视》2022 年第 9 期，第 52 页。

[10] 张淑华、李海莹、刘芳：《身份认同研究综述》，《心理研究》2012 年第 1 期，第 21～27 页。

[11] [法] 莫里斯·哈布瓦赫：《论集体记忆》，毕然、郭金华译，上海人民出版社，2002 年。

[12] 刘亚秋：《从集体记忆到个体记忆对社会记忆研究的一个反思》，《社会》2010 年第 5 期，第 227 页。

[13] 赵新利、张蓉：《国家叙事与中国形象的故事化传播策略》，《西安交通大学学报（社会科学版）》2014 年第 1 期，第 97 页。

（王悦，湖北民族大学文学与传媒学院助理实验师）

国家文化形象的建构与传播研究

——以《典籍里的中国》为例

郭茹楠

《典籍里的中国》节目，由中央电视台联合央视创造传媒和国家话剧院联合打造，于2021年2月12日首播，目前共两季，已完结。酷云EYE数据显示，《典籍里的中国》第一季首播直播关注度为1.7424%，市场占有率为8.7060%（第一期），全期在同类型、同时段的电视节目中均排名第一、第二。曾获“第27届上海电视节白玉兰奖”“时代征程奖综艺”等多个奖项和荣誉称号，且被许多观众称为“天花板级的节目”。在各大教育、文化类社交媒体账号中也屡屡看见《典籍里的中国》推荐文章及观后感，可见《典籍里的中国》获得了相当大的国民关注度。

节目平台——中央电视台的权威性、节目本身的仪式性的内容、仪式化的传播方式，使得节目本身自带仪式感，且其传播过程也成了代表性的“媒介仪式”。

本文主要探讨以下问题：《典籍里的中国》建构并传播了怎样的国家文化形象？《典籍里的中国》是怎样建构国家文化形象的？《典籍里的中国》是怎样传播国家文化形象的？电视媒介仪式在其中的作用有哪些？旨在对《典籍里的中国》节目所呈现的策略与路径进行整理，并希望以该节目为例，总结、归纳出国家文化形象建构与传播的启示，反思其不足之处，希望能对文化类电视节目的未来发展提出一些建议。

一、国家文化形象建构策略

基于问题“《典籍里的中国》是怎样建构国家文化形象的？塑造了怎

样的国家文化形象?”可以从内容和形式两个方面展开讨论，具体而言，一是节目本身的仪式内容；二是节目通过形式化的方式或者一些涉及更广义价值观的行为来表达的内容；三是仪式化的呈现方式。这三点各自独立又相互融合，构成完整的国家文化形象建构策略。

（一）表露在仪式主题中的文化形象

《典籍里的中国》作为一档电视综艺节目，有着具体的定位和主题。“打开典籍 对话先贤”“惟殷先人 有册有典”“知道我们的生命缘起何处，知道我们的脚步迈向何方”，从这些标语中，可以看到这场仪式的两个盛大主题，进而透过主题对中国文化形象得以判断和认知。

一是中华文化源远流长的文化形象。节目将“为殷先人 有典有册”这一口号放置节目的开头和结尾，意在奠定整个仪式的主题，从而决定了文化形象的整体定位，也为接下来更具体的塑造奠定方向。

二是对中华文化、历史的保护与传承。第一季第一期节目《尚书》作为开篇之作，以伏生一生“写书、护书、传书”的故事作为主题，追忆、品读伏生的生平，同时也是节目树立先贤榜样，传达核心思想的过程。这一思想可以概括为尊重历史、守护文化、传承文化。

对每期节目内容进行总结，笔者发现通过每期不同的主题，节目塑造了中华文化薪火相传、中华文明经久不衰、中华智慧渊博深邃、民族精神自强不息的国家文化形象，这对中华文化的发扬无疑至关重要。

（二）隐含在文化符号中的文化形象

“所谓文化符号，是指一个民族或国家经过长时间的沉淀所产生的文化资源，是一个民族或国家的物质和精神文化的精华……”[1] 并且文化符号“往往具有凝聚效果”[2]。但需要注意的是，由于符号的“能指”与“所指”之间存在任意性，这是符号的基本属性，所以在解释文化符号意义的过程中，要结合中华民族上下五千年的历史背景和中国现代的语境去研究。

如“拱手礼”“握手”——中国之“礼”，“拱手礼”以及其现代化符号“握手”（图1），共同作为节目的标志性文化符号贯穿始终，唤起观众对传统仪式的再认知，展现出中华民族从始至今重“礼”、重“文化”的核心精神。

图 1　宋应星与袁隆平在稻田间握手（来源：哔哩哔哩弹幕网截图）

再如通过先贤写书、读书、印书，当代人读现代化的电子书、穿梭在浩瀚的图书馆书海，所体现出来的中国之智慧；以及《天工开物》中撒贝宁带领宋应星去往袁隆平团队的试验田，看现代农业技术的发展、看无人机洒农药，看中国科学技术的应用；《楚辞》中屈原隔着屏幕看“天问一号”发射升空、看“祝融号”拍回的火星画面、看“神舟十二号”载人飞船发射升空和交接画面（图 2）所体现出的中国之创新。

这类文化符号，既代表了现实（或历史），又创造了它所表现的现实（或历史），即符号是一种建构、理解、创造现实的手段，所有的参与者都沉浸在文化符号所创造出的仪式中，被这种很难发觉的神秘力量带领着，去理解这段现实（或历史）。

（三）仪式化表达辅助文化形象建构

节目场景设置中最有特点的是如银河一般的甬道，作为桥梁连接其他三个舞台。穿过甬道、长廊往往意味着进入一个全新的状态，好比经历了一场过渡仪式。库尔德里将这种行为称为“突破‘阈限’达到‘交融’”。“阈限”（liminal）一词最早出现在阿诺德·范热内普对传统社会中过渡仪

图 2　屈原看中国现代技术的发展（来源：哔哩哔哩弹幕网截图）

式的分析，“limen”意为“门槛”“界限”，例如在传统社会的成人仪式中男孩与男人身份转变的界限。通过阈限之后，身份会有所转变，进入交融的状态，即人们通过仪式，回到正常的生活状态，并伴随着自己新的身份以及从仪式中获得的内容。

节目也采用相同的仪式化呈现方法，将甬道设计为古今穿越的时空隧道。节目中的甬道共有四种使用方式：一是撒贝宁穿过甬道来到先贤的时代，以当代读书人的身份拜访先贤，这一呈现方式贯穿了节目整季；二是撒贝宁带领先贤穿越时空甬道，回到自己当年的住所，或是藏有典籍的图书馆，或是讲解自己典籍的课堂，或是当年探寻真理时的地方，和现代人一起重温典籍经句；三是撒贝宁带领先贤通过甬道看到现代社会中的科技繁荣，领略中国科技的进步速度；四是从古至今各个时代的读书人从另一头走向甬道，手上拿着先贤所著的典籍吟诵，意在展现先贤对后世的无限影响。

这种连接古与今的方式，增强了节目作为媒介仪式最重要的仪式感，同时还塑造出古今融合、薪火相传、绵绵不息的中国国家文化形象，也对守护文化、传承文化的整体性文化形象定位起到强化作用。

二、国家文化形象传播路径

随着技术的革新，媒介逐渐担任起吸引观众注意力的角色。但媒介经历了“中心化”到“去中心化”的过程，在如今这样一个传统媒介权威性被逐渐瓦解的时代，《典籍里的中国》是如何将观众吸引到仪式中来的？又是如何让观众通过电视媒介仪式来更好地认知中国国家文化形象，从而达到传播效果的？

（一）建构媒介权利的作用场域

参与者是否能够全身心地投入仪式活动，取决于是否构建了一个让参与者产生依赖的场域。仪式传播的场域是“具有某种传播氛围的特定时空与心境，分为物质场景与心理情境”[3]。

节目在舞台设置上共划分了四个演出区域，并结合了多种先进技术与丰富的舞台元素，意在用现代的方式将历史的场景搬进演播厅中。以第一季最后一期《传习录》为例，在二号舞台中，当代读书人拜见并请教王阳明，以对话的方式引导出王阳明一生的经历，以此作为故事主线；在三号双层舞台中，主要呈现王阳明年幼时期的故事，呈现早期“知行合一”的悟道过程；在一号主舞台中，展现“八虎之乱”“龙场悟道”“藩王叛乱”的经典故事。“八虎之乱”中王阳明受三十廷杖之残忍、“龙场悟道”中王阳明悟“心即是理”之震撼、“潘王叛乱”中王阳明用“知行合一”之坚定，都通过主舞台大气磅礴的氛围、庄严的背景音乐、宏大氛围的环幕投屏技术，以及蒙太奇的使用，将历史复刻进节目舞台。

节目舞台通过精心设计，营造一种特定的仪式氛围，提升仪式的呈现效果。并使现场观众以“身体在场”的方式沉浸其中，并产生强大的依赖感，从而在相互作用下，充分感受仪式所传达的意义。并且值得注意的是，节目的彩排现场以及剧本研读会也是有观众的，这种将“后台”“前台化”的呈现方式，形成了一种更为开放、共享共识的仪式空间。

（二）化被动参与为主动参与

“当代读书人”撒贝宁是节目中的核心主体，依据仪式的程式，在不同的阶段切换不同的身份，给观众提供多种视角。

第一重身份是引导者，给予观众全知视角；第二重身份是当代读书人，以第一人称的视角，带领观众开启沉浸式的体验。撒贝宁以当代读书人的身份登场戏剧演绎环节，向先贤们介绍“我是来自四千年前的一个读书人”，实际上也代表了现实时空下的每一位观众，带领观众共同穿越几千年的时空隧道，参与到文化寻迹的过程之中。

此外，节目的传播模式很大程度借鉴了仪式观，“打破了传者与受者之间的二元对立关系”的思想，将以往那些典型的传者身份进行削弱或消解，让场内场外观众都以参与者的身份一同共享仪式。

节目初期，主持人王嘉宁以传统的主持人身份上场，担任着介绍典籍、推进议程、主持访谈的工作。而从节目的中期开始，主持人王嘉宁的身份被逐渐解构，只有专家团访谈时会以主持人的身份进行话题引导和戏剧点评。节目的议程推进被隐藏，给观众一种自发的、自然的推动感。

而在典读会环节，演员也被赋予了另外两重重要的身份——感受者与分享者。典读会上演员们分享自己阅读剧本时的感受，并由一位演员领读典籍中的经典段落，带领现场观众一同朗读。在这一重复性、形式化的仪式环节中，演员与观众之间跨越无形屏障，得到更深入的互动交流。

三、国家文化形象建构与传播的启示与反思

不可否认，《典籍里的中国》作为一档“现象级”的节目，通过电视媒介仪式的建构，以及内容与形式上多样化、仪式化的呈现，对我国国家文化形象的塑造与传播贡献了一份力量。其成功也一定程度上获得了里程碑式的意义，达到了文化类电视节目的宗旨与目的，说明了我国传媒行业在不断的探索中找到了新的方向。下文将对其策略与路径进行总结，并放眼整个文化类电视节目类型，试图能够为往后的文化类电视节目提供参考与借鉴。

（一）精准定位文化形象，讲好中国故事

《典籍里的中国》将“中国文化渊源流程”、中国国民“保护文化”

“传承文化”的形象作为最凸显的个性，从而利用仪式的力量成为贯穿整期的记忆点。这需要节目策划者具有战略性思维，能够进行平衡和取舍。

定位时，需要注意传统中国、现代中国与未来中国三个层面，传统中国文化形象意在展示中国文化底蕴，现代中国文化形象意在凸显国家发展速度与发展程度，而未来中国文化形象则意在放眼发展远景。

在设计和塑造文化形象时，需要充分利用文化符号，将符号赋予仪式的意味，让其能够通过信息传达更广泛的意义与内涵。但同时需要注意符号的使用，在第二期节目《天工开物》中，道具符号的使用给节目带来了争议。虽有资料显示“宋应星在清顺治十二年尚健在，大约在康熙初年逝亡享年”，如今也没有史料证明宋应星到底是否剃发，但“清军入关之时，宋应星挂冠求去，归返乡里隐居生活，拒绝仕清”[4]一直是不争的事实。节目中给宋应星晚年设定为“辫子”的形象，这一形象立刻引发了广大网友的争议与讨论，如“宋应星哥哥是抗清死的，宋应星留辫有争议”等。由此可见，以历史为题材的媒介仪式，应该正确看待历史事实，严谨考究，以免给观众带来混淆。

此外还需要设计好仪式的程式。互动仪式链的提出者柯林斯认为“‘程式化’的形式才会产生成功的仪式”[5]，说明仪式必定遵循着某个程式化的规则而层层推进。《典籍里的中国》正是借助程式化的仪式流程而层层递进，这符合了典籍这一比较正统、庄严的题材，在固定程式的基础上，充分发挥戏剧和影像表达的多样性，让节目在构建庄严仪式同时，又不过于单调刻板。

（二）媒介与仪式相辅相成，达到最高境界

“媒介本身就是一种社会机构，它掌握着诸多稀缺而重要的社会资源，拥有其自身的利益和权力边界。”[6]媒介由于自身的属性与权力，能够轻易通过“符号权力”渗透进社会结构中。

在《典籍里的中国》中，媒介主动建构仪式，通过仪式化的内容与仪式性的呈现方式来向观众展现了全新的仪式，通过仪式来建构了理想定位的国家文化形象，并且让观众主动参与、融入仪式中，文化意义得到有效的传播。反过来，在这一过程中，仪式也赋予媒介新的意义，电视媒介仪式则使电视媒介的影响力和权威性得以巩固。在这样的良性循环中，媒介与仪式相辅相成，相互促进，从而构成了媒介化社会的独特景观，这一过程也让库尔德里所说的“媒介成为社会中心”得以验证。

媒介与仪式的相辅相成还可通过媒介主动建构精品仪式来加强，媒介仪式不仅限于对重大事件的转播（媒介事件），也可以系统地、完整地构建盛大的、具有庄严感的仪式。在传达文化意义，传播国家文化形象方面，文化类电视节目可以作为突破口，文化类电视节目融教育性、娱乐性与情感性为一体，能够担当起寓教于乐、情感抚慰和价值引领的作用。

（三）仪式构建与文化传达的平衡

内容是药丸，形式是糖衣。如果是毒药，糖衣越甜，毒性越大。仪式建构如此宏大、壮观，就必定要在内容上做到精准无误。如前文提到的宋应星形象的争议，就是对内容没有精准把控、缺乏严谨性的表现。

对仪式的过分执着，一是会掩盖内容的传播，违背了节目“传承中华文化”的初衷。二是会使观众产生反感情绪。三是节目的程式构建导致节目流程较为单一，前期过于精彩、后期略显重复化。虽然节目的负面评价占比较低，但通过负面评价，可以反映出节目应当重新衡量仪式建构的“度”，将意识形态的输出留在潜移默化之中。

“新媒介带来的不是知识与获得知识技巧的集中和垄断，而是话语权的开放，每位受众都可能是新内容的缔造者”[7]，如今社会，用户的主动再生产成为文化二次传播的主力。节目可以进行典籍文化的IP征集，进行衍生的二次创作，让更多人参与到传统文化与国家文化形象的传播中，营造全民读典籍、传典籍的文化氛围。

结语

给曾经的中国贴上“劣等民族”的标签，只需要一场战争，而摆脱标签、重新塑造成一个“和平大国”“负责任大国”的形象，却经历了几代人的不懈努力。在如今这般和平年代，国家形象的建构与传播更绝非一日之功，而是需要长期的、持续的、多方的努力。

《典籍里的中国》节目在国家文化形象建构与传播上的成功，于节目本身而言，是一种新模式的探索，于文化类电视节目而言，也是一个达到宗旨与目的的里程碑。但仪式终究还是一种形式，这一形式的成功利用，只能说明在这一短暂时期上的成功，策略与路径永远不是一劳永逸，还需在不断的积极探索中，寻找适合每一个时期的不同模式。

正如前文所言，形式的糖衣越甜，毒性越大，新形式的运用也存在诸多需要注意的风险。融媒体时代也是内容为王的时代，中华文化源远流长，还有无穷无尽的典籍、诗词、文化遗产值得挖掘，这对于国家文化形象的建构与传播来说都是新的机遇和挑战。

注释：

[1] 蒙象飞：《中国国家形象建构中文化符号的运用与传播》，上海：上海外国语大学博士学位论文，2014 年。

[2] 李师师、何凯宣：《符号学视角下〈一本好书〉的文化价值阐述》，《喜剧世界（下半月）》2020 年第 11 期，第 44～45 页。

[3] 张方敏：《仪式传播场域论纲——对传播仪式观研究支点的探索》，《当代传播》2015 年第 5 期，第 18～20、49 页。

[4] 胡道静：《〈天工开物〉及其作者宋应星》，《辞书研究》1982 年第 5 期，第 166～173、161 页。

[5]［美］兰德尔·柯林斯：《互动仪式链》，林聚任、王鹏、宋丽君译，北京：商务印书馆，2009 年，第 80 页。

[6] 石义彬、熊慧：《媒介仪式，空间与文化认同：符号权力的批判性观照与诠释》，《湖北社会科学》2008 年第 2 期，第 171～174 页。

[7] 孙浩、尹晓佳：《传播仪式观视域下文化类综艺节目创新策略研究——以〈典籍里的中国〉为例》，《电视研究》2021 年第 7 期，第 68～71 页。

（郭茹楠，武汉传媒学院新闻传播教师）

成果简目

CHENGGUO JIANMU

华中师范大学文化传播学博士生在读期间学术成果简目

(2021—2024)

◇ 著作 ◇

李芳馨. 华中学术传播论坛（第三辑）[M]. 武汉：华中师范大学出版社出版，2021.（副主编）

李燕群. 亚洲电影美学与身份重构：第四届中韩影视国际论坛会议论文集 [M]. 武汉：华中师范大学出版社出版，2023.（副主编）

◇ 论文 ◇

2018 级

陈月异. 回不去的故乡，挥不去的乡愁：乡愁纪录片的现代性焦虑 [J]. 华中学术，2021（1）.

彭涛，陈月异. 影像建构公众史：史学视域中的公众影像实践 [J]. 南京师范大学文学院学报，2022（2）.

彭涛，陈月异. 新时代现象级新主流电影的叙事策略与审美倾向 [J]. 四川戏剧，2022（10）.

李芳芳，彭涛，陈月异. UGC 短视频促进传统村落形象传播研究：以抖音平台上禾木村形象传播为例 [J]. 华中师范大学学报（自然科学版），2022（5）.

彭涛，彭晨. 中国电影的瘟疫叙事：动力机制与精神向度 [J]. 文化艺术研究，2021（1）.

彭涛，彭晨．再论现实：新世纪中国电影表征现实的方式及反思［J］．艺术百家，2021（2）．

彭晨．成团选秀：场域之思与资本之辩［J］．青年记者，2021（20）．

肖艳华．《花繁叶茂》：主旋律电视剧的现实主义表达［J］．中国广播电视学刊，2021（3）．

肖艳华．神话题材类儿童读物的实践形式与教育赋能［J］．中国出版，2021（14）．

肖艳华．从“出走”到“归来”：中国新农村电影中的现代化影像书写［J］．电影新作，2021（5）．

肖艳华．原创文化类节目的创新路径：《中国考古大会》评析［J］．中国广播电视学刊，2022（3）．

肖艳华．西南光影：民国时期贵州电影放映史考察［J］．电影新作，2022（2）．

肖艳华．一种形式化的影像表达：以少数民族电影的涂层现象为考察［J］.电影文学，2022（12）．

肖艳华，孟君．中西方诗意电影的内蕴及差异化研究［J］．贵州社会科学，2023（3）．

肖艳华．现代性差异体验下贵州电影的多维表达［J］．电影文学，2023（8）．

杨晨光，曹世生，安薇，等．2020年中国教育政务新媒体发展研究［J］．传播创新研究，2021（2）．

喻发胜，张诗瑶．突发事件中公益社群的演化逻辑：基于“雷火志愿者”的网络民族志研究［J］．新闻与传播评论，2022（3）．

赵斓，喻发胜．从宣传到响应：灾难新闻传播功能的转向［J］．中南民族大学学报（人文社会科学版），2022（2）．

2019级

范军，刘健．我国出版行业组织的研究回顾与发展前瞻［J］．科技与出版，2021（1）．

刘健，范军. 日常消闲与观念革新：民国时期侦探书刊的大众阅读及社会影响 [J]. 河南大学学报（社会科学版），2023（2）.

李芳馨，范军. 见“微”知“著”：红色出版研究的微观史学探索 [J]. 中国出版，2021（13）.

李芳馨，范军. 红色出版的女性之维：一种有关出版生活史的探索 [J]. 出版史料，2021（61）.

李燕群. 从“中国学派”到“中国电影学派”：中国电影学派的体系建构 [J]. 湖南科技大学学报（社会科学版），2022（4）.

李燕群. 从动漫电影看哪吒神话的跨媒介叙事与传播 [J]. 电影文学，2022（12）.

鲁文禅，贺天忠. 自我镜像与社会聚焦：青春题材电视剧叙事美学探微 [J]. 当代电视，2021（5）.

鲁文禅. 悲情半岛的自我救赎：电影《寄生虫》精神分析式解读 [J]. 声屏世界，2021（14）.

喻发胜，鲁文禅. 媒介技术变迁视角的新闻概念史考察 [J]. 传媒，2022（9）.

鲁文禅. 区块链技术下数字出版的“变”与“不变” [J]. 数字通信世界，2023（9）.

2020 级

范军，段文娥. 延安时期中国共产党的出版经验及启示 [J]. 中国编辑，2021（6）.

范军，龙亚莉. 试论当代出版家的人文情怀与社会担当 [J]. 出版广角，2021（2）.

范军，龙亚莉. 社会主义核心价值观的通俗表达与大众传播 [J]. 出版参考，2021（4）.

龙亚莉，范军. 为青年学者提供环境友好型的期刊生态：学习《关于开展科技人才评价改革试点的工作方案》有感 [J]. 科技与出版，2022（12）.

李芳芳. 从《喜盈门》到《喜丧》：现代家庭变革中老年农民生存困境及其调适［J］. 影视戏剧评论，2021（1）.

李芳芳. 出版 IP 的跨媒介叙事策略及负面效应探析［M］//李炜，主编. 媒介与历史：文化传播学读书报告集：第二辑. 武汉：崇文书局，2021.

李芳芳. 影视二次创作与版权保护之角力［J］. 中国新闻评论，2022（1）.

彭涛，李芳芳. “去家庭化”—“再家庭化”—“拟家庭化”：现代化进程中电影家庭叙事嬗变［J］. 北京电影学院学报，2022（4）.

彭涛，李芳芳. 身份缝合·道德纽带：新时期电影“拟家庭”叙事［J］. 云南艺术学院学报，2022（2）.

李芳芳，彭涛，陈月异. UGC 短视频促进传统村落形象传播研究：以抖音平台上禾木村形象传播为例［J］. 华中师范大学学报（自然科学版），2022（5）.

彭涛，李芳芳. 电影基层书记形象书写［J］. 电影文学，2022（11）.

彭涛，李芳芳. 近年来抗美援朝战争题材电影的创新之路［J］. 电影评介，2022（14）.

彭涛，李芳芳. 国家叙事视角下的中国“两弹一星”题材电影［J］. 黄冈师范学院学报，2022（5）.

彭涛，李芳芳. 技术哲学视野中的电影［M］//韩国电影学会，编译. 电影是什么. 首尔：韩国文化社，2022.

王若扬. 从“数字化”到“智能化”：漫画出版的发展路径探究［J］. 科技与出版，2023（2）.

喻发胜，王圆方. 汉唐边疆邮驿促进各民族交往交流交融［J］. 人民论坛，2023（10）.

喻发胜，王圆方. 驿路驿站是民族交融的“意义场域”［J］. 历史评论，2023（6）.

2021级

涂雨秋，李琴. 全媒体时代遵义红色文化传播的创新策略［J］. 贵州师范学院学报，2021（10）.

涂雨秋，左爽. Vlog在新闻报道中的创新应用［J］. 采写编，2022（1）.

涂雨秋. 中国传统节日文化的认知传播与认同建构：以2022新春特别节目《古韵新春》为例［J］. 中国广播电视学刊，2022（7）.

涂雨秋. 从《先驱》到《中国青年》（1922—1927）：中国社会主义青年团早期机关报刊与青年引领［J］. 贵州师范学院学报，2022（9）.

涂雨秋，范军. 融合与跨界：技术革新视域下学术期刊新业态探索［J］. 出版广角，2022（19）.

涂雨秋. "天宫课堂"：基于模因论视域下的航天文化传播［J］. 中国广播电视学刊，2023（3）.

涂雨秋. 移动学习环境下大学生自主学习影响因素及提升策略［J］. 贵州师范学院学报，2023（5）.

涂雨秋. 从知识传递到思潮变化：晚清西医译著的阅读与影响［J］. 出版科学，2023（4）.

涂雨秋，欧阳敏. 技术革新视域下学术期刊的知识服务转型［J］. 出版广角，2024（12）.

彭颖，范军. 共享·共商·共进：出版学自主知识体系建构的路径选择［J］. 中国编辑，2024（6）.

2022级

彭昱剑，范军. 生成式人工智能视角下的出版品牌资源建设［J］. 科技与出版，2023（9）.

彭昱剑，孟飞. 西方情感劳动理论研究30年：概念、布展与趋势［J］. 理论月刊，2023（11）.

朱田子，范军. 出版类高校教材与出版学科建设［J］. 出版参考，2023（1）.

朱田子. 暗合·重述·对话：文化传播视野下的翻译出版：第六届华中学术传播论坛综述［J］. 外国语文研究，2023（2）.

朱田子，范军. 出版学科“三大体系”建设的历史底蕴［J］. 出版广角，2024（4）.

2023 级

范军，钟准健. 数字人文视域下学术出版的数字变革与发展启示［J］. 中国数字出版，2024（3）.

范军，钟准健. 奠定中华民族共同体学学科基础的垦拓力作：《中华民族共同体概论》评介［J］. 中南民族大学学报（人文社会科学版），2024（7）.

钟准健，范军. 回顾与展望：近五年出版学自主知识体系建设研究［J］. 河南大学学报（社会科学版），2024（6）.

曾建辉，秦雅婕. 民国时期出版业练习生制度述论［J］. 编辑之友，2023（12）.

范军，秦雅婕. “数字史学”视角下中国出版史研究创新［J］. 现代出版，2024（5）.

范军，秦雅婕. 孙毓修研究的回顾与展望［J］. 中国出版史研究，2024（3）.

刘逸飞. 当代台湾电影中的多重暴力叙事：从《周处除三害》说开去［J］. 东南传播，2024（6）.

◇ 科研项目 ◇

2018 级

赵斓主持中央高校基本科研业务费资助项目“建国 70 年‘重特大地震’灾难记忆与媒介建构研究”，项目编号：2019CXZZ090，项目来源：华中师范大学。

赵斓参与海口市社会科学项目“自贸港建设背景下海口老字号保护对策研究”，项目编号：JX21-01，项目来源：海口市社会科学界联合会。

2019级

李燕群参与2021年度国家社科基金艺术学项目“主旋律电影建构主流意识形态认同机制研究”，项目编号：21BB053，项目来源：全国艺术科学规划领导小组办公室。

2020级

王圆方主持2020年国家民委民族研究一般项目“新疆少数民族题材电影中的集体记忆与中华民族共同体意识的传播”，项目编号：2020-GMC-045，项目来源：国家民族事务委员会。

李芳芳参与2021年度国家社科基金艺术项目“主旋律电影建构主流意识形态认同机制研究”项目编号：21BB053，项目来源：国家哲学社会科学基金委员会。

2022级

彭昱剑主持华中师范大学文学院研究生学术创新资助项目“传播政治经济学视域下的数字游戏批评研究”，项目来源：华中师范大学文学院。

编后记

2024年10月27日，由华中师范大学文学院、学报编辑部、文化传播研究中心主办，湖北民族大学文学与传媒学院承办的第八届华中学术传播论坛成功举办。来自全国数十所高校以及学术期刊编辑部的专家齐聚一堂，围绕“艺术的传播与传播的艺术”的主题，深入开展了学术交流研讨。作为华中师范大学文化传播学博士点建设开展的标志性学术活动，该论坛自2017年起已经成功举办了八届，每一年文化传播学博士点已经毕业和在读的博士研究生，都和老师们汇聚一堂，分享交流，其乐融融。在论坛落下帷幕之际，反映文化传播学博士点建设成果的《媒介与历史——文化传播学读书报告集》（第三辑）也即将付梓。

《媒介与历史——文化传播学读书报告集》系列书籍的出版，旨在积累对学科建设有价值的文献资料，展示华中师范大学文化传播学博士研究生培养的探索，将师生对学科建设的思考和研学成果总结供学界交流探讨。文化传播学学科的元老级负责人张三夕老师在2017年主编的《媒介与历史——文化传播学读书报告集》作为本系列的开山之作，收录了在博士点创建初期学科师生对于学科建设的思考、读书报告、对文化传播学相关研究领域文献的梳理以及博士研究生们于2013—2016年在读期间的科研成果简目。2019年张老师退休后，由范军老师担任学科负责人，感谢张老师和范老师的信任，由我主编的第二辑可谓是学科发展期的见证，从“学科建构”“读书报告”“成果简目”三个部分汇集了2017至2020年间文化传播学学科师生们的精研探究。本书作为第三辑，由我和副主编彭颖博士共同编就，延续了第二辑的主要栏目。“学科建构”部分主要呈现了青蓝接力的博士生导师们对本学科一直以来的优秀传统的承续感念和对学科发展的探索沉思，“读书报告”从新闻出版、文学传播、影视文化三个板块主要收录了文化传播学师生以及部分博士后、学科已毕业学生的读书报告和研究成果。“成果简目”部分是华中师范大学文化传播学博士研究生于2021—2024年在读期间的学术成果统计。

青蓝接力，薪火相传。笃学不倦，同侪共进。我们希望通过这本书，承续本系列前两辑的文献性，展示2021至2024年间华中师范大学文化传播学学科建设和博士研究生培养的探索。也希望华中师范大学文化传播学的各位在读博士研究生们以这三本读书报告集为参考，在后续的学习研究中勤奋务实，学无遗力，严谨为文，将本博士点的优秀传统继承下去。文化传播学的师生们每年都因学术而汇聚，缘热爱而交流，有跋涉而游集，这延绵不绝的师生情谊，正应了这一句：志合者，不以山海为远。

本书的出版得到华中师范大学中国语言文学一流学科、湖北文学理论与批评研究中心和华中师范大学文化传播研究中心的支持，在此表示感谢。

敬请学界同仁、读者们批评指正。

李炜

2024年秋于桂子山